Cristiano

L'homme qui voulait être aimé

Thierry Marchand

Cristiano

L'homme qui voulait être aimé

Flammarion

ISBN : 978-2-0802-8161-6

À Alcide, mon père,
pour toujours ma première idole,
décédé durant l'écriture de ce livre.

Première rencontre

Janvier 2014

Je n'admirais pas spécialement Cristiano Ronaldo avant de le rencontrer. C'est souvent le cas lorsqu'on ne connaît que superficiellement les gens et que la seule référence au jugement reste une posture, une attitude ou la célébration d'un but. D'abord, son nom de scène, emprunté, pensais-je, à son homonyme brésilien Ronaldo Nazario, un des plus grands footballeurs de tous les temps au moment où celui qui n'était pas encore CR7 débuta sa carrière. Pourquoi ne pas s'appeler Aveiro, son véritable nom de famille, puisque Cristiano et Ronaldo sont en fait ses deux prénoms, le dernier faisant référence non au solennel « Fenomeno » champion du monde en 2002, mais à l'ancien président des États-Unis Ronald Reagan ? Une étymologie nettement moins divine. Je n'aimais guère non plus la superbe arrogance, la morgue sarcastique et l'indicible suffisance que Cristiano affichait en public, l'exacerbation artificielle d'une beauté travaillée, préfabriquée, cette séduction pour midinettes où la part d'authenticité ne représente qu'un infime pourcentage de la véritable personnalité. Car c'était ainsi que je le percevais. Artificiel. À vrai dire, j'appréciais également à peine le footballeur que je voyais évoluer, ses arabesques techniques inutiles et son comportement parfois révoltant, prêt à tout pour arriver à ses fins. Comme la fois où il participa à faire expulser Wayne Rooney, son partenaire de club à Manchester United, lors d'un quart de finale Angleterre-Portugal de la Coupe du monde 2006 en Allemagne. Rooney, un garçon nettement moins égocentrique qui pourvoyait à la grandeur et au statut naissant de superstar de ce camarade envahissant, et à qui Cristiano devra en partie, deux ans plus tard, son premier Ballon d'Or.

Parce qu'il marquait des buts prépondérants, et en quantité industrielle en plus, parce qu'il émanait tout de même de lui un charisme et un talent supérieurs à la moyenne, je jetais un œil complaisant au professionnel, guère plus. Le strass et les paillettes, qui sont sa deuxième peau, me rebutaient plus qu'ils ne m'impressionnaient. Ils s'accommodaient assez peu, à mon goût, avec la boue des terrains et la sueur qui enceint le dos des maillots. J'ai toujours préféré ceux dont la seule parure est la discrétion et l'esbroufe un à-valoir, autrement dit les vrais laborieux ou les purs génies. Il me fallut un peu de temps pour comprendre que Cristiano était à la fois l'un et l'autre. Un homme qui voulait qu'on l'aime à tout prix, sorte de Don Juan des temps modernes qui, derrière une volonté de séduction compulsive, dissimulait des failles narcissiques d'une profondeur abyssale.

On ne déchiffre la complexité d'un être qu'en l'approchant, en le pratiquant et en le côtoyant. Ce que je fis de nombreuses fois entre début 2014 et fin 2019, lorsque j'étais en charge du service étranger à l'hebdomadaire *France Football*. À neuf reprises, j'ai ainsi pu m'asseoir à ses côtés à la table de la question, le sonder, l'interroger, l'interviewer comme on dit dans le jargon du plumitif. À ces neuf entretiens « officiels », toujours plein d'enseignements en dépit du cérémonial imposé et des contraintes protocolaires, se sont adjoints des instants plus privés, dans des restaurants aux parois closes, des coursives venteuses d'enceintes sportives et même des coulisses de salles de spectacle… Des apartés où, lorsque les projecteurs sont éteints et les micros débranchés, les langues se dénouent, tard dans la nuit, parfois jusqu'aux lueurs du petit matin.

Il m'a fallu alors combattre les préjugés originels, et les images qui les nourrissaient. Aller au-delà de la première impression et du prisme des écrans qui avaient jusqu'alors érigé, je n'ose dire altéré, mes jugements. Les confronter à la réalité d'un personnage dont la notoriété est telle qu'elle peut vous rabaisser derechef à une subordination ancillaire. Il est toujours plus commode de détester que d'aimer. D'avoir raison plutôt que tort. D'éviter la confrontation et les détestables doutes qu'elle engendre, avant comme après. L'abordage a ses risques. Surtout quand le navire arbore un tel pavillon, sûrement pas de complaisance. Cristiano ne tolérera jamais l'à-peu-près ou l'approximatif. Le danger de s'adresser à un monument, l'homme le plus célèbre de la planète si l'on se fie à ce mètre étalon du XXIe siècle que sont devenus les réseaux sociaux, c'est de tomber dans la flagornerie, l'adulation feinte et vénale, et surtout dans l'évitement de la question qui fâche. De ce côté-là, l'actualité m'aura gâté. À trois reprises, celle-ci m'amènera directement au tableau de l'interrogatoire quelques jours, voire quelques heures après que Cristiano aura été au centre d'une controverse, qu'elle ait été d'ordre sentimental – sa séparation d'avec le mannequin russe Irina Shayk en 2015 –

ou public – une affaire d'évasion fiscale en Espagne et une accusation de viol aux États-Unis. Inconcevable dans les deux derniers cas de ne pas le mettre sur le gril. Impensable aussi de le voir se défiler. Ce qu'il ne fit jamais. En fréquentant Cristiano, j'ai appris qu'il ne reculait devant aucun obstacle, ni aucun défi. J'avais l'âge d'être son père et cela servit ma cause. Avant lui, je m'étais coltiné en face-à-face Michael Jordan, Johan Cruyff, Pelé, Lionel Messi ou Marco van Basten, pour n'évoquer là qu'un quintette de majestés. L'expérience est un luxe quand on aborde les sommets et ceux qui y résident. Et pourtant…

Une question d'image

Comme dans toutes les histoires, il y eut une première fois, une première question, un premier rendez-vous. Et la fébrilité qui va avec. C'était à Zurich, le lundi 13 janvier 2014, en plein hiver, quand le gris ambiant du lac et des montagnes n'affiche aucune des quarante nuances qu'on lui prête. Plus qu'une rencontre, ce fut un contact, aussi bref qu'insignifiant. Une photo volée, prise juste après l'attribution de son deuxième Ballon d'Or, qu'il attendait depuis décembre 2008. Lui me tenant par l'épaule, le trophée à la main. Moi, accréditation en bandoulière, écharpe de poète maudit sur un cou mal protégé, dans l'antichambre de ce sinistre courant d'air qu'est le Palais des congrès d'une des capitales financières de la Confédération helvétique. Et une promesse. « On se voit vendredi ! » Il ne savait pas qui j'étais. Quelques instants plus tôt, Jorge Mendes, son agent de toujours, que j'abordais également pour la première fois, m'avait juré : « Une interview ? On la fait à la fin de cette semaine. Promis. Donne-moi ton numéro de portable. » L'un et l'autre vivaient un tel moment de plénitude que j'aurais pu leur demander sans problème d'aller repeindre la lune en rose. L'attente avait été si longue. Et tellement douloureuse. Cinq ans, le temps d'un quinquennat balisé des bornes du doute et des panneaux indicateurs de la douleur, à tourner en rond au carrefour de la frustration sans trouver d'échappatoire. Les pleurs qu'il déversa ce soir-là en recevant son prix n'étaient pas l'expression d'une joie intense, mais bien le signe d'une libération, exutoire lacrymal qui inonda l'assistance pour donner à ce triomphe une dimension humaine que personne n'attendait. Lui, le matamore, chialer comme un gosse ? Le cyborg aurait-il donc une part d'humanité ? Des émois d'adolescent tourmenté ? Les faiblesses du commun des mortels ? De quoi me le rendre d'emblée plus sympathique. Et surtout offrir une trame à cet entretien que j'allais désormais devoir préparer en moins de trois jours.

Durant ces quelques heures d'attente zurichoises, dont j'avais appris depuis quatre ans que je couvrais la cérémonie à maîtriser les codes, j'avais capté l'effervescence de la ruche Ronaldo et des abeilles qui la peuplent. Il le fallait bien. Pour la première fois de ma carrière, j'étais en charge de l'interview du Ballon d'Or. Désormais, plus de petites phrases des prétendants divers à aller dénicher en zone mixte ou sur le tapis rouge, de potins à rapporter ou de vestibules à hanter. Ma tâche était simple et unique : voir Cristiano et prendre rendez-vous. J'observais minutieusement tous les mouvements de son entourage, tendu, ou les échanges muets que trahissaient les regards enfiévrés que s'échangeaient CR7 et Jorge Mendes au moment de la conférence de presse d'avant-gala. Surtout, pas de sortie de route médiatique et de provocation pour le soldat Cristiano, maladroitement affublé par Sepp Blatter, le président de la FIFA, du label de « Commandant » quelques semaines plus tôt, sentence péjorative qui découlait d'une distribution de masques à son effigie avant une rencontre de Ligue des champions. Cette après-midi-là, j'ai tenté de me connecter à l'univers Ronaldo en baladant mes yeux embrumés jusque dans le hall de l'hôtel Park Hyatt, sur la bien nommée Beethovenstrasse, une rue connexe au Palais des congrès envahie par les fans. Un pass me donnait accès au palace, où j'irais, de longues heures plus tard, finir la soirée en compagnie de Didier Deschamps et de Jean-Pierre Bernès, l'agent de Franck Ribéry. J'allais y voir arriver le van aux vitres teintées, indispensable camisole motorisée pour parcourir la centaine de mètres séparant les deux enceintes ultra-sécurisées. Un illusoire paravent derrière lequel Ronaldo et son clan tentaient de se dissimuler. J'allais aussi y retrouver Pelé, que j'avais interviewé la veille, quelques minutes seulement après sa descente d'un avion en provenance du Brésil. Une autre rencontre magique avec une idole absolue, un roi, un dieu. La première de deux en l'espace de vingt-quatre heures. Ce 13 janvier, devant des dizaines de millions de téléspectateurs, Pelé allait remettre le Ballon d'Or au vainqueur lors d'un spectacle dont les acteurs se nommeraient Michel Platini, physiquement présent sur la scène, et Eusébio, la légende du football portugais, décédé quelques jours plus tôt, dont l'esprit allait inonder la salle et ses planches. En essuyant les larmes dans son foulard, Cristiano ne manquerait pas de faire référence à cet attaquant d'un autre temps, ainsi qu'à l'âme de Nelson Mandela, disparu quelques semaines plus tôt. « Madiba », l'emblème de la lutte contre l'apartheid, qu'il avait rencontré en 2010 lors de la Coupe du monde en Afrique du Sud et qui l'avait tellement marqué. Sur ce gâteau d'émotion déjà passablement crémeux, l'exhumation de ces deux mythes était une cerise gorgée de tendresse.

Madrid n'est pas Zurich, même si les sommets enneigés cernent les deux villes à ce moment de l'année. Mais la capitale espagnole est aussi grise que la métropole suisse en ce vendredi 17 janvier. Au sein de l'immense cité sportive de Valdebebas, où s'entraîne le plus titré des clubs européens qu'est le Real Madrid, c'est le calme des lendemains de tempête. Et des veilles de rencontre. Carlo Ancelotti, le technicien italien qui a pris les rênes des Merengues six mois plus tôt, a décalé à la fin d'après-midi une séance d'entraînement initialement programmée dans la matinée. Au terme de celle-ci, les joueurs prendront l'avion pour Séville, où ils rencontreront le Betis demain à 16 heures. Le timing était déjà serré. Il va l'être encore plus que prévu. Le rendez-vous était calé pour 14 heures. Il est 15 heures, et Cristiano est en retard, chose très inhabituelle chez lui. Le ventre se noue davantage. Depuis la fin du gala zurichois, j'ai passé mon temps au téléphone avec Jorge Mendes pour valider la rencontre. Un travail de sape, dont personne n'imaginera jamais les angoisses et le stress qu'il procure. Il ne s'agit pas juste de mettre au point un entretien avec le footballeur le plus fameux de la planète, chose que réclament à longueur d'année des centaines de journalistes et de médias : il faut tout simplement ficeler l'affaire en l'espace de trois jours. La semaine prochaine, l'entretien doit paraître dans *France Football*. Cela a toujours été le cas depuis que le Ballon d'Or existe, autrement dit depuis 1956. C'est un dû aux lecteurs, une obligation sacralisée par les années et les vainqueurs. Pas de dérogation ou de laissez-passer. Le face-à-face avec le compte à rebours qui a débuté au moment de l'annonce du vainqueur, lundi dernier à Zurich, est un match dont je n'ai le choix que de sortir vainqueur.

L'attente se prolonge. Il est 15 h 15. Mon ami et correspondant à Madrid Frédéric Hermel, qui m'assiste pour l'entretien, tourne dans la minuscule salle d'interview, imparfaitement baptisée « Ligue des champions », comme un lion dans l'arène. Curieusement, plus le temps passe, plus je deviens zen. J'en arrive même à me dire que l'entretien ne se fera pas, sans que mon pouls s'accélère. Dans ma tête, défilent les images de Zurich. Je revois la dernière conférence de presse, quatre heures tout juste avant la révélation du vote, et les trois finalistes assis côte à côte sur le podium de la salle de presse. Je suis là, debout, juste derrière Jorge Mendes, seule personne dans l'immense pièce parmi plusieurs centaines de journalistes à connaître le résultat du scrutin. Et le nom du récipiendaire de l'objet convoité par tous les grands de ce monde. Savoir avant les autres qui est le Ballon d'Or, c'est le privilège du journaliste de *France Football*. Rien de très anormal en même temps, quand on est l'organisateur du vote. Connaître l'indicible, c'est parfois vouloir le gueuler à tous dans une allégation d'omnipotence, narcissique prise de pouvoir de l'instant. À moins qu'il ne s'agisse de se libérer d'un poids, celui de voir les autres souffrir. Car Mendes souffre, comme je peux l'observer depuis quelques instants sur son visage tendu. Et Cristiano encore davantage. Il me l'avouera d'ailleurs quelques jours plus tard : « Ce soir-là, j'étais très fatigué. Moi qui n'ai jamais de douleurs nulle part et qui suis toujours en forme, j'avais mal à la tête et au dos. La pression était telle... »

Le sourire figé, l'attaquant portugais continue pourtant de répondre aux questions de la presse, en s'efforçant de croire que les bruits de couloir ne sont que des ragots. Quelques minutes plus tôt, une rumeur a validé le triomphe supposé de Franck Ribéry. J'ai envie d'aller voir Mendes. De stopper l'acte de torture mentale, d'abréger la souffrance, et d'anticiper mon approche. De lui susurrer : « C'est bon Jorge, c'est dans la poche ! » Mais je suis tenu par le secret professionnel, comme un prêtre ou un médecin. Pour un premier rendez-vous, je trouve que la salle d'attente ressemble à une chambre de torture.

Il est entré dans la pièce à 15 h 20 comme il déboule sur une pelouse. Presque en courant. Écharpe Gucci, chemise de soie... L'élégance se veut plus naturelle en tenue civile. Tout de suite, je lui remets un dossier épais contenant les photos du gala, prises quelques jours plus tôt. Il les compulse aussitôt, écartant d'une remarque le bras de Jorge Mendes qui jouait les inquisiteurs : « C'est à moi qu'on les a données ! » Je me suis dit que ce minuscule cadeau serait une bonne entrée en matière. Une façon symbolique de le remercier. Et, plus sournoisement, de l'amadouer tout en lui remettant en mémoire ses émois du début de la semaine. Car si, bien entendu, Cristiano a remisé ses larmes, c'est sur ces pleurs attendrissants de la cérémonie que je veux insister d'emblée. Pour le tester. Le faire avouer qu'il n'est pas celui qu'il paraît être. Il y a dans chaque intervieweur une volonté de confronter ses sensations au visage de la réalité et de la sincérité. Ces larmes, les siennes, il les qualifiera juste d'« honnêtes » et « authentiques ». Comme si, à moins d'être un dignitaire des studios de la Paramount, on pouvait chialer sur commande… « Ça m'a libéré d'un poids énorme qui est sorti de mon corps », dira-t-il, sans affres ni tourments. Il évoquera son émotion, décuplée par la vue de sa famille en pleurs dans la salle, et l'apparition de son fils qui court vers lui pour le rejoindre sur la scène. Mais il n'ira pas plus loin dans le pathos. Je comprends alors à quel point son image le conditionne et façonne ses réactions. Aux yeux du monde, peut-être même aux siens, il est un héros, un surhomme, une star ; un *role model* dont le visage ne doit épouser que les traits du bonheur, de la fortune, de la gloire et du succès. Être Cristiano, c'est évoluer dans l'univers de l'infaillibilité. C'est tutoyer en permanence la perfection. En faire son ADN, sa raison de vivre. C'est être à la fois acteur, metteur en scène et juge de ses propres capacités. Se regarder dans le miroir déformant de la performance sportive, qui ne reflète au fond qu'un instantané de vie.

L'image, chez lui, est tout. J'en serai convaincu de plus en plus à mesure de nos rencontres, lorsque, par exemple, il m'apostrophera avec un brin de malice sur l'originalité de ma montre, achetée soixante euros au *duty free* de l'aéroport de Manchester, lui qui porte des breloques de marques dont le prix équivaut à des décennies de salaire, ou sur l'esthétique de mes lunettes de soleil, dont la marque est aussi celle de son équipementier personnel. Toujours cette prestance, ce paraître, synonymes chez lui de ce qu'on nommera l'excellence. Celui que le défenseur français Patrice Evra, son partenaire à Manchester United dans les années 2000, surnommait Christian Dior veut être visible. Toujours. Et de la plus flamboyante des façons. Ronaldo, c'est la résurgence moderne de Cassius

Clay, quand le revendiqué plus grand boxeur de l'histoire ne s'appelait pas encore Mohamed Ali, autrement dit avant sa conversion à l'islam. Clay, qui s'enduisait les bras et le torse de vaseline pour faire ressortir sa musculature. Clay, qui se présentait sur le ring avec un short et un peignoir de satin blanc pour faire fantasmer le sexe féminin. Clay, dont Drew Bundini Brown, un des entraîneurs, dit un jour qu'il « flottait comme un papillon et piquait comme une abeille ». Oui, c'est cela. Cristiano flotte comme un papillon et pique comme une abeille. Comme Ali, il se proclame *The Greatest.* Le plus grand. Comme Ali, il cumule une élégance cultivée, une légèreté étudiée, un érotisme provocateur et une violence artificielle.

Même si elle ne travestit pas la véritable personnalité du personnage, l'image qu'il renvoie est forcément calculée, et même élaborée sous toutes ses coutures afin de la peaufiner, de la lisser, et d'en extirper l'âpreté qui pourrait desservir l'attaquant portugais. Lors de ses primes années à Manchester United, un des techniciens du club lui a rapporté les postulats du langage du corps. À travers le visionnage de vidéos, René Meulensteen, un des bras droits d'Alex Ferguson, va ainsi l'affranchir des dangers que le *body language* peut révéler et les enseignements qu'il dispense aux yeux de ceux qui le scrutent. Chez le sportif, la gestuelle est un aveu. Elle dénoncera un caractère présomptueux, un doute inexprimable, un moment passager de faiblesse, un agacement, une impertinence. La maîtrise de soi est un des premiers préceptes que CR7 va apprendre en Angleterre, où il débarque à l'été 2003. Parce que dans ce championnat, plus qu'ailleurs, le tribut à payer à l'insolence ou à la défiance est une semelle bien appuyée sur une cheville, un genou, un mollet. Ses propres coéquipiers seront ses premiers tuteurs. À cette époque, le jeu de Cristiano, ponctué de dribbles déroutants, de passements de jambe enivrants et d'une célérité de gazelle, est particulièrement à risque. La technicité et la vitalité qu'il traduit induisent un peu trop la bravade.

Ce que Meulensteen va tenter de lui expliquer, c'est que le jeune CR7 – il est arrivé à Manchester à dix-huit ans – a un problème d'attitude à résoudre. Pour l'adjoint néerlandais de Ferguson, Cristiano est trop « en recherche de lumière ». « Comme pour dire : "Regardez-moi ! Regardez-moi comme je suis bon." » Meulensteen lui donnera même un conseil dont Ronaldo ne s'inspirera guère : jouer au football comme Borg et Federer jouent au tennis. Froidement. Le problème est que Cristiano est un écorché vif, abrasif et pétulant. Et qu'il assume pleinement l'arrogance de ses expressions, de ses émotions intérieures et de ses célébrations. Se calmer, c'est se renier, même si son business extra-sportif et les revenus qu'il génère lui commanderont bientôt de fédérer plutôt que diviser. Le Cristiano des premières années ne comprend pas forcément que son comportement peut être ressenti, par le public mais aussi par ses équipiers, comme une nuisance. Il n'en mesurera que plus tard les conséquences.

En ce jour frisquet de janvier, Ronaldo m'avoue d'ailleurs : « Je dois faire désormais attention à tout ce que je fais. » Je comprends que la célébrité est devenue une prison dont il ne s'évadera peut-être jamais. Ou alors beaucoup plus tard. « Quand un autre Cristiano Ronaldo aura pris ma place », me précise-t-il en sourcillant, soulignant encore un peu plus l'ambivalence de sa personnalité.

L'homme que j'ai en face de moi pourra bien m'avouer éviter au maximum « les endroits publics, les salles de restaurant ou les hôtels de cinq cents chambres pour les vacances », il rêve d'être adulé par des dizaines de millions d'individus. C'est tout le paradoxe d'une star, vouée à exister à travers les autres, autrement dit son public, et en même temps à s'en méfier. Longtemps, il se moquera de l'instabilité que renvoie son propre reflet, et refusera de le cultiver. Les conséquences seront au diapason, comme il me l'avoue ce jour-là, en soupirant : « J'ai souffert de l'hostilité que j'ai ressentie, surtout lors des rencontres jouées à l'extérieur. La manière dont je suis perçu n'est pas très agréable. » Pause. « On m'insulte, on me lance des noms d'oiseaux. On dit des choses sur ma façon de jouer. C'est déplaisant, mais je m'y suis habitué. Il fut un temps où j'entendais des "fils de pute". Aujourd'hui, c'est "Cristiano, Ballon de plastique". C'est quand même mieux, non ? Avant, on s'en prenait à ma mère. Maintenant, c'est seulement à moi. »

Le Ballon d'Or 2008 changera la donne. À ce moment-là, tout en haut de la pyramide, Cristiano et son entourage prennent conscience de sa stature. Son image, que le monde des affaires et son transfert au Real Madrid vont tenter de policer et d'affiner, devient une devanture publique, un étal qu'il convient de valoriser pour mieux capitaliser. Sûrement, l'homme d'affaires et l'attaquant du Real, qu'enveloppe un seul et même corps, va prendre conscience des carences allusives du footballeur qu'il était à Manchester. Et de son avatar. À Madrid, CR7 n'est plus un simple joueur de football. Il ne s'appartient plus. Quelques années plus tard, en mars 2016, Cristiano se livrera à un petit test de popularité à l'initiative de sa propre marque de produits audio, ROC. Attablé à la terrasse d'un café bondé du centre commercial madrilène Zoco de Pozuelo, il verra ainsi plus de cent personnes en quelques minutes le solliciter pour un selfie, une photo ou un autographe. Il répondra à chacun avec une chaleur non feinte et ce sourire convivial qu'il déploie comme un blason. La camomille qu'il avait commandée refroidira sans qu'il ait eu le temps d'y goûter.

L'image qu'il cultive et entretient l'a ainsi érigé depuis maintenant dix ans. Elle est sa conscience, son horizon. Elle le vampirise. Quels que soient ses émois, il ne peut plus revenir en arrière, prisonnier de son double tel le Dr Jekyll de Mr Hyde. Cette dualité, que je commence à percevoir, m'intrigue et me fascine. Jusqu'à quel point peut-on vraiment être quelqu'un d'autre que ce qu'on est vraiment ? Ou jouer à être quelqu'un d'autre ? Quelle part d'authenticité unit donc Cristiano le footballeur, la vedette du Real, l'icône du Portugal, le monarque des réseaux sociaux, celui dont le seul physique fait vendre des milliers de montres, de slips ou de litres de shampooing, et le dernier des quatre enfants de la modeste famille Aveiro, né à Funchal le 5 février 1985 ?

Personne n'est dupe. Les larmes de Zurich ont ouvert une brèche. Au fil des minutes, les questions se font plus inquisitrices. Et l'homme, après avoir reniflé l'interlocuteur comme le font les grands fauves, finit par se découvrir. Parmi toutes ses qualités, il en est une qui ressort tout de suite chez Cristiano : il ne sait pas faire semblant. Il se livre, quitte à en devenir insolent ou maladroit, et à dégager une fausse image. Celle que j'avais moi-même imprimée en mon for intérieur. « Comme je suis naturel dans tout ce que je fais, je ne suis pas toujours bien compris. Un jour, j'ai dit que certains étaient jaloux de moi parce que j'étais jeune, beau et riche. C'était une erreur. J'avais parlé après un match où j'étais en colère parce que je n'avais pas marqué » – cela lui arrivera souvent. Il absorbe alors une grosse brassée d'air frais, tel un nageur qui revient à la surface, avant de replonger aussitôt : « Je suis un compétiteur. Je déteste perdre. » Dans la bouche d'un athlète de haut niveau, la phrase peut sembler d'une banalité affligeante. Convenue. Elle éclaire pourtant la face sombre de celui qu'à Madère, son île natale, on surnommait « le Pleurnichard » à cause de sa propension à se lamenter après chaque échec, et son intolérance absolue à la défaite ou à la stérilité, deux mots à prendre au sens large de leur définition pour cerner sa personnalité. On ne marque pas pour rien plus de huit cents buts au cours de sa carrière, pas plus qu'on ne devient père de famille nombreuse par hasard.

Battre les records, repousser les limites, faire mieux que tout le monde pour ne laisser derrière soi que l'écho des bravos. Ce n'est plus de l'ambition, c'est une thérapie. Conquérir. Les femmes, les foules, l'argent, les trophées. Et si tout cela, finalement, n'était qu'un exutoire ? Le dénouement d'un unique dessein : celui de se faire aimer, désirer, aduler, au-delà de toutes les frontières physiques et spirituelles. Donner une bonne raison à Dolores, sa maman adorée, de ne plus regretter ses intentions avouées d'avortement lorsqu'elle le portait en son sein. Le destin de l'enfant à qui on faillit refuser la vie était de devenir l'homme le plus célèbre de la planète. C'était là le prix à payer. Le seul aboutissement possible pour apaiser la douleur intra-utérine. La fierté de ses parents pouvait bien devenir un de ces accueillants divans que l'on rencontre chez les psys. Il s'y allongerait de tout son long, s'appuyant pour se relever sur un accoudoir salutaire : le travail, véritable vecteur de sa prodigieuse élévation vers les nuages de la rémission.

L'obsession du Ballon d'Or

Il fallait cependant un catalyseur, une énergie suprême pour le porter vers ces nues auxquelles n'a pas accès le commun des mortels. Comme il me le dira quelques années plus tard : « Si vous vous entraînez autant que moi, si vous travaillez autant que moi, si vous suivez le même régime que moi, ce n'est pas pour cela que vous deviendrez moi. Il faut aussi un peu de talent... » Doux euphémisme. Ce talent, Jacques Brel l'associait à un autre nom : l'envie. Et l'envie, CR7 en recèle davantage que tous les grands que j'ai côtoyés, à part peut-être Michael Jordan. Mais à l'autre extrémité de l'envie, il y aura toujours ce sex-appeal en forme de sphère dorée à laquelle personne autant que lui n'a voué un tel culte. Le Ballon d'Or, pour Cristiano Ronaldo, est un peu comme ces photos de pin-up en tenue légère accrochées dans la cabine des camions des routiers. Un fantasme, une chimère qu'il ne se contentera pas de toucher du doigt. Bientôt, ce n'est plus l'objet lui-même qui le fascinera, mais bien sa collection, son agrégation. « Je ne voulais pas être sur le même plan que ceux qui n'en ont gagné qu'un ! Je vaux plus que ça », me confiera-t-il un jour. Gagner plus pour dominer plus. Pour Cristiano, le Ballon d'Or est à la fois un mètre étalon de l'anthropométrie footballistique, la toise suprême et le titre indivisible pour la raison qu'il consacre l'individu quand les coupes couronnent un collectif. Mais les secondes n'induisent-elles pas le premier ?

Cristiano n'a pas toujours fait le rapprochement entre jouer ensemble et briller individuellement. Il dissociera souvent les deux, comme certains hommes l'amour et le sexe. Pour lui, le mérite d'un but revient forcément à celui qui le marque, et l'élégance à celui ou celle qui se pare du plus fringant costume. La finition et l'aboutissement emportent tout. Ses célébrations sont un acte solitaire, davantage scénarisées que tournées vers ses équipiers. Le buteur est toujours un peu plus égoïste, surtout quand il est habitué à marquer. Et le but, Cristiano en a fait désormais sa marque de fabrique.

Très vite, ce dernier s'est rendu compte que la concrétisation d'une action était le vecteur de tous les succès. En octobre 2019, lors de notre dernière rencontre, à Turin, il m'avouera, avec tout le recul que le passé prodigue : « Quand j'ai eu entre dix-neuf et vingt ans, j'ai compris que le football, c'était des chiffres, des titres, des records. Pas juste des performances sur le terrain ou des dribbles. Si tu veux réussir à remporter quelque chose, il faut que tu marques. Marquer, c'est la chose la plus importante en football, après la victoire de ton équipe. Mais les deux sont liés. J'ai donc évolué dans ma façon de jouer et de penser le foot. Au début, je dribblais, je faisais le spectacle à grands coups de passements de jambe. J'ai réalisé que ce n'était pas suffisant. Qu'il fallait que je marque des buts. » De la prise de conscience à l'accomplissement, le vœu prendra pourtant quelques années. Lors de sa première saison avec les Red Devils, il n'inscrira que six buts. Le serial buteur, que tout le monde connaît désormais, n'est alors qu'un projet, qui ne marquera plus de dix buts en championnat qu'à partir de sa quatrième saison en Angleterre, en 2006-2007. Ces années-là sont celles de la gésine, de l'enfantement. Celles où l'*entertainer* dilettante qu'il était jusqu'alors devient un accomplisseur discipliné. Depuis l'été 2006, CR7 s'est libéré de la tutelle de Ruud van Nistelrooy à Manchester et de celle de Luís Figo en équipe nationale. Pour la première fois, il est le réceptacle plutôt que l'affréteur, à défaut d'être encore tout à fait le taulier que son talent commande. On l'alimente en bons ballons, et ses buts se font moins rares, même si ceux qu'il réussit sont encore trop souvent contre des équipes de moindre envergure, Wigan ou Reading plutôt que Chelsea, et lors des rencontres jouées à domicile. Le vrai décollage de Cristiano Ronaldo date de là. Ses succès aussi, lui qui n'avait, au cours de ses trois saisons liminaires, remporté que la League Cup face à Wigan et la FA Cup contre une équipe de deuxième division – Millwall. Ce vendredi, il me fait pourtant un aveu qui peut sembler déconcertant, mais qui dénote une prise de conscience que le sevrage, autrement dit quatre années sans Ballon d'Or, a fait émerger. « Seul, on ne gagne rien. Les années précédentes, j'avais tendance à penser davantage à moi et mes statistiques personnelles qu'à la performance collective. Aujourd'hui, je suis plus un joueur d'équipe. » Cette autocritique sonne, pour lui, comme une révélation. Si les trois premières saisons à Manchester, moins épatantes sur le plan statistique, avaient favorisé le déclic de son immersion dans le monde des buteurs, celles où il a beaucoup marqué mais très peu gagné avec le Real ont amorcé un virage à 180° dans sa discipline tactique. Les supporters de Liverpool ont bien raison de chanter qu'on ne marche jamais seul. Le lendemain de la cérémonie zurichoise, CR7 débarquera ainsi à l'entraînement avec son Ballon d'Or, afin de le partager avec ses équipiers. L'œcuménisme est, l'espace d'un moment, devenu sa nouvelle religion.

Cristiano a beau avoir débuté sa carrière sur une aile, un poste où l'on est plus enclin à centrer et à servir les autres qu'à tirer au but, il n'a jamais vraiment endossé le rôle du pourvoyeur. À Manchester, le très égocentrique Ruud van Nistelrooy, parangon de la catégorie des avants-centres qui ne pensent qu'à leur propre gloire, lui reprochait souvent de ne pas assez le mettre sur orbite, de ne contribuer à son rendement personnel qu'insuffisamment et de trop garder la balle pour accommoder sa propre gourmandise. Un matin de mai 2006, l'attaquant néerlandais s'était même physiquement heurté avec lui lors d'un entraînement. Une escarmouche classique de décrassage, qui avait dégénéré et engendré des conséquences non négligeables après que van Nistelrooy avait lancé à CR7 : « Va chialer auprès de ton père », en référence à Carlos Queiroz, l'adjoint portugais d'Alex Ferguson, qui le couvait un peu trop à son goût. Avant même que Rio Ferdinand ne vienne prendre sa défense, Cristiano, encore meurtri par le décès de son géniteur survenu quelques mois plus tôt, avait éclaté en sanglots. Van Nistelrooy, pourtant auteur de cent cinquante buts en cinq ans de présence à Old Trafford, ne porta plus jamais le maillot rouge de Manchester United. Deux mois plus tard, il était transféré au Real Madrid.

Cristiano avait dès lors le champ libre pour satisfaire sa concupiscence. Le Ballon d'Or, il en avait rêvé dès sa plus tendre enfance. Avec les yeux pétillants du gosse qui découvre les cadeaux au pied du sapin, il se souvient : « Enfant, le monde s'arrêtait au moment de l'annonce du vainqueur. » Peut-être parce que celle-ci avait lieu en décembre, juste avant Noël. Depuis longtemps, CR7 a mesuré le prestige du trophée. Le Ballon d'Or est un grand livre d'histoires, dont deux pages seulement concernent des joueurs portugais : Eusébio et Figo, lauréats en 1965 et 2000. Y figurer, c'est pénétrer le cœur d'une encyclopédie. L'universalité du Ballon d'Or se fond dans l'histoire contemporaine du football. Il est le frère jumeau des Coupes d'Europe, nées en même temps que lui durant les Trente Glorieuses, un Saint Graal de la balle qui épouse une forme de légende arthurienne. Autour de la table ronde du football moderne, les chevaliers sont des élus. Des êtres consacrés. Cristiano ne se rêve pas en Gauvin ou en Érec. Il se veut Lancelot du Lac, personnage central de l'épopée, découvreur de ce Graal qu'est le Ballon d'Or, un objet enrobé du métal le plus précieux, celui dont se parent les champions olympiques.

Dans sa tête, Ronaldo a escaladé les paliers de la notoriété et programmé les échéances de son élévation, comme on le fait d'un plan de carrière. D'abord, figurer dans la liste des nominés. Ce sera chose faite à partir de 2004, sans discontinuité jusqu'à ce jour. Ensuite, monter sur le podium. Deuxième derrière le Brésilien Kaká, il y accédera pour la première fois en 2007, avant de gravir à sept reprises – six deuxièmes places, une troisième – les marches annexes de cette plateforme à étages. Et enfin le remporter, une consécration qui interviendra pour la première fois un an plus tard, en 2008. Dans la petite pièce où il s'est assis en face de Fred et moi, il aura cette phrase qui éclaire d'une auréole symbolique le chemin qu'il a parcouru : « Aujourd'hui, j'ai le sentiment d'avoir accompli ma mission. » Une mission. Prêtre jésuite dans la forêt de ses ambitions, Cristiano aurait-il voué son destin à un accomplissement dont il se pensait digne ? Dans son cas, le Ballon d'Or ressemble bien à une croisade évangélique, à une volonté frénétique de convertir le monde à sa toute-puissance.

La relation de Cristiano avec le Ballon d'Or est bien plus profonde qu'une simple amourette, même s'il tente, par pure vanité, de sous-estimer l'intérêt réel qu'il lui voue. « Si je ne l'avais pas gagné, je serais le même aujourd'hui. » Mais cette fois, le ton sonne faux. La relance, insistante, va permettre d'entrebâiller la porte de la vérité. « Oui, c'est vrai que j'y attache une importance particulière. Et que j'ai craint de ne pas le gagner. Depuis des semaines, j'étais nerveux. Toutes celles où on a parlé du Ballon d'Or. Tout le monde parlait, de moi, de Messi, de Ribéry. Même en te protégeant, en essayant de ne pas écouter, tu te laisses contaminer. Même ma mère me demandait : "Tu vas gagner ?" J'avais une telle pression [...]. Quand je repense à cette enveloppe qui s'ouvre, je vous jure que c'est flippant [...]. Aujourd'hui, je me sens libéré. » Cristiano ne saura jamais à quel point il est peut-être passé tout près d'un nouvel échec.

Quelques semaines plus tôt, lors d'un match de barrage contre la Suède, directement qualificatif pour la phase finale de la Coupe du monde 2014, il a inscrit le but de la victoire à l'aller et un triplé au retour pour offrir au Portugal son ticket pour le Brésil, où aura lieu la compétition l'été suivant. Le point d'orgue d'un automne particulièrement prolifique puisqu'il a marqué trente-deux buts en vingt rencontres, entre début septembre et fin novembre. À la Friends Arena de Solna – où il frappera douze fois au but et égalera le record de buts en sélection de Pauleta – comme à Lisbonne quatre jours plus tôt, Cristiano a tout pris en charge. Il a élevé son statut au niveau de l'enjeu et confirmé que, désormais, il performait également dans les matchs capitaux. Le problème, c'est que les deux rencontres de barrages ont eu lieu le 15 et le 19 novembre 2013. Autrement dit après la date officielle qui clôt le scrutin du Ballon d'Or, fixé justement, ou plutôt injustement, le 15 en fin de journée. À cet instant, beaucoup de jurés n'ont pas encore voté, tout simplement parce qu'ils attendaient les deux actes de cette fameuse double confrontation. Ceux qui l'ont fait afin de respecter la date butoir mais n'ont pas placé CR7 tout en haut de leur classement ne tardent pas, pour la plupart, à faire volte-face. Ils appellent en masse dans les heures qui suivent, pour corriger leur vote. À *France Football* comme à la FIFA, alors partenaire de l'hebdomadaire qui a porté le trophée sur les fonts baptismaux, c'est l'émoi. Impossible de ne pas tenir compte des deux rencontres, et notamment du retour en Suède, qui va devenir le match de l'année. Pour faire bonne figure, et éviter une fâcheuse controverse éventuelle, la *deadline* est donc officiellement repoussée de quelques jours. Ronaldo, qui n'a rien gagné cette année-là malgré ses soixante-neuf buts inscrits – vingt-deux de plus que Lionel Messi –, fait un carton chez les retardataires. Il terminera avec cent soixante points d'avance sur l'Argentin, deuxième.

Au fil des années, le poids du Ballon d'Or va devenir graduellement beaucoup plus pesant que les douze kilos de l'objet. Dans la tête du joueur, ce trophée-là va se muer en juge de paix, en arbitre impartial de sa lutte avec Messi, le seul à pouvoir contester son hégémonie. L'Argentin évolue au très catalanisé FC Barcelone, Ronaldo au Real, l'ennemi juré, symbole pour les fans des Blaugrana de l'abhorrée capitale du pays, siège de la monarchie. À travers ces deux ambassadeurs, ce sont deux mondes qui se toisent et s'opposent. Messi a remporté quatre Ballons d'Or consécutifs. Ceux dont il a spolié Cristiano durant ce quadriennat de privation que le Portugais a très mal vécu. Ce n'est pas un désert qu'il a traversé durant toutes ces années, mais un océan de solitude. Celui où l'immensité du néant, autrement dit le sentiment de n'être rien que le deuxième, s'ancre dans la certitude de l'injustice. Car lui en est persuadé : il est le meilleur, le plus grand, le plus fort. Pire encore : protocole oblige, il lui a fallu, en 2010, 2012 et 2015, faire le voyage de Zurich pour assister au triomphe de son rival lors de ces galas de la FIFA qui ressemblaient à autant de fourches caudines. En 2011, le prétexte d'un match de Coupe du Roi, à disputer le lendemain contre Malaga, lui offrira sa seule échappatoire et un billet d'absence complaisant. À partir de 2016, lorsque *France Football* aura repris l'entière propriété de son bien et que la cérémonie deviendra parisienne, il ne daignera pas davantage venir célébrer l'apothéose de Messi. Ni en 2019, et encore moins en 2021, où son absence sera entourée d'une controverse.

Voir « *la Pulga* » – la Puce, surnom de Messi – soulever le Ballon d'Or lui est devenu insupportable à mesure que les années passaient et que la parité dans le partage du trophée s'avérait chaque saison plus improbable. Pendant longtemps, il avait été dans la peau du chasseur, hanté par la traque et l'idée que le gibier puisse lui échapper. Lorsqu'en 2017, il remportera son cinquième Ballon d'Or pour revenir alors à égalité avec l'Argentin, tout en haut du palmarès du prestigieux trophée, il s'inventera une chimère ultime : ne plus partager ce toit du monde. Au lieu de cela, il verra redécoller Messi, qui a porté depuis son butin à sept. Inexorablement, la cérémonie se transformera en un supplice de Tantale. Lui, le dieu suprême, avait mué en fils de Zeus, enchaîné à la table d'un festin dont on lui refusait la succulence au profit de son pire ennemi. Petit à petit, et bien qu'il s'en défende, le Ballon d'Or aura vampirisé son esprit. Il sera devenu le but à atteindre, le point focal de sa saison quand il n'aurait dû être que la conséquence de son dur labeur, de ses succès, de ses exploits, de ses buts et de son talent.

Depuis 2018, Cristiano est convaincu que le triomphe de Luka Modrić au Ballon d'Or n'est pas dû qu'aux seules vertus du milieu de terrain croate du Real Madrid, mais à son propre départ du club le plus titré d'Europe durant l'été, quand Ronaldo choisit l'exil piémontais afin de poursuivre sa carrière à Turin. Plusieurs fois, il me le dira en aparté : « J'aurais gagné le Ballon d'Or si j'étais resté au Real. C'est certain. J'avais gagné la Ligue des champions cette année-là. » Qu'importe si Modrić, son équipier jusqu'alors, avait lui aussi remporté le trophée de club le plus prestigieux. Qu'importe s'il avait porté la surprenante Croatie au firmament de la Coupe du monde, pour en faire une finaliste malheureuse face à la France. Ronaldo arrivait déjà difficilement à concevoir qu'on puisse être meilleur que lui, mais qu'on le soit à l'intérieur de son ex-club…

Dans son cerveau, naquirent alors les pires théories complotistes. Cristiano parti, le Real, et notamment son influent président Florentino Pérez, a pesé de tout son poids pour que Modrić soit élu et offre un nouveau Ballon d'Or à l'entité footballistique la plus puissante du monde. Médiatiquement et politiquement, le club de la capitale espagnole est tellement agissant qu'il a influencé le vote. Il en est sûr. C'est oublier, ou méconnaître, la stature internationale du Ballon d'Or, et le mode de scrutin du trophée. À *France Football*, le vote n'était pas effectué par une rédaction complaisante, mais bien par près de deux cents jurés, un par pays que compte la planète, du Bhoutan au Surinam en passant par Chypre ou le Soudan. Deux cents votants aux profils très variés, qu'il semblait très improbable d'influencer, voire de soudoyer un par un, méthodiquement, par mail, par vidéo ou par courrier. Chaque voix pesait du même poids. Quoi qu'on en pense, c'est en terre de démocratie que le Ballon d'Or avait forgé sa réputation.

Un symbole de toute-puissance, la concrétisation d'un exceptionnel accomplissement, l'affirmation d'un statut. Voilà ce que le Ballon d'Or est aujourd'hui devenu, et pas seulement pour CR7. Lors de ce fameux gala de Zurich, en janvier 2014, j'ai pu mesurer toute la détresse de Franck Ribéry, à qui l'objet doré semblait promis. Le Français avait tout gagné cette année-là avec son club, le Bayern Munich : Ligue des champions, Championnat et Coupe d'Allemagne. Il s'y voyait déjà, et avait même aménagé en prévision de son succès une place sur sa cheminée pour ce Ballon d'Or qui, tel un fantôme, hantera désormais ses nuits. Comme le Néerlandais Wesley Sneijder en 2010, Ribéry, tel Icare, est passé tellement près du soleil que ses ailes ont fondu. Comme Sneijder, il ne s'en remettra jamais, cumulant par la suite les pépins physiques et les traumas psychologiques, les premiers découlant des seconds. Du fait de son ultramédiatisation depuis une douzaine d'années, et du rayonnement planétaire qu'il induit, le Ballon d'Or s'est instillé comme un collyre dans l'œil, jusqu'à l'aveuglement de ceux qui le toisent.

Cristiano encore plus que quiconque. Car lui a fait de la sphère dorée le baromètre de sa cote d'amour. Lui préférer quelqu'un d'autre, c'est lui jeter à la figure cette horripilante évidence qu'on ne le vénère plus. La belle-mère de Blanche-Neige n'a rien inventé. Miroir, oh mon miroir, dis-moi qui est le plus beau ?

À mesure des années, je vais observer, dans le planning de ses performances, une sorte de phénomène d'enrayement au moment où débutent les votes pour le Ballon d'Or, autrement dit aux confins de l'automne. Jusqu'à 2014 – il inscrira vingt-cinq buts cette année-là en septembre et novembre –, Ronaldo avait l'habitude de s'envoler à cette époque de l'année. Mais soudain, les chiffres vont parler davantage que les maux. Sans évoquer une disette, on dira que les buts se feront beaucoup plus rares. Surtout, l'attitude et le langage corporel changeront à mesure que tomberont les feuilles mortes. Les gestes vont s'avérer moins souples, l'irritation plus palpable, les courses davantage crispées, la finition devant le but moins propre et productive. En 2015, il ne marquera que trois fois en championnat entre le 19 septembre et le 28 novembre. L'année suivante, un but seulement lors de ses quatre premiers matchs de Liga. Avant l'interview que je ferai avec lui en novembre 2017, à la veille d'un derby contre l'Atlético, il ne comptabilisera qu'une seule réalisation en six cent trente minutes de jeu. Un bilan famélique pour un joueur de sa trempe.

La pression qu'il s'inflige désormais à cette période de l'année ressemble à ces disques de plus en plus lourds que les haltérophiles superposent sur leurs barres. Forcément, elle n'est pas sans conséquence. La sophrologie peut beaucoup, mais ses limites sont celles de l'esprit d'un homme au degré d'exigence paroxysmique. Quelques jours après que le vote du Ballon d'Or 2013 a été clôturé, les problèmes musculaires vont commencer à le tarauder. Ils le contrarieront tout au long de l'année qui suivra, l'obligeant à ménager son corps et à entrevoir des horizons plus larges que la simple réalité du présent.

Avec le Ballon d'Or, ce n'est plus le thème de la matérialité, bien prégnant pourtant, que l'on aborde, mais celui plus éternel de la postérité. Au-delà de l'émotion de l'instant présent que procure la désignation du vainqueur, le Ballon d'Or est un curseur de magnitude, une sorte d'échelle de Richter des convulsions du footballeur. Dans le cas de Cristiano, il est un hommage au phénomène dans ses dimensions de caractère et son impact chiffré, en même temps qu'une épitaphe à son envergure temporelle. Ses cinq Ballons d'Or s'étalent sur dix saisons, ses faits d'armes sur vingt ans. Les lignes de son palmarès, individuel et collectif, ont l'épaisseur des anciens annuaires téléphoniques. À part la Coupe du monde, il avait tout gagné avant l'automne 2022. Il est l'un des footballeurs les plus éminents de l'histoire, mais il ne s'en satisfera jamais. Chaque but qu'il inscrit ne l'est pas contre quelqu'un, mais pour quelque chose.

Même quand son équipe s'impose, Ronaldo est malheureux, frustré surtout, lorsqu'il ne marque pas. Il sait que les buts alimentent les votes. La rançon de la gloire. Il a tellement axé sa réussite sur son accomplissement devant la cage que son aura en est devenue dépendante. Mieux que personne, il est au fait du poids que pèse un automne réussi, comme celui de 2013. Il a également parfaitement intégré que cette période de l'année n'est pas celle où se gagnent les trophées collectifs, et qu'il ne peut asseoir sa position et défendre son cas qu'en perçant les filets, encore et toujours. Cette pensée l'obsède. Elle le conditionne. Elle le dévore. Au fil de nos entretiens, je m'aperçois que le Ballon d'Or l'habite et le hante. L'année suivante, il m'avouera compter ses tirs sur le poteau : « J'en avais mis quatorze en 2013, c'est vous dire si j'ai encore une marge de travail et de progression ! » Aucun petit détail n'est laissé au hasard. Ce n'est plus de la minutie ou du perfectionnisme, c'est de l'entêtement, voire de l'envoûtement.

Le mot « compétiteur » l'habille mieux que le plus élégant des tuxedos, lui qui abhorre la défaite au point de s'en nourrir. Ronaldo peut bien casser en mille morceaux une raquette de tennis parce qu'il a perdu un match contre un de ses proches, il va puiser dans ce revers les ressources d'une nouvelle inspiration. Un jour qu'il avait perdu, devant tous ses équipiers de Manchester United, une partie de tennis de table – un de ses sports de prédilection – face à Rio Ferdinand, le capitaine de l'équipe des Red Devils à l'aurore de ce siècle, Cristiano, vert de rage, avait couru s'acheter une table de ping-pong. Pendant deux semaines, chez lui, il avait bossé, raquette en main, comme un mort de faim. Au terme des quinze jours, il avait exigé une revanche, et Ferdinand avait pris une rouste. Imaginez dès lors quelle proportion peut prendre la perte d'un Ballon d'Or dans la tête d'un tel prétendant… Quand je le quitte ce jour-là, au terme de quarante minutes d'entretien, j'ai commencé à m'imprégner de l'immense dimension du personnage. De sa complexité également. Je ne sais pas encore à quel point le Ballon d'Or rythmera, durant près de six ans, notre relation. En dehors des finales de Ligue des champions, à Lisbonne en mai 2014 ou Cardiff en juin 2017, et d'un bref moment de coulisse partagé dans la capitale portugaise lors d'une remise des oscars locaux à laquelle j'avais été convié en mars 2018, toutes nos rencontres auront pour cadre des décors automnaux ou des météos hivernales. Ces moments où le Ballon d'Or se joue. Ou se donne. Le trophée créé par *France Football* sera notre cordon ombilical, un lien inaltérable en même temps qu'un sujet permanent d'échanges, de taquineries, de conversations ou de débats. Chaque victoire remportée, chaque but marqué, chaque action d'éclat réussie me vaudra alors un texto subliminal de Jorge Mendes. Durant ces six années, le Ballon d'Or sera un rendez-vous inscrit dans notre agenda commun, comme la rentrée scolaire. Combien de fois l'ai-je entendu me dire : « On se revoit l'année prochaine ? » Avec un petit clin d'œil. Lentement, le Ballon d'Or va s'insinuer dans nos vies respectives comme une promesse. Une envie de se revoir, pour des raisons évidentes pour l'un comme pour l'autre. Au fil de ces rencontres, les rapports évolueront. La poignée de main laissera place à une accolade, puis à « *um abraço* », comme on dit dans sa langue natale pour désigner une étreinte. Bientôt, je ne l'appellerai plus Cristiano mais Cris, son diminutif. Sans évoquer une complicité, qui pourrait laisser penser à de la complaisance, le Ballon d'Or tissera à jamais une relation forcément intéressée, mais mâtinée, en ce qui me concerne, d'un affectif non feint. Pour lui, je deviendrai Phidippidès l'hémérodrome, le soldat marathonien porteur de LA nouvelle, une sorte de calendrier de l'Avent. S'entretenir avec le mec de *France Foot*, c'était forcément faire sa promo ou le service après-vente, quand ce n'était pas les deux. Autrement dit entrevoir le bonheur d'un nouveau trophée ou, mieux encore, le recevoir quelques jours plus tard. Cristiano m'offrira la chance de connaître la vie tumultueuse et tellement contraignante de la personnalité la plus célébrée de la planète et de comprendre un peu mieux l'immense joueur qu'il restera, quoi qu'il arrive. Le Ballon d'Or m'aura permis de le voir évoluer à l'intérieur de surfaces de réparation très privées dans lesquelles, par un rare privilège, je pouvais m'immiscer sans qu'on me tacle. D'appréhender le vrai Cristiano. L'homme. La star. Pour cela, je ne remercierai jamais assez ce prestigieux trophée, porte d'entrée dont j'étais un des rares à posséder à la fois la clé et le digicode.

Deuxième rencontre

Janvier 2015

Même lieu, même date, même motif. Ou quasiment. Il se niche dans cette cérémonie helvétique du Ballon d'Or un rituel immuable. Le gala, guindé et formaté, suivi d'un dîner solennel dont Sepp Blatter, le président de la FIFA, a fait un rendez-vous épicurien de la grande bourgeoisie zurichoise. Des dizaines de tablées d'où sont absentes les stars du football, reparties aussitôt les récompenses attribuées dans des avions privés affrétés par leurs clubs. Au-dehors, la même éternité d'un ciel inondé de grisaille et d'une après-midi d'expectative, irrémédiablement prolongée de cette nuit glaciale d'où sortira un improbable taxi pour vous ramener à l'hôtel. Les conférences pour les médias, le brouhaha de la salle de presse, les spéculations, les pronostics... Et l'attente, l'interminable attente. Sauf que cette fois, le suspense de l'an dernier n'a pas lieu d'être. Tout le monde le sait, Cristiano Ronaldo va remporter son troisième Ballon d'Or, le deuxième consécutif. À défaut de le savoir officiellement, lui-même le devine. Son visage est détendu, son sourire franc. Rien à voir avec l'an passé. Les oracles ne feront pas fortune sur ce coup-là. Tout le monde a pigé.

Cette année, c'est Thierry Henry qui lui remettra le trophée. Comme un an plus tôt, Ronaldo incline légèrement la tête vers l'avant au moment de l'annonce, vers 19 h 55. Puis soupire de soulagement. Car derrière l'évidence du moment et l'instantanéité du bonheur, se cache une souffrance inhabituelle. Durant l'année qui vient tout juste de s'éteindre, Ronaldo en a bavé comme jamais au cours de sa carrière. Blessé à un genou au début du printemps, il a joué durant quatre mois en étant diminué. Sérieusement diminué. Une sinécure pour un athlète qui sollicite autant son physique. Et qui n'avait jamais vécu de telles affres auparavant.

Quelques mois après l'événement, Carlo Ancelotti, l'entraîneur du Real Madrid, confiera que Cristiano n'était pas en état de jouer la finale de la Ligue des champions du 24 mai 2014, contre l'Atlético de Madrid. Mais cette dernière se déroulait à Lisbonne, au pays de CR7, et il était impensable que l'enfant prodige n'y participe pas. Il le fit, disputant les cent vingt minutes au courage et avec toute l'impétuosité qu'on lui connaît. Il allait y inscrire un but, le dernier, célébrant ce penalty rageur d'une posture digne de l'Incroyable Hulk où, torse nu, il exhiberait son abondante musculature pour mieux montrer à son peuple qu'il restait le plus fort.

Ronaldo n'était pas davantage en mesure de participer à la Coupe du monde au Brésil avec le Portugal. Mais on ne rate pas un Mondial, surtout quand on s'appelle Cristiano Ronaldo et qu'on a été aussi décisif dans le processus de qualification. Après coup, il avouera regretter s'être fourvoyé dans ce guêpier, où il n'a joué qu'un rôle inaccoutumé de figurant, qui n'aura eu pour conséquence que d'aggraver sa blessure. Mais, pour reprendre ses propres dires, « un footballeur ne peut pas toujours prendre le temps de se remettre de ses blessures». Le Portugal fut éliminé au premier tour de la compétition, subissant d'entrée, face à l'Allemagne, la pire défaite de son histoire dans une phase finale (4-0). Sur une jambe, Cristiano Ronaldo ne marqua qu'à une seule reprise en trois rencontres, à dix minutes de la fin du dernier match, face à un Ghana qui s'était mis à copier l'équipe de France en faisant une grève de l'entraînement deux jours plus tôt. Un but qui n'infléchirait pas la destinée de la Seleção.

Sur la scène de Zurich, où son fils l'a une nouvelle fois rejoint, les larmes de l'an passé ont laissé place à un rugissement bestial. «*Siiiiiii!*» Celui qui ponctue chacun de ses buts au Real. Et des buts, CR7 en a encore marqué beaucoup en 2014. Non content de remporter la Ligue des champions, il a été sacré meilleur buteur de l'épreuve, avec dix-sept réalisations. Trois de moins que l'objectif du pari qu'il avait fait avec Carlo Ancelotti en début de saison. Cela lui coûtera un bon repas.

Cette fois encore, l'entretien du Ballon d'Or a été fixé au vendredi suivant la cérémonie. Et comme d'habitude, je suis arrivé à Madrid le jour précédent, juste à temps pour assister au match de Coupe du Roi entre le Real et son rival local, l'Atlético. L'occasion idéale pour CR7 de présenter son nouveau trophée au peuple du stade Santiago Bernabéu. Ce soir-là, le public, qui déploie moult banderoles et pancartes dorées, n'a d'yeux que pour son Cristiano. Rien à voir pourtant avec l'amour inconditionnel dont il jouissait à Old Trafford, où il était le fils élu. À la fin de la rencontre, et malgré l'élimination du Real, le Bernabéu répercutera bien un vibrant «Un Ballon d'Or, il n'y a qu'un Ballon d'Or» qui le louange et l'éternise. Le football a servi de vague prétexte à cette messe parfaitement orchestrée, où le public de l'enceinte s'est mué en un chantre discipliné. Il manque juste un peu de cette chaleur que seuls les stades anglais sont capables de procurer. Sur le très passant Paseo de la Castellana, les cantiques résonnent d'une solennité presque trop parfaite.

« Tu as apporté l'exemplaire du dernier *France Football* ? » CR7 ne perd jamais le nord. Quand il arrive le lendemain vers 12 h 30, juste après le décrassage, dans la salle d'interview où rendez-vous a été pris, Cristiano commence par vérifier si l'hebdomadaire dont je suis l'ambassadeur a rempli sa mission de glorification. Blouson fuchsia et tee-shirt gris au col échancré, on le sent décontracté malgré un contexte tendu sur lequel il conviendra de revenir. Le toujours affable Carlo Ancelotti passe dire bonjour et lâche en français : « Cristiano, il faut parler leur langue ! — Un Ballon d'Or de plus, et l'année prochaine, ça le fera », réplique l'intéressé, dont la provocation est un des traits de caractère. Zinédine Zidane, alors l'adjoint de l'Italien, se marre, juste derrière nous. Le pouls est pris. Moteur. Cette fois, l'angle de la conversation va porter sur son accomplissement davantage que sur l'humain. Car derrière la star et les paillettes qui décorent son habit de lumière, se cachent un stakhanoviste de l'entraînement invisible, un Léonard de Vinci de la précision et de la minutie, un sportif prêt à tous les sacrifices pour assouvir son ambition.

Le bourreau de travail

Le public qui ne s'en tiendrait qu'aux cheveux gominés, aux bijoux, aux bagnoles de luxe et à sa belle gueule d'ange aurait une vision passablement erronée du personnage. L'apparat existe bien, mais il ne constitue que la partie émergée de l'iceberg. La plus visible, mais pas forcément la plus représentative. Car il y a un paradoxe Cristiano. Sous l'aspect lisse et luisant de la brillantine dont il inonda longtemps ses cheveux, dégouline la sueur d'un bosseur frénétique. « Le plus gros qu'il m'ait été donné de voir », me confiera même Sir Alex Ferguson, son entraîneur à Manchester United de 2003 à 2009. Quand, en ce vendredi 16 janvier 2015, on l'interroge sur la gestion de son physique et de son mental au quotidien, Cristiano met d'ailleurs tout de suite en avant sa « grande discipline ». Un mot qu'il aime à marteler, tel un mantra. Parce qu'il évolue au Real, mais aussi parce qu'il est CR7, le désormais triple Ballon d'Or n'a « pas le droit de perdre et pas d'excuse ». En déclinant ses propos, il devient soudainement plus grave, plus solennel, tel un patron de multinationale qui tente d'expliquer le succès de son entreprise. « Jouer dans le plus grand club du monde ajoute une pression supplémentaire », affirme-t-il, péremptoire. Avant d'énoncer cette sentence, qui ressemble à s'y méprendre à une profession de foi : « Je recherche la perfection dans tous les domaines. Je dors bien, je m'alimente bien, je prends soin de moi et je bosse beaucoup en amont pour éviter les problèmes physiques. J'effectue aussi un gros travail de prévention pour éviter les blessures et préparer mon corps aux agressions du terrain. À bientôt trente ans, j'essaie encore d'améliorer mon pied gauche, mon impulsion, les coups francs. Mon guide, c'est le travail. Dans tout. » Si le mouvement perpétuel existe, Ronaldo en est l'inventeur.

Un an plus tôt, Cristiano m'avait déjà parlé de sa discipline d'athlète, qui déteindra sur bon nombre de ses coéquipiers partout où il passera. De cette hygiène de vie spartiate qui est devenue son ADN. « Je bosse fort le matin et je me repose l'après-midi. Je me couche le plus tôt possible. Pour moi, la récupération est essentielle. » Il me confiera ainsi comment il se ressource à grand renfort de microsiestes, que son fils est prié de ne pas interrompre. À défaut de mener une vie d'ascète, Ronaldo donne dans la rigueur permanente. Carlo Ancelotti, le technicien italien, me confiera qu'il n'avait jamais vu auparavant un joueur se plonger dans la glace à 3 heures du matin, à peine descendu de l'avion au retour d'une rencontre de Coupe d'Europe. Cristiano, lui, s'étonnera presque qu'on le questionne sur la véracité du fait. « Mais quand tu as des matchs tous les trois jours, tu es obligé de faire ça si tu veux être à 100 % le match suivant ! » Avec l'air du tribun qui tente de vous convaincre de son regard transperçant, et sans doute conscient qu'il est aussi un des rares footballeurs à procéder ainsi, il ajoutera tout de même : « C'est ma culture. Et puis, je sais que si je travaille beaucoup, je serai le meilleur sur le terrain. »

En l'écoutant et en le regardant à l'œuvre dans une pièce de sa maison transformée en salle de torture, on repense à cette citation de Jules Renard : « La gloire est un effort constant. » Mais jusqu'à quel point ? Ce qui me sidérera toujours chez Cristiano, c'est ce dépassement de soi viscéralement ancré dans son subconscient. Cette transgression permanente des limites, cette volonté hors du commun de les repousser, physiquement et mentalement. Un soir, autour d'un verre, je lui rappellerai l'épisode suivant, pour mieux qu'il me confirme son authenticité. En 2007, quand René Meulensteen était devenu un des assistants d'Alex Ferguson à Manchester, il s'était rapproché de CR7, à la demande du manager écossais. Cet été-là, lors du stage de préparation d'une saison qui le mènerait sur les traces de son premier Ballon d'Or, le technicien néerlandais lui avait fait répéter toutes les situations offensives possibles dans le cours d'une rencontre. Des scénarios en quatre épisodes, dont le positionnement du joueur était l'élément clé : Où suis-je ? D'où vient le ballon ? Où est le gardien ? Où est le but ? Meulensteen octroya ensuite des couleurs différentes aux quatre coins de la cage, à laquelle Ronaldo tournait le dos. Jaune pour la lucarne, rouge pour le coin à ras de terre… L'attaquant choisissait la couleur qu'il allait viser. Mécaniquement, son subconscient entrait ainsi en action. Il savait à l'avance quelle serait sa cible. Ainsi conditionné, Cristiano progressa de manière fulgurante sur le plan du réalisme. Mais un grain de sable enrayait encore la machine. « Il se focalisait trop sur l'esthétique du but, sur son côté spectaculaire. Je lui ai dit qu'il était temps de marquer des buts affreux », confiera ensuite René Meulensteen.

Le souci avec Ronaldo, c'est que sa volonté hégémonique et sa puissance de travail se doublent d'une exigence artistique. Plaire, chez lui, ne se niche pas que dans la réussite. Le goût du beau, mieux, de l'ostentation, est une seconde nature. Le but marqué doit être spectaculaire, à la hauteur de ses exigences et de son appétence. Marquer ne suffit pas. Beaucoup de joueurs marquent, qui ne rentrent pas pour autant dans les annales. Chez lui, quantité doit donc rimer avec qualité. Une qualité extrême. Quitte à ce que la recherche du geste difficile nuise à son rendement. Meulensteen s'emploiera donc à épurer son jeu, à le guider vers une efficience qui fera de lui un buteur patenté. Pendant des heures, il l'abreuvera de vidéos sur le jeu de ce visionnaire qu'était Johan Cruyff, pour lui apprendre à deviner et à esquiver les tacles, un art dans lequel le génial numéro 14 néerlandais était devenu maître. Des années plus tard, quand on l'interrogera sur le prodige en jachère qu'il avait sous ses ordres, Meulensteen avouera : « Cristiano était une éponge. Il prenait tout de tout le monde, tout ce qui pouvait l'aider à aller plus haut et à devenir le meilleur. Il avait le talent, c'est incontestable. Le staff mais aussi les joueurs qui l'entouraient l'ont simplement aidé à devenir plus fonctionnel. »

Les joueurs qui l'entouraient, ce sont avant tout ceux du Manchester United qu'il a connus à ses débuts. En novembre 2017, quand je rencontrerai Alex Ferguson, au cœur d'une banlieue verdoyante de la deuxième ville d'Angleterre, pour l'interroger entre autres choses sur la bienveillance dont il fit preuve plus que de coutume avec son poulain d'antan, il me dira, avec ce petit sourire qui le caractérise : « Je n'avais pas besoin d'être dur avec lui, j'avais les anciens. Et il y en avait : Gabriel Heinze, Rio Ferdinand, Nemanja Vidić, Ryan Giggs, Paul Scholes, Gary Neville… À l'époque, Cristiano avait la réputation de beaucoup plonger, ce qui était en partie injustifié et immérité car cela ne prenait pas en compte un aspect fondamental de son jeu qui est la vitesse. Ça l'énervait d'ailleurs un peu. Chaque fois qu'il plongeait lors des entraînements, les anciens l'asticotaient. Mais ils l'ont aidé à effacer ce défaut parce qu'ils ont reconnu en lui un grand joueur, mais aussi un vrai bon mec, avec une bonne mentalité. Au bout d'un an, il a gommé ce défaut. »

Mikaël Silvestre était un joueur de Manchester United depuis quatre ans déjà quand il a vu arriver celui qui allait devenir son partenaire durant cinq saisons. Je connais Mikaël depuis la fin du siècle dernier, quand je suivais l'équipe de France Espoirs, dont il était l'un des membres éminents. Je l'appelle un matin, alors que je le sais en transit à Roissy, pour qu'il me parle du Cristiano des primes années qu'il a côtoyé. « Il était arrivé sur la pointe des pieds dans la vie du groupe », se souvient l'ancien défenseur international français. « C'était encore un adolescent, qui ne parlait pas anglais. On ne l'entendait pas. Il communiquait simplement en espagnol avec Quinton Fortune – le milieu de terrain sud-africain des Red Devils –, qui lui traduisait les consignes et les informations sur la vie du groupe, et il ne fréquentait que les jeunes joueurs ou ceux qui venaient d'arriver au club. Mais il avait une volonté de s'intégrer rapidement, notamment en faisant du covoiturage. » Silvestre souligne une certaine timidité. Sauf sur le terrain. « Là, il était plein d'audace et avait du feu dans les jambes. Il te faisait des roulettes, des passements de jambe, tout pour épater la galerie. C'était bien pour les caméras, mais pas forcément pour notre jeu à une touche de balle. Ça en agaçait certains, notamment les attaquants qui faisaient des appels dans le vide et ne voyaient jamais arriver le ballon parce que Ronnie avait dribblé deux ou trois fois le défenseur qu'il avait en face de lui. Il s'est fait remettre à sa place plus d'une fois, notamment par Roy Keane et van Nistelrooy. Et il a très vite compris qu'il devait simplifier son jeu. »

Ferguson ne me dit pas autre chose. Mais ce que n'évoquera pas, en revanche, le manager écossais, ce sont les moqueries, notamment celles concernant sa garde-robe, et les coups que Cristiano – qui planquait ses petites boucles d'oreilles pour qu'elles échappent au regard du féroce Roy Keane – a reçus au centre d'entraînement de Carrington. Des « semelles » parfaitement calibrées, qui l'ont rendu plus fort dans sa résilience comme dans ses résolutions. « Tous les arrières latéraux d'Angleterre voulaient se le payer et sortaient le 22 pour l'arrêter quand ils l'affrontaient », me confirme Mika Silvestre dans son langage imagé. « Même au sein de l'effectif de Manchester United, il pouvait en agacer certains. Il aimait les belles fringues et passait beaucoup de temps devant le miroir du vestiaire. C'est son côté narcissique. Du coup, il se faisait chambrer par les joueurs anglais, qui ne sont pas du tout dans ce délire-là. Notamment ceux qui étaient originaires de Manchester, pour qui un jean et un tee-shirt faisaient l'affaire. »

Le Cristiano des primes années mancuniennes indisposait ses partenaires de bien des manières. Il n'aimait pas défendre, se fendait de petits ponts audacieux et provocants, ou monopolisait le ballon. Qu'à cela ne tienne, il allait devoir venir chercher ce cuir bondissant. Parce qu'il reproduit souvent une situation courante durant les matchs, un des exercices préférés des entraînements de toujours s'appelle le « *toro* ». Au centre d'un cercle formé par le reste des joueurs, un de leurs équipiers tente d'interrompre les passes rapides, à une touche de balle, entre ces derniers. Un contrôle manqué, et le coupable du raté se retrouve à courir comme un damné après le ballon. Les Neville, Ferdinand et compagnie avaient donc trouvé l'astuce pour faire de CR7 un permanent chasseur de balle. Ils lui adressaient des passes trop appuyées, impossibles à contrôler. Pas vraiment le but du jeu, mais un bon moyen pour bizuter et affranchir un petit nouveau des règles en vigueur. Dans la structure de cet atome, pas vraiment crochu, CR7 joua donc très souvent le noyau plutôt que les électrons.

Alex Ferguson laissera faire. Tacitement, il encouragera même les brimades de vestiaire et les petites leçons de vie qui en découlent, jusqu'à un certain point. L'Écossais savait qu'associées aux préceptes qui en résultaient, celles-ci porteraient leurs fruits. Il avait confiance autant en la clairvoyance de Cristiano qu'en la lucidité de ses anciens, y compris quand ceux-ci lui envoyaient à la figure qu'il ne faisait que garder bien au chaud le maillot de David Beckham et entretenir le vestiaire de l'ancien numéro 7, parti au Real Madrid. Au centre d'entraînement de Carrington, le Portugais vécut, c'est certain, des moments délicats. Mais le très psychologue Fergie avait vu juste. « Cristiano avait quelque chose de plus dans sa volonté permanente de s'entraîner. Après l'entraînement, il avait toujours quelque chose d'autre à travailler : les coups francs, les centres, la finition... Un vendredi où il pleuvait très fort, et alors qu'on jouait contre Arsenal le lendemain, je lui ai demandé de ne pas aller sur le terrain d'entraînement, qui était lourd et gorgé d'eau. Je n'avais pas envie qu'il se blesse... Il m'a dit : "*OK, boss!*" Et il est allé s'entraîner sur le synthétique. »

Travailler, encore et toujours, sans répit, jusqu'à l'obsession. Patrice Evra raconte comment Ronaldo, qui l'avait invité à déjeuner chez lui juste après un entraînement, avait réussi à le piéger. Après un poulet-salade avalé sur le pouce, le défenseur français s'était retrouvé dans le jardin de son coéquipier à se coltiner un jeu à deux touches de balle, petit exercice suivi d'une séance piscine et d'un sauna. Comme tous ceux qui l'ont fréquenté, Mika Silvestre sera aussi rapidement interpellé par l'obsession principale du personnage. « Tout est compétition avec Cristiano. Le nombre d'abdominaux, le nombre de pompes, le dernier truc à la mode, la masse graisseuse du corps... Tout. En début de saison, quand on faisait des tests physiques, il allait regarder sur le tableau où ils étaient affichés pour savoir si tu avais fait mieux ou moins bien que lui, pour mieux te chambrer derrière. Il voulait toujours être au top, dans tous les domaines. C'est ce que le différenciera toujours de la majorité des autres joueurs. Ça, ainsi que cette capacité à travailler seul, à se faire mal seul, et ce besoin permanent qu'il avait de s'inspirer des grands joueurs qui composaient le groupe pour mieux les dépasser. En fait, Cristiano n'avait besoin de personne pour se motiver. »

« Son principal défaut, c'est qu'il a du mal à comprendre que parfois, il doit se reposer », me dira Ancelotti lors d'une de nos conversations, en 2017. « C'est la seule difficulté que j'ai eue avec lui. Lui expliquer qu'il ne devait pas jouer certains matchs... » Pour tenter de définir son ancien joueur, l'Italien lancera même un mot plein de sens : « acharnement ». À peine moins fort que celui du préparateur physique du Real époque Zizou, Antonio Pintus, qui qualifia Cristiano de « psychopathe », confiant au passage qu'il n'avait jamais vu un joueur aussi performant dans la densité de travail. Un qualificatif qui fera rire le joueur lorsqu'on lui rapportera le propos. « Quand je rentre dans la salle de musculation, je ne parle plus à personne. Je suis concentré à fond sur le travail que je dois réaliser. Je reconnais que je m'impose sans doute une pression supplémentaire. Mais je ne regrette vraiment pas d'être comme je suis. »

Plus on l'écoute, et plus on pense à un surhomme imaginaire, combinaison du cerveau d'un chercheur fou et du bistouri d'un toubib. En 2011, sa condition physique a d'ailleurs fait l'objet d'un suivi scientifique. Les résultats furent stupéfiants. Le tour de cuisse de CR7 était de soixante-deux centimètres. Sa vitesse de pointe sur 25 mètres chronométrée à 3,61 secondes, soit 0,3 de moins qu'un sprinteur professionnel. Sa masse graisseuse de 3 % inférieure à celle d'un mannequin d'élite. Quant à sa détente verticale sans élan, elle fut mesurée en pleine course à 78 cm, soit 7 cm de plus que la moyenne des joueurs de NBA, la prestigieuse ligue de basket professionnelle nord-américaine. Cristiano ne mesure pourtant « que » 1,87 mètre, tout juste la taille d'un meneur de jeu dans l'univers des parquets. Mais la force qu'il met dans ses jambes pour s'élever dans les airs est de 5 *g*, une mesure similaire à celle des astronautes au moment du décollage de leur fusée. Pour exécuter le ciseau retourné qui fut l'instrument de ce qu'il m'avouera être son but préféré, celui inscrit avec le Real contre la Juventus au printemps 2018 lors d'un quart de finale de Ligue des champions, sa seule jambe droite, dans un jeu de lames corporel parfaitement synchronisé, s'est élevée à 2,40 mètres de hauteur. L'entité de son corps s'est mise au diapason de son insatiabilité physique.

Plus fort encore ? Le 19 décembre 2019, à Gênes, face à la Sampdoria, Ronaldo a semblé s'envoler pour mieux catapulter de la tête un ballon au fond des filets. Durant une seconde qui ressemblait à une éternité, il est resté en lévitation, alors que son front se trouvait à plus de 2,50 mètres du sol. Pour commenter son exploit, il a posté un tweet et légendé l'image de son but d'un « CR7 Air Jordan », où il se compare au plus grand basketteur de tous les temps. Son jeu de tête, déjà performant, a été fortifié par un travail musculaire intense au niveau de la nuque, afin de lui donner toute la puissance nécessaire. Idem pour ses bras et ses jambes, façonnés durant des heures à soulever de la fonte. Des ouvrages customisés qui semblent tout droit sortis de l'atelier du sculpteur Richard Orlinski. Comme il dit lui-même, « l'humilité passe par le travail et l'entraînement ».

Le labeur physique des salles de gym et l'entraînement invisible, dont la récupération, le sommeil et la diététique constituent le socle, ont payé. À trente-sept ans, Cristiano Ronaldo reste au sommet de la pyramide, fils d'un soleil dont on se demande s'il se couchera un jour. Mais pour se maintenir au sommet, Cristiano a également appris à estomper le pourpre de son attitude, on dira presque de son insolence, que beaucoup, notamment à ses débuts, ont jugé provocatrice. Ce torse bombé, cette façon de se mirer dans la glace du vestiaire, de caresser un peu trop le ballon, et de le confisquer. Et ce regard bêcheur, mélange de morgue et de coquetterie, qu'évoquait Gary Neville, son partenaire à Manchester dans les années 2000, qui lui avait valu la défiance des vétérans des Red Devils à son arrivée. « Tu t'adresseras à moi quand tu auras joué une Coupe du monde », lui avait balancé Rio Ferdinand, pour mieux remettre à sa place le minot prétentieux.

« Cristiano a toujours eu une certaine opinion de lui-même », confiait René Meulensteen en 2021, lors d'une interview à la station de radio anglaise TalkSports. Pendant un an et demi, les « anciens », pour reprendre l'expression de Ferguson, l'ont ainsi testé, entre passes sciemment trop appuyées et tacles « classés X », dixit Gary Neville. Un chambrage en règle. CR7 n'a pas moufté. Il ne s'est jamais plaint. Il a bossé, et pigé le message. Ou inversement. Cristiano n'avait peur de rien, ni de personne. Au contraire. Concentrer l'attention sur sa personne a toujours été un aimant destiné à alimenter ses propres ressources énergétiques. Sa dynamo. Jorge Mendes raconte souvent, au cours des repas qu'il anime comme personne, comment l'adolescent Ronaldo s'est musclé à coups de séances de pompes et d'abdos, des sacs de plomb accrochés aux jambes ; les promenades du gamin dans les rues de Lisbonne avec des poids dans les ourlets de son pantalon, pour le lester et forger sa toute-puissance. Devenir Cristiano Ronaldo a été un labeur de longue haleine, un chemin pavé de sacrifices et de sueur, de courage et de rage, de coups bas et de coups fourrés. Au fond, la devise du Sporting Portugal, le club qu'il intégra en 1997 lorsqu'il quitta Madère, lui correspond parfaitement : « *Esforço, dedicação, devoção e glória* ». Effort, engagement, dévouement et gloire. Cristiano résumé en trois mots. Avant de le quitter, ce vendredi-là, sur le coup de 13 h 30, il nous assénera une ultime vérité, en réponse à une question sur son altruisme novateur : « Je sais désormais que celui qui donne va recevoir. »

Dolores, Georgina, Irina…

Retour à Zurich. En ce lundi 12 janvier 2015, tandis que la France se rassemble dans les rues en pleurant les victimes de l'attentat de *Charlie Hebdo* et de l'Hyper Cacher, l'assemblée confinée autour du tapis rouge du Palais des congrès de Zurich s'émeut. Au contraire de Lionel Messi, Cristiano Ronaldo n'est pas arrivé accompagné de sa moitié. Et tout de suite, les rumeurs vont bon train. Où est passé Irina Shayk ? Le mannequin russe, qui partage sentimentalement la vie de Ronaldo depuis bientôt cinq ans, n'est pas venu en Suisse. Un an auparavant, sise à la gauche de CR7 dans le Palais des congrès, elle avait été la première à le féliciter d'un baiser, avant même qu'il ne se lève pour aller chercher sa palme. Malade ? Retenue par ses obligations professionnelles ? Le problème, quand on étale sa vie à longueur de colonnes, est qu'elle vous revient comme un boomerang quand les aiguillages qui la dirigent ne fonctionnent plus. Si la presse people, flairant le sensationnel, s'empare immédiatement de l'affaire et part à la recherche de l'éternelle fiancée, je commence à bosser mon entretien qui, je le sais presque aussitôt par l'intermédiaire de Jorge Mendes, aura lieu quatre jours plus tard à Madrid. Pas le temps de s'émouvoir. Le Ballon d'Or est une course qui ne laisse aucun répit. D'ailleurs, Cristiano lui-même n'est apparu ni fébrile, ni triste. Pourtant, je me doute que ce qui va s'avérer très vite un peu plus qu'une contrariété dans la vie de la superstar peut engendrer quelques tracasseries. D'autant que Jorge Mendes, qui gère tout dans le calendrier de CR7 et sans qui aucun laissez-passer pour une interview n'est validé, ne sera pas présent à Valdebebas. L'agent est retenu sur un autre dossier. Il a eu beau certifier l'entretien du sceau de sa toute-puissance, et le Real le confirmer par le biais de son chef de presse, Carlos Carbajosa, je me méfie. Surtout que durant les trois jours qui précèdent, les bruits de couloir se confondent aux certitudes. Qu'Irina n'ait pas été à Zurich est une chose. Que Cristiano n'ait prononcé aucun mot de remerciement à son encontre quand il a reçu le Ballon d'Or en est une autre. Aucun commentaire, ni même un message de félicitations d'elle sur les réseaux sociaux. De quoi irriguer les pages 3 des tabloïds durant toute la semaine.

J'ai parfaitement conscience que je vais être le premier à pouvoir interroger l'idole des foules sur ses supposés désagréments amoureux. De quoi alimenter le buzz. Quand, le vendredi en fin de matinée, j'arrive à la Cuidad Deportiva, où m'attendent mon ami Hermel, Carbajosa et le clan Mendes, représenté par sa fidèle assistante Manuela Brandão, je palpe aussitôt une évidente tension. Manuela est à Mendes ce que Miss Moneypenny est à James Bond. Elle est d'une efficacité redoutable et d'une dévotion impressionnante. Un soir où nous bavardions autour d'une table après une rencontre au Bernabéu, je lui confierai avoir été surpris par l'heure d'envoi d'un de ses e-mails, reçu la veille et daté de… 3 h 15 du matin. Avec un léger sourire pour légender sa réponse, elle me répondra simplement : « C'est ça, travailler pour Jorge. »

Manuela et les deux personnes qui l'accompagnent tournent dans la pièce comme des fauves en cage. Le rendez-vous est fixé à 12 h 30, mais l'attente me semble interminable. Je perçois leur nervosité. Mais que dissimule-t-elle ? Cela commence à m'inquiéter. Cinq minutes avant l'arrivée supposée de Cristiano, Manuela Brandão me prend finalement par le bras. « Thierry, puis-je te dire un mot ? » Nous y voilà. Je m'efforce d'être le plus détaché possible. « Qu'y a-t-il, Manuela ? » Elle me regarde droit dans les yeux, puis me chuchote à l'oreille, avec l'habile réserve d'une comploteuse : « Quel genre de questions vas-tu poser à Cristiano ? » Je décrypte aussitôt. « Tu me demandes si je vais l'asticoter sur Irina, n'est-ce pas ? — Oui, c'est ça », m'avoue-t-elle, comme soulagée de voir que j'ai capté instantanément son message codé. « Manuela, j'appartiens à *France Football*, pas à un magazine people. Nous sommes là pour évoquer le Ballon d'Or, pour parler de foot et de son travail, pas d'une vie privée qui ne regarde que Cristiano. Cela n'intéresse pas nos lecteurs. Cela ne nous intéresse pas. » Je lui ôte d'un coup les trente kilos d'angoisse qui pesaient sur ses épaules. Elle me répond d'un rictus qui se veut la manifestation d'un soulagement, avant d'ajouter, satisfaite : « Merci. » L'entretien va pouvoir débuter.

Irina et Cristiano s'étaient rencontrés en 2010 sur le tournage d'un spot publicitaire pour Armani. Les deux avaient alors vingt-cinq ans. Ils étaient faits l'un pour l'autre, comme on dirait dans les contes de fées. Elle, la top-modèle native de l'Oural, fille de mineur et *cover page* du *Swimsuit Issue* du magazine *Sports Illustrated.* Lui, le dandy footballeur au look hollywoodien issu d'une famille tout aussi modeste. Deux destins, deux fortunes. Un bonheur pour la presse magazine. En apparence. Car ces deux-là ne vieilliront pas ensemble. Irina est partie deux semaines avant l'épisode zurichois. Quelques mois après le début de leur relation, elle avait appris que Cristiano allait être papa d'un petit garçon, né d'une mère porteuse dont l'attaquant refuse toujours de dévoiler l'identité. Mais cela n'avait pas altéré leur pacte de confiance. Très vite, on les avait présentés comme un couple glamour, digne successeur du duo David Beckham-Victoria Adams, la fameuse Posh des Spice Girls.

Les questions fusaient, narquoises. Qui était le plus célèbre des deux ? Lequel tirait avantage de la relation sur le plan de la notoriété ? Chacun avait pourtant sa carrière personnelle, sa réussite individuelle, et son propre business florissant. La cause était commune. Mais dans la vie comme dans le football, il est toujours difficile de gérer deux vedettes d'une même équipe. Très souvent sur la route et séparés pour des raisons professionnelles évidentes, on les voyait rarement ensemble. Quand elle venait à Madrid, Irina descendait dans un hôtel sur le Paseo de la Castellana. Sauf les derniers mois. Quelques jours après notre entretien, Cristiano, officialisant la nouvelle, lui souhaitera beaucoup de bonheur. Irina postera des photos d'elle, seule, aux îles Maldives. Ce couple-là n'était pas destiné à la postérité. Quand, en novembre 2015, le film *Ronaldo* sortira dans les salles, Irina en sera totalement absente. Le réalisateur Anthony Wonke expliquera qu'il avait dû couper les nombreuses scènes tournées avec elle car le film, d'une durée de 1 h 42, devait être court…

Dans ce long-métrage qui retrace l'histoire de CR7, une femme vole la vedette à un casting de stars. C'est Maria Dolores Aveiro. La maman de Cristiano est sans contestation possible le personnage central de la vie de son dernier rejeton. Et pas seulement à cause de cette histoire d'avortement, sur lequel elle se livrera quelques années plus tard dans une biographie judicieusement titrée *Mère courage*.

Sans fard, Dolores y confie sa volonté d'interrompre sa grossesse quand, à trente ans et avec déjà trois enfants à élever, elle se retrouve enceinte de Cristiano. Terrorisée à l'idée de ne pas pouvoir subvenir à l'éducation d'un nouveau-né, elle ingurgite de la bière noire, préalablement bouillie, et court à perdre haleine. « J'ai tout fait pour avorter », avouera-t-elle dans un entretien au *Parisien* en 2018. Mais le remède de grand-mère n'aura pas l'effet escompté. Cristiano naît prématurément le 5 février 1985, à Funchal. Dans le long-métrage précité, elle confiera : « C'était un enfant non désiré. Mais il m'a donné tellement de joie. Tout ce que j'ai aujourd'hui, je le lui dois. »

Comme Elma, Hugo et Katia avant lui, il sera entouré de tout l'amour que sa maman n'a pas eu. Orpheline de mère alors qu'elle n'a pas encore six ans, Dolores a en effet été placée dans un orphelinat par son père, chez qui elle reviendra vivre quelques années plus tard. Elle y subira alors la tyrannie, les humiliations et les coups de sa marâtre de belle-mère. Après avoir quitté l'école à treize ans, elle attendra sa majorité pour épouser José Dinis Aveiro, le géniteur de Cristiano et de ses frère et sœurs.

Longtemps, le couple et ses enfants vivront dans la précarité. Jamais dans la faim et l'indifférence. L'amour deviendra le pain quotidien auquel Cristiano sera nourri. Dolores va tout sacrifier à ses enfants. Mère nourricière, elle ira même jusqu'à quitter son île pour effectuer des ménages en région parisienne durant quelques mois. Sûrement, elle va s'imposer comme la colonne vertébrale de la famille, et lui procurer l'assise et l'équilibre que son mari, meurtri, n'est plus en mesure d'assumer. Pour sa progéniture, elle incarne à la fois la dévotion, l'autorité, la bienveillance, l'attention, la protection, la générosité et la force de caractère. Tel le roseau en prise au vent, elle peut bien plier sous le poids des contrariétés, elle n'y cédera jamais. Dolores est un torrent d'énergie qui va puiser sa force dans la perte de sa propre maman, décédée d'épuisement à trente-sept ans. Elle a hérité d'elle un don de soi et des qualités d'altruisme incomparables. Elle en imprégnera ses quatre enfants, sans restriction.

C'est peu de dire que la relation qui va unir Cristiano à sa mère va s'avérer fusionnelle. Si le sort n'a pas voulu d'une quelconque contraception, celle-ci étant alors interdite au Portugal sans un motif médical, la séparation entre la mère et l'enfant interviendra quand même alors que le dernier des Aveiro s'engouffre dans l'adolescence. « J'ai envoyé mon fils à Lisbonne quand il avait douze ans. C'est comme si je l'avais abandonné », conviendra Dolores des années plus tard. C'est elle qui le soutiendra lorsque Cristiano intégrera l'académie du Sporting pour mieux faire aboutir ses rêves de grandeur. L'exil forcé est un lourd tribut à payer. Mais Dolores insufflera à son gamin cette volonté de ne pas craquer, quand, alors que Cristiano est le bouc émissaire du dortoir, il l'implorera de le faire revenir à Madère. C'est encore elle qui, en compagnie de sa fille aînée Elma, fera le voyage de la capitale pour prévenir les dirigeants des Leões – les Lions – que si les autres gamins continuent à se moquer de Cristiano, il pourrait bien aller voir ailleurs. Elle toujours qui volera à son chevet lorsque l'adolescent, souffrant d'une légère malformation cardiaque, sera brièvement hospitalisé. Elle enfin qui, à l'aurore de ce siècle, viendra s'installer à Lisbonne pour mieux veiller sur le petit prodige, qui s'apprête à prendre son envol au sein de l'équipe première du Sporting.

Inexorablement, Dolores va instiller sa pittoresque omniprésence dans le paysage quotidien de son fils cadet. À la demande de CR7, elle sera une grand-mère très présente dans l'éducation de Cristiano Jr, préceptrice des valeurs du clan avant que CR7 ne s'installe dans sa vie de couple actuelle. C'est également Dolores qui s'envolera pour les États-Unis afin de ramener en Europe les jumeaux, Elma et Mateo, nés en 2017 d'une mère porteuse américaine. Fan numéro un de son fils, elle s'investit dans une idolâtrie compulsive au point de faire des malaises devant sa télé lorsque celui-ci joue. Cristiano lui a d'ailleurs désormais interdit de regarder les rencontres importantes qu'il dispute, afin de préserver sa santé. Dans la famille Aveiro, la matriarche s'est désormais imposée comme une institution à part entière. Pour son fils, elle n'exige que le meilleur. Son avis pèse du poids de la conscience, et ses jugements ont la valeur de celui de Salomon.

Dolores n'est plus Mme Aveiro depuis longtemps. Elle est la maman de Cristiano. Un rôle sur mesure pour sa personnalité bien trempée. Le mimétisme qu'il suggère va même jusqu'à induire la troublante starification qui en découle. Fin 2019, le média lisboète *Sabado* a réalisé une enquête sur la mère de CR7. Dont on peut déduire qu'elle a su profiter de la notoriété de son fils pour créer son propre business. Dolores Aveiro est en effet devenue une référence dans le monde de la publicité au Portugal. Une émule de Cristiano qui toucherait près de cent mille euros par campagne publicitaire. Dolores n'a presque plus rien à envier à son rejeton.

Elle fait la promotion des bananes de Madère, l'île natale qui véhicule l'image de ses racines, vante les bienfaits de la margarine Planta et des soupes Maggi, magnifie les vêtements pour bébé et les produits des opticiens Fábrica de Óculos. Elle chante en duo avec le très populaire chanteur de variétés portugais Tony Carreira, un ami de son fils, pour clamer que les supermarchés Continente sont les plus performants. Elle possède même une huile d'olive et un vin à son nom. Avec sa fille Katia, elle a également écrit un livre de cuisine intitulé *Les Recettes de ma mère chérie*. Kim Kardashian n'a qu'à bien se tenir. La femme d'affaires influenceuse qu'est devenue Dolores n'a peut-être pas la plastique artificielle de la bimbo de Los Angeles. Elle ne court ni les bijouteries, ni les *fashion weeks*. Mais la vigie de l'incroyable famille Aveiro, qui s'est ainsi constitué un joli patrimoine immobilier, promeut l'estampe de l'authenticité.

S'il est une chose que Dolores ne maîtrise cependant pas encore tout à fait, ce sont les réseaux sociaux. Ces Twitter et Instagram sur lesquels son Cristiano a posté un message pour lui souhaiter un bon anniversaire en décembre dernier. En 2020, la maman avait suscité l'émoi en se retirant du compte « Insta » de Georgina Rodriguez, le mannequin argentin qui partage la vie de son cadet. Une erreur de clavier qui n'avait visiblement rien à voir avec une quelconque appréciation sur celle qu'elle qualifie de « bonne fille », à défaut de belle-fille. Beaucoup plus proche de la mère et du fils aîné de CR7 que ne l'était Irina Shayk, Georgina a su se forger une place maîtresse au sein du clan. Celle, si difficile à tenir, de la compagne procréatrice. Des cinq enfants avec qui vit le couple, elle est la mère de deux, Alana Martina et Bella Esmeralda, la petite fille survivante du couple de jumeaux dont elle a accouché au printemps 2022. Comme Dolores, Georgina incarne l'harmonieux contrepoids et ce rythme de l'équilibre dont la vie de Cristiano ne saurait se passer. Par sa présence régulière et sa maternité prolifique, elle le rassure et le stabilise, le conforte dans les schémas qu'il connaît. Ceux que Dolores a su instaurer.

Le spectre de Georgina est très large. Il va de l'instinct maternel aux aspects juvéniles et apparents de la beauté, à laquelle Cristiano ne sera jamais insensible. Pour autant, Georgina n'est pas une muse. C'est une femme indépendante, héroïne d'une mini-série sur Netflix, dont les affaires et la carrière de mannequin ou d'influenceuse – elle aussi – s'inscrivent en parallèle du sillon creusé par CR7. Née à Buenos Aires neuf ans avant Ronaldo, l'Hispano-Argentine a rencontré celui-ci dans une boutique de luxe de Madrid où elle travaillait et dans laquelle l'attaquant portugais s'adonnait à une séance de shopping. Leurs regards se croisèrent et… Pour les détails de la suite, relisez attentivement *Cendrillon* ou *La Belle au bois dormant*. Disney n'est pas très loin…

Troisième rencontre

18 NOVEMBRE 2016

La Finca est à Madrid ce que Fort Knox est au Kentucky. Un camp retranché, coupé de la vie, et une réserve d'or. Ou plutôt de pépites. Dans ce quartier aseptisé de Pozuelo de Alarcón, à l'ouest de la métropole, vivent les plus grandes stars affiliées à la capitale espagnole. Les footballeurs du Real Madrid évidemment, mais pas seulement. Quand ils ne tournent pas, Penélope Cruz et Javier Bardem posent leurs valises dans une de ces vastes demeures aux tons ocres et à l'architecture minimaliste. De fait, La Finca est un gigantesque lotissement ultra-sécurisé où le luxe n'est que rarement ostentatoire. Au royaume de la vidéosurveillance, des détecteurs infrarouge et des armées de vigiles, retranchement rime avec discrétion. Nous sommes dans une de ces très prisées et très surveillées «*gated community*», comme j'ai pu en fréquenter en Floride lorsque j'étais le correspondant du quotidien *L'Équipe*, et que je tentais de débusquer Michael Jordan ou Monica Seles dans la douce ville de Sarasota. Gardes à l'entrée, système électrique, grilles, caméras, personne ne rentre sans avoir montré patte blanche, parfois à plusieurs reprises. Pas d'âme. Pas de flamme. La Finca, c'est l'un des tributs à payer à la célébrité, une antithèse de la vie de quartier. Simplement des baraques gigantesques entourées d'une dense verdure protectrice, dont le prix du mètre carré est proportionnel à l'*income* des résidents.

Cristiano Ronaldo, comme Antoine Griezmann d'ailleurs, habite La Finca. Jorge Mendes y possède aussi un pied-à-terre, si l'on ose dire. C'est d'ailleurs lui qui nous envoie chercher en ce morne vendredi de novembre. Nous, c'est toute la délégation de *France Football* – photographe compris –, venue réaliser l'interview de campagne du candidat Ronaldo. Vers 16 heures, nous avons planté notre drapeau au bar de l'hôtel AC Marriott, aux environs de La Finca, histoire de patienter. Une demi-heure plus tard vont débouler sur le parvis trois immenses vans aux vitres teintées. Un modèle de luxe pour VIP tout droit sorti d'un blockbuster hollywoodien. Ne manquent que l'escorte et l'artillerie. Le cortège s'ébroue en direction de la pharaonique demeure de Mendes, qui jouxte celle de CR7, plus imposante encore. La *mansión* du footballeur est dotée de sept chambres, d'une salle de gym, d'une piscine intérieure et d'un garage pour une dizaine de voitures. Sa cote sur le marché de l'immobilier dépasse les cinq millions d'euros. Pour passer un des quatre check-points, pas besoin de décliner son identité et de justifier d'une empreinte digitale, comme il est de coutume. Les cerbères ont reçu les consignes, et ils ont déjà enregistré sur leur ordinateur le numéro de plaque minéralogique des véhicules. Tout sourire, Cristiano nous attend au bord de la piscine avec quelques amis. L'automne a pourtant planté ses quartiers et la grisaille ambiante ne se prête guère au bronzage. Chemise en popeline blanche, jean, basket, CR7 affiche sa décontraction, mâtinée de l'assurance du général qui avance en terrain conquis. Les bouteilles d'eau plate sont déjà disposées sur la table. À défaut d'en être le propriétaire, il est de toute évidence le maître des lieux et propose de s'installer dans le salon aux murs immaculés qui toisent un carrelage digne d'une pub pour un nettoyant industriel. On se croirait dans un pavillon témoin tant l'ensemble respire la propreté et la perfection jusque dans les détails. On aurait presque peur de se laver les mains pour ne pas salir le torchon ou de s'asseoir sur le canapé XXL dont les coussins sont à l'effigie de Cristiano.

Cela fera bientôt deux ans que je ne l'ai pas revu. L'année précédente, ce n'est pas lui qui a remporté le Ballon d'Or, mais Messi. L'interview du vainqueur a donc eu lieu à Barcelone, et elle a été particulièrement difficile à faire aboutir. Sauf que cette année, la donne a été passablement bouleversée. Mi-septembre, la FIFA a divorcé de *France Football* pour créer son propre trophée, The Best. Pris de court, nous avons dû improviser une cérémonie, dont il est convenu qu'elle se déroulera dans la ville du récipiendaire. Qui sera Cristiano, à n'en pas douter. Celui-ci a, en effet, remporté les deux compétitions les plus prestigieuses de cette année 2016, soit, par ordre chronologique, la Ligue des champions avec le Real en mai et l'Euro avec le Portugal à la mi-juillet, en battant l'équipe de France en finale. Ce qu'il ne manquera plus de me rappeler à chacune de mes visites. Pour la première fois, ce n'est donc plus l'interview du vainqueur que je vais réaliser en compagnie de mon ami Hermel, mais celle d'un candidat en campagne. Même si les résultats du scrutin ne font déjà plus guère de doutes, celui-ci ne sera clos qu'à la fin du mois.

L'attente de l'officialisation a donc encore quelques jours à vivre.

L'Euro 2016, son Graal

La nuance est capitale. Bien que Cristiano ne doute pas de sa victoire, il ne peut s'exprimer comme un lauréat. D'ailleurs, pour éviter tout prosélytisme qui prêterait le flanc à la discorde, c'est sur un angle bien précis que nous allons le faire disserter : en l'occurrence cette finale de l'Euro 2016 dont il n'a disputé qu'un gros quart d'heure, après qu'un coup de Dimitri Payet l'a laissé en larmes, gisant sur une civière, exsangue. Cette rencontre époustouflante au Stade de France représente à la fois la plus grande infortune et le plus incomparable des bonheurs de la carrière de CR7. Le tout condensé en moins de deux heures. Ronaldo n'a quasiment pas disputé la finale, mais il l'a gagnée. Il est resté à pleurer au vestiaire durant presque toute la rencontre, mais il est revenu passer la prolongation sur le banc, où il s'est mué en entraîneur, haranguant sans retenue ses équipiers. Paradoxe ultime de son Graal sportif, il n'a pas marqué, mais il a été le premier à soulever la coupe, privilège du capitaine qu'il est désormais en sélection. « *From tears to cheers* », comme le dira un commentateur anglais au coup de sifflet final. Quatre mots qui résument parfaitement cette soirée du 10 juillet et son dénouement. Ce soir-là, CR7 passera effectivement des larmes de tristesse aux acclamations des supporters en délire, ces Portugais de France qui bloqueront le périphérique parisien pour s'offrir, hors calendrier, la plus belle des fêtes nationales de leur histoire.

18 novembre 2016

Cristiano aime chambrer. Surtout quand il se sent fort. Et rarement il ne se sera senti aussi puissant qu'au cours de cette année 2016, « celle de tous les plaisirs » comme il nous le dira en conclusion de cet entretien d'une heure, qu'il a tenté de nous faire diriger en portugais (*sorry man !*) et qu'il aborde hilare en balançant une métaphore digne d'une orgie romaine : « Le matin de la finale, je me suis rendu compte au réveil que j'étais au lit avec trois jolies blondes. » On légende à sa place. Oui, ce 10 juillet était jour de conquête. Il confie avoir bien dormi. Ne pas avoir été « anxieux ». Comme si la maturité l'avait déjà poli. Douze ans plus tôt, alors qu'il n'était qu'un adolescent mal dégrossi, un joker venu du banc et une star en devenir, il avait déjà vécu une finale de championnat d'Europe. Chez lui, au Portugal, face à la Grèce. À la surprise générale, les Charistéas, Yannakópoulos et autres Zagorákis s'étaient imposés 1-0, traumatisant pour longtemps le jeune Ronaldo. « En 2004, j'étais jeune et je n'avais pas tout le poids des responsabilités sur les épaules. Les lumières n'étaient pas braquées sur moi, celles de la pression, de mes équipiers, des supporters, de la presse. En 2004, je pensais surtout à profiter du moment, à me divertir. En 2016, j'ai eu le sentiment que ce serait la dernière occasion pour moi de disputer une finale avec le Portugal. »

De cette blessure d'amour-propre jamais vraiment cicatrisée a émergé un profond sentiment de revanche. Comme si Cristiano avait une dette symbolique envers son pays. Le garçon se veut rédempteur. Il est le soleil, l'ange du Portugal, celui dont l'apparition convertira une sélection sans palmarès, pion excentré sur l'échiquier du football, en un roi triomphant du Vieux Continent, point convergent de tous les regards. Ce 10 juillet n'est donc pas que la concrétisation d'une délivrance, il est l'affirmation de sa toute-puissance. Son pinacle.

Sa relation avec la Seleção – et de fait avec son pays – n'a pas toujours été facile. L'équipe nationale dans laquelle il fait son entrée en août 2003, lors d'une rencontre contre le Kazakhstan, est d'abord celle de Luis Figo, qu'il remplace d'ailleurs à la mi-temps. Le symbole et le présage, ici, se confondent. Figo a été sacré Ballon d'Or trois ans plus tôt, et il a valeur d'exemple pour l'ambitieux jeune homme de dix-huit ans qui vient tout juste d'être transféré à Manchester United. Avec l'équipe nationale du Portugal, dont il est le capitaine, Figo porte ce numéro 7 que Ronaldo ne revêtira qu'à partir de 2006, quand le Ballon d'Or 2000 aura pris sa retraite internationale, et il approche du cap symbolique des cent sélections, qu'il franchira six mois plus tard. En club, Figo est désormais un Galactique au Real Madrid. On lui prête une élégance aussi fournie que son palmarès. Ce Portugal-là, qui disputera entre 2000 et 2006 deux demi-finales et une finale, Euros et Coupes du monde confondus, est d'abord le sien. Mais il est également celui de Pauleta, recordman de buts avec la Seleção, ou de Rui Costa, tout autant que de Deco et Costinha qui s'avéreront être, lors de cette saison 2003-2004, les fondations du FC Porto de José Mourinho, vainqueur de la Ligue des champions. Le Portugal du début des années 2000, c'est celui d'une génération dorée mais malchanceuse, sur laquelle le prometteur appendice qu'est encore Ronaldo va venir se greffer. Il faudra attendre dix saisons, et le renouvellement progressif des cadres, pour que la machine à buts ensemence l'équipe nationale. Lors de ses cent premières sélections, de 2003 à 2012, CR7 ne trouvera le chemin des filets qu'à trente-sept reprises. Un ratio de 0,37 but par rencontre, qui est passé à 0,93 à partir de 2012. Jamais, depuis cette date, le Portugal n'a été aussi dépendant du plus grand joueur de son histoire. Jamais non plus, depuis que Cristiano Ronaldo est international, la Seleção n'a raté la phase finale d'une grande compétition.

L'accès au sommet que représente cette finale parisienne de l'Euro 2016 a d'ailleurs été malaisé. Le Portugal n'a pas écrasé la phase finale de son empreinte, loin s'en faut. Il évolue pourtant en terrains conquis, fort du soutien total d'une colonie portugaise très présente en France, notamment en Île-de-France, et de l'engouement que génère la présence du Ballon d'Or qu'il va bientôt redevenir. Dans un groupe pourtant loin d'être difficile, la Seleção n'a remporté aucun de ses trois matchs du premier tour face à l'Islande à Saint-Étienne (1-1), l'Autriche (0-0), dans un Parc des Princes pourtant acquis à sa cause, et surtout la Hongrie à Lyon (3-3), où elle a été menée à trois reprises et n'a dû son salut qu'à un doublé de CR7. Ni la Croatie en huitième de finale, ni la Pologne en quart et encore moins le pays de Galles en demi-finale n'étaient des obstacles infranchissables. Deux prolongations et une séance de tirs au but furent pourtant nécessaires pour les surmonter.

Avant la finale disputée au Stade de France, le Portugal n'est pas donné favori. C'est l'occasion qu'attendait Cristiano pour endosser une panoplie de bateleur qu'on l'a déjà vu revêtir deux ans plus tôt au Real, lorsque ses blessures à répétition l'avaient contraint à se muer en un leader vocal du vestiaire. Le matin de la rencontre, il a fait le tour des chambres, distillant un mot différent à chacun de ses partenaires. On ne parle pas au vétéran Pepe comme au gamin Renato Sanches. Comme eux, il avoue éprouver à cet instant une certaine anxiété : « Mon objectif était de faire évacuer la pression qu'auraient pu ressentir mes équipiers. J'ai été les voir séparément, avec un discours adapté. » Tel un forgeron, il martèle le métal de ses convictions : « Je devais aider les autres en leur transmettant une énergie positive. » Les heures passent, durant lesquelles la routine conjure la gangrène de l'incertitude. « Les étirements, la balade en forêt avec l'équipe, la musique dans le vestiaire. Du classique. » Ronaldo va disputer la sixième grande finale de sa carrière, Ligue des champions et Euros réunis. Il en attend beaucoup. Mais son joujou va se casser avant que le cadeau n'ait été ouvert.

Son genou a explosé au bout de sept minutes. Deux fois, il se relèvera. À la troisième, il demandera à sortir. On joue depuis vingt-cinq minutes seulement. CR7 a touché huit ballons, sans déclencher aucun tir. C'est fini. S'ensuit une reconstitution du moment. Cristiano s'anime, un verre d'eau à la main. « Je suis rentré au vestiaire pour que le médecin me fasse un diagnostic rapide. J'étais mal, je pleurais. Je craignais que ce soit grave, qu'il y ait rupture du ligament. Le médecin m'a rassuré. Mais j'ai continué à pleurer. » Ce n'est plus l'athlète qui chiale, c'est le môme. Les fantômes reviennent le hanter. Autant que physique, la blessure est psychologique. Il s'apitoie sur son sort et s'imagine les pires affres. Sans lui sur la pelouse, le titre va s'envoler, et le Ballon d'Or avec lui. Cristiano a eu beau maîtriser la compétition (trois buts au total), il est contraint de remettre son sort dans les pieds de ses équipiers, et de lâcher prise. Ce qu'il exècre.

Lentement, pourtant, il reprend vie. « Après dix, quinze minutes, j'ai commencé à regarder le match sur l'écran du vestiaire. Et là, je me suis animé. J'ai oublié ma blessure. Je me suis remis dans le match. » À la pause, il trouve la force de haranguer ses troupes, de les encourager, de les convaincre. « Je leur ai dit : "Vous devez m'oublier." » Pour être plus crédible, CR7 s'est alors levé de son brancard d'infortune. Le genou bandé, il gesticule, tente à dessein de « transmettre des ondes positives », comme il dit. « Oui, j'avais mal au genou. Mais je ne sentais plus de douleur. J'oubliais tout car j'étais à fond dans le match, dans la chaleur de l'événement, dans le soutien à mon équipe. » La tête a pris le pas sur le corps. « En deuxième mi-temps, j'étais debout dans le vestiaire à encourager mon équipe. Je sautais en regardant les images. J'avais oublié la douleur. Au moment de la prolongation, je n'en pouvais plus. Je suis allé sur le banc pour être au plus près de mes équipiers. J'étais dans un grand état de stress et en même temps plein d'espoir, car je savais qu'on pouvait y arriver. » De capitaine, CR7 se mue alors en entraîneur. Il donne ses directives, gesticule, vitupère. « C'était insupportable ! Je m'étais dit qu'il fallait que je reste tranquille, mais ce n'était pas possible. J'entendais les bruits du terrain, de la foule... J'ai vraiment pété un câble. » Arrive le but victorieux d'Éder. L'irrésistible émoi. Les spasmes, l'hystérie, « la perte totale de contrôle » pour reprendre son expression. Ou l'homme devient pantin, brasier, animal. Cristiano a déjà tout gagné en club, à Manchester comme à Madrid. Mais cet Euro avec le Portugal est un Annapurna footballistique. Il lui offre la ligne qui manquait à son monumental CV, conjugue sa grandeur et sa fierté avec celle de son pays. Eusébio et les exploits inachevés de la

Coupe du monde 1966, Figo et la finale malheureuse de l'Euro 2004, qui constituent les deux plus belles épopées de l'histoire de la Seleção, peuvent désormais s'effacer derrière cet achèvement, comme les Français ont vu disparaître les fantômes de Séville et d'Harald Schumacher après la Coupe du monde 1998. Il était temps que Neil Armstrong-Cristiano Ronaldo vienne planter le drapeau aux sept châteaux sur la Lune.

Cette nuit-là, Ronaldo n'a pas dormi. Le genou dans la glace, il est allé s'allonger à 7 heures du matin. Il a mis le réveil à 9. Et il a passé deux heures à se persuader qu'il n'avait pas rêvé. L'écho des paroles de Fernando Santos, le sélectionneur, lui est revenu. Le Portugal avait été « gentil comme une colombe et discret comme un serpent ». Il avait juste piqué au bon moment. Sans lui. Pour lui. Quand je serre sa main pour prendre congé près de deux heures plus tard, une fois la séance photo achevée, il lâche un retentissant : « À dans deux semaines. » Pour se convaincre, mais aussi pour mettre la pression. Des fois que… Tout au fond de lui, il n'a aucun doute sur le fait qu'il sera le Ballon d'Or 2016. À vrai dire, moi non plus. Mais CR7 sait également qu'il ne contrôle pas le jury. Ce qui le contrarie quand même. Alors il suggère, il démontre, il persuade. Il ne lâche rien, ne laisse jamais aucune chance au hasard. Il connaît la vie, et il a appris à se méfier des certitudes. La veille au soir, j'avais dîné avec Jorge Mendes au Tatel, le restaurant du tennisman Rafael Nadal, dans lequel Cristiano possède aussi des parts. Autour d'un *jamón ibérico* de folie, l'agent avait lui aussi martelé ses arguments, avec un art de la persuasion dont il est passé maître, et même orfèvre. Une première couche. Le Ballon d'Or est une affaire trop importante pour qu'on la laisse entre des mains d'amateurs. Mais d'amateurs, il en est assez peu dans l'entourage de Cristiano Ronaldo.

Sa garde rapprochée

À peine l'entretien terminé, ceux qui l'entourent viennent se renseigner sur les détails de la prochaine rencontre. Si la tendance du vote se confirme, Ronaldo sera désigné Ballon d'Or dans les dix jours qui viennent. Dans ce cas, le rendez-vous pour la remise aura lieu dans la première semaine de décembre. Il faut faire vite. En dehors de Mendes, l'homme qui gère l'agenda de CR7 s'appelle Ricardo Regufe. « Ricky », comme on le surnomme, est non seulement l'éminence grise de Cristiano mais il est aussi l'ami le plus proche de la star. Un ami omniprésent. Et plus présent qu'omni. Car Regufe est davantage qu'un camarade d'enfance. Il est le deuxième frère de Ronaldo, son confident, son complice, une ombre qui le suit partout. Toujours souriant et affable, Ricky est sur toutes les photos, de tous les reportages, de toutes les étreintes d'après succès. Le manager personnel de Cristiano, puisque telle est sa fonction officielle, possède son rond de serviette chez les Aveiro. Il est indiscutable, intouchable et d'une absolue confiance. Il sait écouter, voir, conseiller, garder les secrets. Jamais un mot qui pourrait déstabiliser Cristiano. Ricardo n'est pas un agent d'image, même pieuse, plutôt celui qui régit désormais scrupuleusement et attentivement la communication de CR7. En club comme en sélection, où il fait partie intégrante du staff technique pour mieux s'asseoir sur le banc. Le premier à étreindre intensément Ronaldo au coup de sifflet final du France-Portugal de l'Euro 2016, ce fut Regufe. Leur proximité a même engendré un surnom qui dit tout de leur osmose : Cricky, l'amalgame de Cristiano et Ricky.

Regufe, son aîné de six années, était, à la base, le représentant de la firme Nike au Portugal. Mais la relation d'affaires a mué en authentique fraternité. Deux décennies plus tard, Ricky et Cristiano sont devenus inséparables. Regufe fait partie du clan, de la famille, au même titre que Hugo, le grand frère de Cristiano. Ce dernier avait dix ans quand Cristiano est venu au monde. Il l'a choyé, comme on le fait avec un dernier de famille. L'écart d'âge ne les a pas empêchés d'être proches. Mais le destin ne leur a pas dispensé la même fortune. Si Cristiano est un extraverti, qui n'hésite jamais à mettre en scène sa réussite, Hugo est un ténébreux qui a tutoyé les abysses et leur noirceur. Il aurait pu être un footballeur de bon niveau. Mais lui-même avoue qu'il n'avait pas le mental sans faille de son cadet, dont il est un peu la face sombre. Alors Hugo a fait les chantiers avec son géniteur. Comme son père, il s'est mis à boire. Beaucoup. D'une addiction à l'autre, il a sombré dans la drogue, a tenté de se détruire à défaut de se construire. C'est Cristiano qui a extirpé son aîné de cet enfer auquel il se destinait. Il a pris en charge les traitements et les cures de désintoxication, l'a remis sur les rails en le valorisant. Lentement, le « frère de » est devenu autonome, voire entreprenant. À Cristiano, il a soumis l'idée d'un musée à sa gloire, à Funchal, sur la terre natale de Madère. En décembre 2013, celui-ci est sorti de terre. Une bâtisse de 400 m² sise sur le port de Funchal, dont Hugo est le gestionnaire, et qui est rapidement devenue une institution de l'île autant qu'une attraction touristique. Des dizaines de milliers de personnes le visitent chaque année.

C'est ici, dans cet édifice en L siglé d'un symbolique CR7, que sont entreposées les dizaines de trophées remportés par l'attaquant portugais, dont ses cinq Ballons d'Or. Histoire de restituer aux amnésiques un semblant de mémoire et d'en mettre plein la vue à ceux qui douteraient encore de sa grandeur. Dans ce temple du narcissisme, où trôna même une statue en chocolat du dieu vivant, l'interactivité permet de naviguer dans la carrière de Cristiano et la réalité virtuelle de poser en sa compagnie. Sur un mur, les fans peuvent laisser leurs messages en forme d'hommages, comme d'autres leurs empreintes sur Hollywood Boulevard. Hugo veille à tout, y compris à alimenter le mur dédié aux « *hat-tricks* » du frangin. Chaque fois qu'il marque trois buts dans un même match, ce qui lui est arrivé plus de soixante fois depuis ses débuts professionnels en 2002, Hugo met en vitrine le ballon de ladite rencontre. À travers la réussite de son frère, le ténébreux aîné s'est trouvé une raison de vivre, d'être fier. Il est devenu sobre, utile, efficace, père de famille. L'affranchi est sur le droit chemin de la rédemption. Derrière son petit frère.

Cristiano me confiera lors d'un de nos entretiens qu'il était quelqu'un d'assez « isolé ». C'était avant que Georgina Rodriguez et cinq de ses enfants entrent dans sa vie. Mais j'avais compris alors à quel point son escapade sur le toit du monde le confinait dans un retranchement de tour d'ivoire, à des hauteurs inatteignables. Seul, le champion l'était effectivement, coupé du monde, Robinson en crampons. La moindre de ses confidences, portée à la connaissance du public, pouvait porter préjudice à son statut. Et la plus petite de ses escapades générer un buzz enflammé sur les réseaux sociaux. Ses moindres gestes étaient épiés. Pour réserver une table dans un restaurant, il prenait d'infinies précautions, n'hésitant pas à aiguiller les paparazzis vers des fausses pistes. Il lui fallait donc filtrer instinctivement l'intrus, et ne s'entourer que de personnes dont il avait testé la confiance sur le long terme. Luis Correia ne pouvait qu'être de ceux-là. Parce que tout, chez Cristiano, est affaire de famille, de clan même, Luis fait partie intégrante de la galaxie. Correia est le neveu de Jorge Mendes. Il est aussi le bras droit de l'agent et actionnaire de Gestifute, la boîte de Mendes, aussi réservé et silencieux que son oncle est exubérant. Luis Correia est diplômé en économie de l'Université de Porto. Il est officiellement l'agent d'image de CR7, celui qui gère notamment tout ce qui a trait aux contrats de sponsoring et aux réseaux sociaux, un vecteur prépondérant de l'univers extra-sportif de la star. Dès 1999, Correia a rejoint Gestifute, au tout début de l'aventure. Soigneux, ordonné, il a ses entrées dans le monde des banques et du consulting. C'est à lui que Mendes va confier la mission d'aller conquérir le marché des joueurs à l'international. Luis est un homme d'appareil et de réseaux, qui connaît parfaitement tous les dossiers et leurs dessous. Un chef de cabinet occulte au sein du gouvernement Ronaldo. Les ministres de la communication peuvent bien se succéder au chevet de CR7, lui reste un indéfectible cadre de l'intimité du joueur. Homme de l'ombre, caché dans les lieux sombres, comme le dit la chanson. Mieux que personne, il gère les affaires de CR7 en compagnie des avocats du clan. Lui arracher des informations chiffrées sur les contrats de Cristiano revient à vouloir faire parler un amnésique aphone de ses dernières vingt-quatre heures. Ronaldo a bien su s'entourer. Pour quelqu'un d'aussi habile de sa tête et de ses pieds, avoir des hommes de main d'une telle envergure ne relève pas uniquement de la métaphore. Cela tient aussi de la nécessité.

Un empire industriel

Luis Correia est le P-DG de Polaris Sports, l'agence de management qui gère les droits commerciaux et marketing de CR7, ainsi que ceux de José Mourinho, Bernardo Silva, Dele Alli, James Rodríguez, David de Gea, João Félix ou Vinícius Junior. En gros, toute l'écurie de Jorge Mendes. Polaris est l'émanation mercantile de Gestifute. La branche de l'empire Mendes qui administre l'intense activité de l'homme d'affaires Ronaldo, incarnation entrepreneuriale qui se dissimule derrière le footballeur Cristiano. Un businessman qui se veut aussi exigeant et insatiable que l'est le joueur. En dépit de ses très nombreuses sollicitations, qui auraient pu le transformer en une caricature de l'homme-sandwich, l'attaquant portugais n'a jamais cessé d'être un footballeur hors du commun qui est toujours arrivé à concilier les exigences du terrain avec ses activités extra-sportives, dont la réussite en matière d'image est axée sur la notion de ce qu'on appellera « l'athlète métrosexuel ».

Si David Beckham et Tom Brady, le quarterback le plus titré de l'histoire du football américain, toujours actif à quarante-quatre ans, ont conceptualisé cette évocation du sportif glamour qui se soucie dans les moindres détails de son apparence physique et prend soin de la peaufiner à chaque moment de la journée, Cristiano l'a porté à un paroxysme où le symbolisme de la représentation est partout. La préciosité et l'ambiguïté que suggère ce néologisme, inventé par un journaliste anglais, peuvent être assimilées à une référence lointaine, celle des « minets » des drugstores qu'évoquait Jacques Dutronc dans sa chanson « Les Playboys ». Vous savez, ceux qui vont chez Cartier comme ils vont chez Fauchon et qui roulent en Ferrari à la plage comme à la ville. Le physique très apprêté et la sensualité très travaillée qu'affichent ces sportifs en dehors du terrain reflètent certainement une partie de leur personnalité. Comme Olivier Giroud, Antoine Griezmann, Yohann Gourcuff ou David Ginola, Cristiano est une égérie de mode en même temps qu'un sex-symbole qui fait fantasmer les deux sexes et dégouliner la rumeur. Les quatre G français ont ainsi fait la une du magasin LGBT *Têtu* autant que celle des revues fashion, quand CR7 a été élu plus bel homme de l'année (en 2009) du mensuel britannique *Gay Times* tout en posant en première page pour *GQ*. Le métrosexuel qu'il est peut se permettre de faire rêver les femmes tout en demeurant une icône de la communauté homosexuelle, comme le fut David Beckham. Son public est multiple et sa métrosexualité un atout autant qu'un label, une étiquette en même temps que le ferment de l'activité extra-sportive, la levure d'un fructueux business qui assure à ces athlètes non seulement un confortable complément de revenus mais aussi un opportun débouché pour leur après-carrière. Sans extrapoler, on peut même affirmer que les revenus extra-sportifs des footballeurs se veulent un instrument de mesure narcissique de leur propre grandeur. Un mètre étalon dont chacun d'eux se sert abondamment comme d'un puissant levier pour verser dans la surenchère financière au moment des tractations avec les clubs qui les emploient ou veulent les faire venir. Gagner plus que l'autre, en euros ou en dollars, c'est forcément être meilleur que lui.

Dans le très vénal langage du marketing, le sportif d'aujourd'hui est devenu « un produit », de même que le spectateur n'est plus un supporter, mais un « consommateur ». Il ne s'agit plus seulement ici de performer, mais également de vendre, et de faire vendre. Le trophée remporté ou le but marqué ne résonne plus uniquement comme l'exégèse du triomphe ou de la gloire, il est la pierre angulaire de répercussions économiques considérables. L'acte qui suggère le succès, ou le record qui tombe, impacte les affaires de l'athlète comme la décision d'un conseil d'administration la cote en Bourse d'une entreprise. C'est pour toutes ces raisons que Cristiano Ronaldo a su monétiser son image mieux que personne. Y compris Lionel Messi.

Difficile de chiffrer très exactement les émoluments que CR7 retire de ses différents partenariats ou investissements. La fourchette de ses contrats est estimée entre cinquante et soixante millions d'euros par an. Selon le magazine *Forbes*, qui fait autorité en la matière, Ronaldo est à ce jour le footballeur le mieux payé au monde pour ses activités hors terrain – à égalité avec Messi –, mais pas le sportif le mieux rémunéré, qu'il était encore il y a quelques années. Il doit désormais s'effacer derrière les sommes prodigieuses engrangées par le champion irlandais de kickboxing Conor McGregor, le golfeur Tiger Woods, et surtout le tennisman helvétique Roger Federer et le basketteur américain LeBron James, les deux premiers du classement. Tous dépassent les soixante-dix millions de revenus annuels hors terrain. On frémit. Ces quatre-là ont largement passé le cap de la trentaine, mais ils symbolisent toujours le degré ultime de performance.

Leur palmarès et leurs trophées ne tiendraient même pas dans la boutique d'un antiquaire. Seul leur objectif, autant que leur look, est divergent, même si ceux de Federer et de Cristiano semblent se chevaucher. Comme le Bâlois, Ronaldo représente un empire de l'excellence et de la sophistication mis au service d'une multinationale sise dans le cadre d'une PME. Il se veut l'incarnation, voire le parangon, de la « branchitude », du luxe inspirationnel, de la vigueur et de la réussite. Le temps est révolu des spots de pub addictifs pour les fast-foods KFC, marque dont l'attaquant portugais fut l'ambassadeur à l'aube de sa carrière. Au placard, les clips où on le voyait plonger goulûment les doigts dans un seau de poulet frit. Désormais, la référence doit respirer la performance, la santé, la qualité, le raffinement... L'épisode Coca-Cola, qui fit les choux gras de la presse lors du dernier Euro, est symbolique de ce qu'il veut véhiculer. « De l'eau, pas du Coca », avait objecté CR7 en déplaçant les deux bouteilles dudit soda, placées devant lui avant une conférence de presse. Une petite plaisanterie qui, d'après le magazine *Fortune*, aurait coûté quatre milliards en Bourse à la firme d'Atlanta.

David Beckham peut bien vanter les mérites d'une marque de whisky, Ronaldo tient à s'afficher plus sobrement avec une montre de luxe au poignet, un parfum envoûtant à la main ou un casque audio dernier cri sur les oreilles. Cristiano a désormais circonscrit son florissant business aux secteurs de la communication, du luxe, du confort, du loisir, de l'esthétique et de la performance. Un prisme arc-en-ciel dont la lumière qu'il dispense exhale l'éclectisme.

Ses activités commerciales se scindent en trois branches. D'abord, les contrats globaux, dont l'audience et la résonance se veulent planétaires. Ceux-là matérialisent tous une ou deux des nucléotides de l'ADN de CR7 : la performance et l'innovation, symbolisées par l'équipementier Nike, son sponsor majeur depuis 2003, qui lui rapporte vingt-cinq millions d'euros par an ; la précision et l'élégance, qu'évoquent les montres Tag Heuer ; le jeu et la compétition avec *Free Fire*, le jeu de survie le plus téléchargé dans le monde, et *UFL*, une simulation de football en ligne ; la beauté et l'éclat, personnifiés par les shampooings Clear ; la santé, au travers de Therabody, des appareils thérapeutiques de haute technologie ; l'investissement financier, incarné par Exness, un courtier en ligne spécialiste du marché des changes, et Dubai Holding, le portefeuille d'entreprises personnelles du cheikh Mohammed bin Rashid al-Maktoum, le Premier ministre des Émirats arabes unis ; l'évasion, dont les valises de la marque American Tourister sont les inspiratrices ; l'endurance et la persévérance, à travers les produits nutritionnels Herbalife, dont la dernière campagne – intitulée « Continuing the Journey » (Continuons le voyage) – s'attache à démontrer la longévité de l'athlète en même temps que sa fidélité à la marque, qu'il adosse depuis bientôt dix ans. On s'arrête là pour respirer ? Ou pour mieux prévenir ceux qui n'aiment guère les hauteurs stratosphériques que le vertige les guette ?

Les slogans que révèlent les campagnes de CR7 ne sont jamais innocents, et souvent très personnalisés. Comme celui de Clear : « Les légendes ne naissent pas, elles se créent. » Ces cris de ralliement symbolisent également l'investissement de Ronaldo dans les entreprises qui le sollicitent. Lorsqu'il entame une campagne pour la marque de shampooing, il adopte la coiffure idoine : une qui va mettre en valeur ses traits émaciés, mais aussi celle qu'il a demandé à ses fans de dessiner sur l'application

Facebook de la marque. Dans le message récité par CR7 dans le clip promotionnel, ce simple produit d'entretien pour les cheveux va revendiquer le nom de *Legend*. À travers Cristiano, il véhiculera « l'esprit de la grandeur » et « l'odeur de la victoire ». Que ce soit dans le message ou sur l'étiquette, rien ne doit être négligé. Tout est pensé et calibré à la mesure du garçon. Jusqu'au nom de son parfum best-seller : *Legacy*, héritage en anglais.

Aussi amples que soient les résonances de ces consortiums, Cristiano s'est bien gardé de disposer l'intégralité de ses ambitions commerciales sur un seul rayon. Depuis longtemps, il a développé des partenariats aux audiences plus ciblées. Des marchés circonscrits à des territoires moins vastes, sans pour autant être dépeuplés, mais souvent générateurs de gros revenus. Dans son catalogue, figurent ou ont figuré les smartphones chinois Nubia, les géants de téléphonie mobile Altice ou Turk Telecom, la compagnie japonaise de bien-être et appareils de musculation MTG, l'entreprise koweïtienne Talabat, leader du marché de l'épicerie et de la restauration en ligne sur tout le Moyen-Orient, et même l'incongrue Egyptian Steel, une aciérie des environs du Caire dont la particularité est de produire de l'acier écologique. Avec CR7 défenseur de la planète, le business prend en cette occurrence une dimension verte, pour ne pas dire vertueuse, et intemporelle. Le joueur-businessman ne se veut plus forcément dans la jouissance individuelle du moment, mais dans l'action collective tournée vers le futur, l'anticipation et la prévention. L'image est puissante, impactante, et elle vient télescoper celle du modèle de base qui prévaut dans le troisième type de branche de son activité commerciale. Une ramification qui porte son nom, ou plutôt sa griffe : CR7.

Avec la marque susnommée, où sont adjointes les initiales de son nom de scène et le numéro de maillot qui a fait sa gloire depuis son arrivée à Manchester en 2003 – au Sporting Portugal, il arborait le numéro 28 –, Cristiano Ronaldo n'est plus un ambassadeur qui appuie une marque, aussi prestigieuse soit-elle. Il est son propre ambassadeur, autrement dit *la* marque. La référence induite ne se veut plus celle des produits d'un autre, mais de ses propres articles. Assez peu d'athlètes ont su se lancer dans un tel défi. Le basketteur Michael Jordan bien sûr, ou David Beckham. Mais aucun n'a diversifié son empire commercial autant que Cristiano.

À l'arc du natif de Madère, on recense ainsi les cordes suivantes, développées en partenariat avec des entreprises spécialisées dans l'activité où il a placé ses billes : le parfumeur anglais – et vegan – Eden produit les parfums CR7 ; le danois JBS, première firme textile à obtenir le label écolo pour ses sous-vêtements en bambou, fabrique les slips et chemises estampillés CR7 ; l'américain Monster s'est associé à Cristiano pour créer la marque de casques et écouteurs ROC ; le lunetier turinois Italia Independent a créé les lunettes de soleil CR7, entièrement en fibres de carbone, et la firme de Milwaukee Elite Team les couvertures CR7, tissées avec des fibres venant du Portugal ; la compagnie sud-africaine Unity Fashion a développé la collection CR7 Denim, les jeans de Cristiano, dont la flexibilité se veut « sans limite », et l'entreprise portugaise Sacoor Brothers une ligne de vêtements de luxe à son nom. Mieux encore, les clubs de fitness CR7 – en collaboration avec la marque américaine Crunch, qui possède plus de quatre cents franchises dans le monde – ou la clinique de transplantation de cheveux CR7, nommée Insparya. Spécialisé dans la greffe capillaire, l'institut, basé à Madrid, a été élu ces deux dernières années numéro un dans son secteur d'activité. Cristiano ne s'impose aucune limite dans les siennes, qu'il transforme en or, tel un Midas des temps modernes. Il y a cinq ans, le groupe portugais de tourisme et de loisir Pestana s'est mis à collaborer avec le quintuple Ballon d'Or pour lancer les hôtels CR7, dans lesquels le touriste est invité à passer une nuit à thème au cœur de Times Square, à New York, quand ce n'est pas à Marrakech, Madrid, Lisbonne ou Funchal. Le dernier établissement nommé, qui fut en fait le premier porté sur les fonts baptismaux, est situé juste à côté du musée CR7, non loin du restaurant de la mère de ce dernier et d'une des boutiques de sa sœur aînée, Elma. Le tour operator fonctionne à plein.

Le business model, qui pousse l'audace jusqu'à avoir un Black Friday CR7 de tous ses produits, semble imparable. Sa communication est parfaitement maîtrisée. Les interférences dues au sportif n'auront aucune prise sur lui. Seules les frasques de sa vie privée pourraient encore le faire dérailler. Mais celle-ci ressemble désormais à une existence mise en coupe bien réglée. L'affaire de Las Vegas, révélée à l'automne 2018, a failli la faire exploser. Nike, avec qui CR7 possède un contrat à vie, s'est alors dit « profondément préoccupé » par des « accusations inquiétantes » de viol qui ternissaient l'image de la star, et par ricochet celle de la firme à la virgule. L'affaire a retenti comme un signal d'alarme, un tocsin dont le bruit a fait trembler l'édifice sur les murs de sa certitude. Cristiano a eu alors tout loisir de se remémorer que la quasi-intégralité des contrats de Tiger Woods s'était évaporée du jour au lendemain après que ses dérives sexuelles avaient été révélées fin 2009, alors que le golfeur était le sportif le mieux payé du monde. Son entourage prend donc soin de tout contrôler, de tout surveiller, tel un veilleur de nuit sur une ville endormie. Il le préserve et promeut ses qualités, comme celles dont me parle Jean-Claude Biver.

Le septuagénaire suisse est de ceux qui ont connu le Cristiano des tout débuts. C'était en 2004. L'entremetteur s'appelait Alex Ferguson, avec qui il était commercialement lié. M. Biver était à cette époque en pleine reprise de l'industriel horloger Hublot, basé à Nyon, accessoirement siège de l'UEFA. Quand, il y a quelques années, je l'ai joint par téléphone sur le campus de l'université Harvard, aux États-Unis, alors qu'il s'apprêtait à donner une conférence, celui qui fut l'ancien président de la division montres du groupe de Bernard Arnault LVMH m'avoua d'emblée à propos du joueur : « J'ai tout de suite apprécié ses qualités humaines et le forcené de boulot qu'il était. » Entre les deux, un lien profond allait se créer. Gratuitement, CR7 prêtera son image à la promotion de Hublot. Quand Jean-Claude Biver prendra la présidence de Tag Heuer, il fera de Cristiano un des ambassadeurs de cette marque de montres prestigieuses. Impliqué jusque dans le design de ces dernières, Ronaldo n'oubliera jamais, en dépit d'un calendrier chargé, de venir passer une journée par an à la fabrique, avec les employés. Aujourd'hui encore, Jean-Claude Biver reste attaché à celui dont il me dira en conclusion de notre conversation : « Cristiano est quelqu'un qui incarne le succès. Avec lui, on vend du rêve. Et quand le rêve reste dans la tête, l'achat est déjà fait. »

Quatrième rencontre

8 DÉCEMBRE 2016

Trois semaines à peine ont passé. Mais l'entrevue de novembre n'est plus qu'un souvenir déjà lointain. Pour son retour dans le giron de *France Football*, le Ballon d'Or honore à nouveau Cristiano Ronaldo, largement plébiscité par les jurés internationaux de l'hebdomadaire qui m'emploie. Au terme de sept années d'un mariage de raison avec la FIFA, *FF* a récupéré le bébé qu'il a enfanté il y a un demi-siècle. Son autonomie, également. Mais le divorce précipité, entériné deux mois plus tôt, a laissé un vide. *France Football* n'a ni le temps, ni les moyens économiques d'organiser un gala digne des ors zurichois. Il va falloir cependant élaborer à la hâte un événement qui soit à la taille, dans son retentissement cathodique, de l'oscar en question. Le partenariat avec la FIFA a créé des appétences de grandiloquence et de faste dans la tête des joueurs primés et de leurs entourages. Impossible aujourd'hui de revenir en arrière et de célébrer le Ballon d'Or en catimini, comme autrefois sur le plateau de *Téléfoot*, ou même de s'inviter chez l'habitant, façon Giscard dans les seventies. En 2008, c'est pourtant dans sa villa de Manchester que Cristiano lui-même avait reçu *France Football* pour l'annonce de son premier Ballon d'Or.

Mais les temps ont changé. La télévision, les réseaux sociaux et le business qu'ils induisent sont passés par là, accouchant d'une prison d'intérêts et d'un cérémonial alléchant qu'aucune des parties concernées n'aurait désormais la volonté de remettre en cause.

C'est donc dans la salle où siège le conseil d'administration du Real Madrid, un lieu hautement prestigieux et chargé d'histoire, que va avoir lieu la remise du soixante et unième Ballon d'Or. Après de rapides tractations, le grand club madrilène a en effet bien voulu jouer les hôtes et mettre à disposition cette immense pièce au décorum spartiate située au deuxième étage du stade Santiago Bernabéu. Tout le monde y gagne en visibilité, même si l'assistance sera restreinte et se résumera à la famille et autres amis proches du récipiendaire, ainsi qu'à l'intelligentsia de *France Football*.

L'affaire des Football Leaks

Tout irait pour le mieux dans le meilleur des mondes, si l'actualité ne s'en mêlait pas. Six jours avant l'événement le plus couru de l'année, le magazine allemand *Der Spiegel* et un consortium de médias européens baptisé EIC (pour European Investigative Collaborations) ont publié des documents qui mettent au jour un système de collusion et d'évasion fiscale dans les milieux du football. Un énorme scandale financier qui va devenir sulfureux sous le nom de Football Leaks et dont le principal joueur mis en cause est… Cristiano Ronaldo. Pour lui comme pour nous, le timing ne pouvait pas plus mal tomber. Cette investigation, qui s'appuie sur près de vingt millions de documents, révèle un système de dissimulation fiscale via un montage de sociétés écrans et de comptes offshore en Irlande, dans les îles Vierges britanniques, au Panama et en Suisse. Elle implique neuf footballeurs et l'entraîneur José Mourinho, presque tous clients de Jorge Mendes. Selon l'EIC, le Ballon d'Or 2016 aurait dissimulé cent cinquante millions d'euros dans des paradis fiscaux depuis 2009. Un montant qui ne concerne que les droits d'image, ses impôts étant prélevés à la source sur son salaire.

D'après les Football Leaks, CR7 n'aurait acquitté « que » 5,6 millions d'euros d'impôts en faisant transiter des sommes versées sur son compte aux îles Vierges britanniques, où l'impôt sur les sociétés n'existe pas, via une société irlandaise. Deux ans auparavant, Ronaldo a perçu soixante-quinze millions d'euros en revenus publicitaires. Vigilant, le fisc espagnol avait déjà fouillé dans les comptes de CR7 un an plus tôt. Même si ce dernier avait fini par admettre que la société Tollinn, qui lui versait à l'époque des droits à l'image, lui appartenait, il n'avait subi aucun redressement fiscal.

De ce vendredi 2 décembre, date de la publication des Football Leaks, jusqu'à l'interview du Ballon d'Or le jeudi suivant, ma vie va devenir un enfer. Jamais je n'oublierai cette petite semaine, jalonnée des coups de fil permanents de Jorge Mendes et de ceux de ma rédaction en chef. Il n'y a plus de répit, plus de sas de décompression, pas même la plus petite accalmie. Jamais je n'aurai vu Mendes dans un tel état. Le samedi après-midi, alors que j'ai pris la liberté d'aller marcher une heure avec mon épouse en forêt de Rambouillet, le téléphone sonne. C'est lui. Son septième appel de la journée. Je regarde les arbres dénudés qui jouxtent les étangs de Hollande, le ciel bas qui anticipe la nuit, et jette un regard éploré à celle qui m'accompagne. Elle sourit. Je décroche. « Je ne sais plus quoi faire, mon ami. À travers Cristiano, c'est moi qu'on veut atteindre. Mon nom est partout dans les journaux. Je suis attaqué de partout, comme si j'étais un criminel, un chef de la mafia. Que me conseilles-tu ? De parler ou de me taire ? » Je suis éberlué, atone. L'agent le plus puissant de la planète foot, celui qu'un de mes confrères italiens très proche de lui surnomme « James Bond », me demande ce qu'il doit faire... Au journal, mes responsables m'ont suggéré de persuader Mendes de faire une interview, à paraître dans les quarante-huit heures dans *FF* ou dans *L'Équipe*. Comme dans une BD, je vois se dessiner deux bulles au-dessus de ma tête : l'une avec un diable, l'autre avec un ange. Le premier me dit de le persuader de se livrer dans les colonnes d'une de nos publications. L'autre, de l'en dissuader. Je ne vois aucun intérêt pour lui à prendre la parole. Même si, comme il l'affirme péremptoirement, son nom est « partout dans les journaux », ce n'est pas lui qui est soupçonné d'évasion fiscale. Se répandre en explications serait une erreur. Presque un témoignage de culpabilité. Je le lui dis. Il me répond : « Mes avocats me disent la même chose que toi. »

Mendes a toujours été réglo avec moi. Au fil des saisons s'est développée une relation empreinte d'une certaine complicité. Je ne suis pas dupe de ses intérêts et je connais sa réputation sulfureuse. Le football des affaires est un gigantesque aquarium où ne survivent que les requins, ceux dont le succès a toujours autorisé les jalousies. Mais je me fiche des étiquettes et de l'opinion générale. J'ai mon radar personnel, mes propres jugements, et je sais repérer le malfaisant. En gros, je me fais confiance. Et je n'ai aucune honte à dire que j'apprécie Mendes. Oui, il me téléphone plus souvent quand approche le

Ballon d'Or. Mais il prend aussi des nouvelles de ma santé quand il la sait chancelante, m'envoie des vidéos de matchs de son gamin, Jorginho, et m'appelle pour me raconter des blagues. Même depuis mon départ du journal, en septembre 2021…

Mendes ne m'a jamais planté dans mon boulot. Il n'a jamais essayé de me soudoyer d'une quelconque façon. C'est peut-être un chevalier pas forcément blanc, mais c'est un chevalier tout de même, qui recèle en lui une humanité que l'on ne rencontre que chez les gens qui en ont bavé. La veille de la remise du Ballon d'Or, nous sommes allés ensemble au stade Bernabéu assister à la rencontre de Ligue des champions entre le Real et le Borussia Dortmund. Mendes m'a donné rendez-vous au parking VIP. En sa compagnie, je pénètre dans la majestueuse enceinte par la grande porte, pas par l'entrée presse comme je le fais habituellement. Le match, je vais le suivre dans la loge dévolue à Cristiano, avec toute la famille Aveiro et le clan Mendes : Sandra, son épouse, Marisa, sa fille, qui est aussi community manager pour les réseaux sociaux de CR7, Luis, son neveu, et Jorginho, le petit dernier. Cristiano ne marquera pas ce soir-là. Mais l'expérience reste inoubliable, et pas seulement pour les petits-fours et le champagne. Dans ce gigantesque box vitré et incliné vers la pelouse, digne d'un petit cinéma où l'isolation phonique vous coupe de l'ambiance et du public, j'ai pu constater l'entière dévotion de ces deux entités familiales pour Ronaldo. Plus question d'objectivité. Cette loge, c'est La Mecque, la place Saint-Pierre ou le Temple de Jérusalem : un lieu de culte ou de glorification, un sanctuaire où on déifie un démiurge. Lorsqu'à la mi-temps, je me présenterai à Hugo, celui-ci me répondra, l'œil attendri, « je suis le frère de Cristiano » comme on dit « je suis le fils de Dieu ».

Il est largement minuit passé quand nous sortons du stade en compagnie de Txiki Begiristain, le directeur sportif de Manchester City, une des relations privilégiées de Mendes. Direction un restaurant basque des environs. Quinze minutes à pied, durant lesquelles l'agent se raconte. Une chose extrêmement rare chez lui. Alors que l'on rentre dans la gargote, restée ouverte juste pour la vingtaine de personnes qui va s'y repaître, il me regarde et me lance cette phrase qui restera gravée dans mon esprit et qui, au fond, le résume bien : « Je viens de la rue, mon ami. C'est une éducation qui ne s'oublie pas. »

Jusqu'à une heure avancée de la nuit, Mendes va faire le show autour d'un *chuletón*, cette côte de bœuf aussi tendre qu'exquise. L'agent semble plus détendu, presque serein. Il est cependant indispensable d'aborder la question qui fâche. La remise du Ballon d'Or et l'interview qui la précède sont fixées ce jeudi 8 décembre, à 19 heures. Même si le contexte ne s'y prête pas, il va falloir aborder le thème des Football Leaks. Cristiano n'a fait, jusqu'à ce jour, aucun commentaire public. Gestifute, la société de Mendes, s'est contentée de publier un communiqué en même temps qu'un document du fisc espagnol attestant que Cristiano Ronaldo n'avait pas contourné la loi et qu'il était « à jour dans ses obligations, comme il l'a toujours été dans les pays où il a joué ». Gestifute évoque des « accusations biaisées, fausses et manipulées ». Elle affirme que « les agences fiscales européennes ont des approches différentes en ce qui concerne la réglementation des droits d'image ». Quant au cabinet d'avocats espagnol Senn Ferrero, qui défend les intérêts de CR7, il prétend avoir été victime d'un piratage informatique. Tout le monde attend l'entretien. Il est inconcevable de ne pas interroger le lauréat sur ce sujet.

Au téléphone, les jours précédents, Mendes ne me l'a pas caché : « Cristiano a été ébranlé par ces révélations. Il est touché, mais il est costaud. » Quelques heures avant l'entretien, je suis dans la villa fortifiée de Mendes, à La Finca. Comme nous en avons convenu, je lui remets les questions qui vont porter sur les Football Leaks, afin que Cristiano puisse préparer ses réponses et sa défense. L'agent, dont le téléphone sonne encore plus souvent que d'habitude, est redevenu tendu. Et moi, bien davantage. Jamais, je crois, je n'ai atteint ce niveau de stress. Quelles que soient les questions que nous allons poser, Fred Hermel et moi, durant cet entretien, on ne retiendra que celles ayant trait aux Football Leaks. Je le sais. Et cela gâche le plaisir d'une cérémonie qui se voulait amène. Vers 16 heures, avec Mendes et son entourage, nous déjeunons d'une collation. Jambon cru, anchois, vin rouge… L'écran géant du salon de sa villa madrilène rediffuse la rencontre de Ligue des champions de la veille entre Lyon et Séville. En sourdine. Mais personne ne regarde.

Je regagne ensuite mon hôtel pour revêtir ma panoplie de gala. Car pour la première et dernière fois, l'entretien va être filmé dans les conditions du direct et diffusé sur la chaîne *L'Équipe*, quatre jours plus tard, le lundi 12 décembre, jour de la divulgation des résultats. De quoi ajouter encore un peu plus de tension. Je n'ai pas honte de l'avouer, je suis angoissé. Fred et moi n'avons aucun droit à l'erreur. Les caméras, et à travers elles le monde entier, vont scruter les visages, les images, traquer les faux pas. Nous sommes comme deux équilibristes sur un seul fil. Mais nous sommes deux, soudés, à dix mètres en face de la star, sur un tabouret de bar. Je repense alors au conseil avisé que m'avait donné mon ami Chip Caray, célèbre commentateur et présentateur d'une chaîne de télévision sportive américaine, quand je débutais dans le métier, en Floride. « Pour être à l'aise devant une caméra, fais comme si tu étais dans un pub, entouré d'amis, et que tu avais une conversation avec eux autour d'une bière. » Mais ce soir, il n'y a pas de bière. Et pas beaucoup d'amis non plus…

Cristiano est arrivé au stade à l'heure, au volant d'une Rolls-Royce qui ne peut être plus blanche. Les gouttes du lavage ruissellent encore sur la carrosserie. Vêtu d'une veste bleu émeraude et de chaussures crème, il se prête à la contraignante scénarisation de cet instant solennel, de son entrée sur le parking à sa sortie de l'ascenseur, avant de rentrer dans les bureaux du Real Madrid. Après des heures de tractations, il a finalement été décidé que l'entretien se déroulerait dans cette majestueuse salle du conseil d'administration du club. Pour cette occasion ont été alignées toutes les Coupes d'Europe des clubs champions remportées par les Merengues, onze à l'époque. Aux murs, *France Football* a placardé l'intégralité des unes consacrant les Ballons d'Or du Real : Alfredo Di Stefano, Raymond Kopa, le Brésilien Ronaldo, Fabio Cannavaro, et bien sûr Cristiano. Mais on n'est pas passé loin de l'incident diplomatique. La veille, lors d'une réunion dite « de calage », Antonio Galeano, le directeur de la communication du plus grand club d'Europe, nous a appris qu'en raison des Football Leaks, aucun membre du Real ne s'associerait par sa présence à la cérémonie, y compris Zidane ou Florentino Pérez. « Non négociable », a même prévenu Galeano, porte-parole du président, l'air grave. Le club ne veut en aucun cas être associé à une affaire judiciaire, même s'il persiste à nous prêter ses locaux. Non seulement l'ambiance est plombée, mais tout le scénario de l'entrée de l'artiste, qui impliquait les dirigeants merengues, est à revoir. Arnaud de Courcelles, le big boss de la chaîne *L'Équipe*, va travailler toute la nuit pour le réécrire. Il s'agira pour Cristiano de suivre un parcours – fléché – avant d'entrer dans la salle, en s'arrêtant devant chaque une. CR7 prend tellement son rôle à cœur qu'il n'y aura même pas de répétition. La première prise sera la bonne.

Les premières vingt-cinq minutes sont d'une solennité pascale. Il ne manque que les cloches. Elles m'apparaissent interminables. Bien sûr, il a fallu préparer l'interview comme jamais. Fred et moi sommes tombés d'accord sur le rythme et la trame de celle-ci. Surtout, ne pas attaquer d'emblée avec les Football Leaks, sous peine de parasiter la discussion, voire de la plomber. Personne ne peut prévoir la réaction de CR7. Non, il faut entretenir le suspense, faire durer le désir, laisser le téléspectateur – et le lecteur de *FF* – sur le qui-vive. Au fond, ces vingt-cinq minutes ne doivent être qu'un échauffement, le prélude d'un concerto, un ascenseur qui monte lentement vers ce que je me représente comme un échafaud. « Cristiano, vous avez appris que vous seriez le Ballon d'Or 2016 au moment où votre nom apparaissait dans l'histoire des Football Leaks. Est-ce que cela a gâché votre plaisir ? » Cette question, Fred et moi avons bossé dessus un gros quart d'heure. Comment être assez explicite sans être agressif ? Le tarauder sans lui rentrer dedans ? Comment passer de l'entretien d'un Ballon d'Or que l'on célèbre à l'interrogatoire d'un suspect ? La question est une affaire trop sérieuse pour qu'on ne la prenne pas avec des pincettes d'argent.

Cristiano est tendu, on le sent depuis le début de l'entretien. Lui aussi attendait la question, comme un boxeur le crochet du gauche de son adversaire. Même prévenu, il encaisse. Mais il n'esquive pas. « Bien sûr, ça a gâché mon plaisir. Ce serait mentir que de le nier. Tout le processus est dur pour moi, mais aussi pour ma famille et ceux qui travaillent avec moi. Mon fils va à l'école. Il commence à comprendre des choses. Ce qui est sorti dans les médias me dérange parce que ce n'est pas vrai. Mais je suis habitué, et il faut vivre avec ça. » Je le relance. Il se défend. Dit qu'ils essayent de toujours bien faire les choses, lui et ceux qui l'entourent. Et puis cette phrase : « Il y a beaucoup d'innocents en prison. Et moi, je me sens un peu comme ça. Tu sais que tu n'as rien fait de mal, mais on te dit que tu as fait quelque chose de répréhensible. Ça ne peut plaire à personne. » S'ensuit un interminable moment de silence. Dix secondes. Dans le monde de l'audiovisuel, on appelle ça un tunnel. Fred et moi nous regardons. Au-delà du questionnaire que nous avons soigneusement préparé, il existe cette latence que nous appelons, dans notre jargon, la « relance ». Autrement dit rebondir sur les propos de quelqu'un. Relancer doit être naturel. Et immédiat. C'est une question de feeling, d'à-propos. Instinctivement, je sens qu'il faut aller un poil plus loin. Le retitiller gentiment. Mais Cristiano est malin. C'est un gagneur, un fonceur. Et un attaquant qui sait esquiver les tacles des défenseurs. J'ose un « Cristiano… ». Il coupe. « La vérité finit toujours par éclater. Tôt ou tard. » Fin de la séquence. Je sais à cet instant qu'il n'ira pas plus loin. Ou que ses réponses n'apporteront rien de plus au débat. Il a fait son job. Nous avons fait le nôtre. Difficilement. Dans quelques minutes, Pascal Ferré, le rédacteur en chef de *France Football*, remettra le Ballon d'Or à CR7, qui lui fera remarquer, le plus sérieusement du monde, qu'il est « moins lourd que d'habitude ». Pascal, intrigué, vérifiera auprès de Mellerio, le joaillier qui réalise chaque année cette pièce unique. Verdict : quatre cents grammes de moins que le précédent, à cause d'une pyrite plus légère. Cristiano avait vu juste. Je sortirai du Bernabéu dans un état d'épuisement intense, au terme de six jours d'un paroxysme inégalé. L'attaquant portugais, lui, plaidera coupable d'évasion fiscale le 22 janvier 2019. Il sera condamné à 18,8 millions d'euros d'amende et deux ans de prison, sentence qu'il n'effectuera pas, la loi espagnole dispensant de cellule les personnes dont la peine est inférieure ou égale à vingt-quatre mois.

Cristiano, l'humanitaire

Émotionnellement, la journée a été très éprouvante. Une succession de montagnes russes, et pas seulement à cause de ce point culminant que sera l'entretien Ballon d'Or. Rentré à 4 heures du matin du restaurant basque où m'avait entraîné Mendes, j'ai peu dormi. Le somnifère de service a eu autant d'effet qu'une goutte d'essence dans un réservoir à sec. Je ne rechargerai pas les batteries cette nuit. À *France Football*, le Ballon d'Or est un marathon qui débute en septembre avec l'établissement de la liste des prétendants et qui se termine début décembre avec l'annonce du vainqueur. Trois mois durant lesquels le responsable du service étranger que je suis est plus sollicité qu'un gardien de but face au Real Madrid. Je me suis réveillé vers 9 heures. J'ai pris le petit-déjeuner, et retrouvé mes camarades du journal qui ont également fait le déplacement de Madrid. En fin de matinée, je suis allé marcher un peu autour de l'hôtel Eurostars, où la délégation du journal est descendue. Le Ballon d'Or est là, dissimulé à l'intérieur d'un immense coffret, dans la chambre de Pascal Ferré. À l'aéroport de Barajas, il a fallu convaincre la police et les douaniers espagnols, ébaubis devant l'objet, de garder le silence sur sa présence dans la capitale ibérique. Pas une mince affaire. Pour quelques heures encore, personne ne doit savoir que *FF* est à Madrid.

J'ai réservé un taxi pour midi. Direction Salvador, un quartier périphérique du nord de Madrid. Dans cette banlieue-dortoir, dépourvue de charme, le Ballon d'Or en personne est attendu pour 13 heures. Quelques heures avant la cérémonie, Cristiano doit en effet rendre visite à un centre d'enfants atteints de paralysie cérébrale. Des gamins de tous âges, fortement impactés. Malgré les déboires du moment, CR7 a tenu à faire face à ses engagements. Lors de la mise en relation avec l'institut, six mois plus tôt, il avait promis qu'il viendrait. Il viendra donc, même si le timing est serré et l'actualité peu propice. À l'heure prévue, il descend du van qui le dépose devant l'entrée de la Fondation Numen. Blouson noir, tee-shirt blanc, un bonnet bouffant sur le crâne, il a tenu à la jouer cool. Cristina Fernández, la très chaleureuse présidente de la fondation, et l'admirable personnel qui l'entoure l'ont prévenu. Il va rencontrer des gamins gravement handicapés et lourdement appareillés. Le choc peut s'avérer douloureux. Ronaldo s'arrête pourtant à chaque atelier, s'enquiert de l'invalidité de ceux qui lui sourient, plaisante avec les enfants entre deux séances de psychomotricité, caresse leur chevelure. Le Cristiano des pelouses est loin, très loin. Ici, il redevient un être humain bouleversé face à autant de souffrances. Seuls les trois journalistes de *France Football*, Fred Hermel, Patrick Sowden et moi, et la caméra de l'association caritative Inocente Inocente ont été autorisés à l'accompagner. Des yeux étrangers, presque inquisiteurs. C'est la seule raison pour laquelle il ne laissera pas percer l'émotion qui l'étreint. Le regard que je croise cependant quand il descend de l'étage, où il est allé voir des bébés en souffrance, est celui d'un homme dévasté, presque en colère de ne pas pouvoir en faire davantage pour parer à cette détresse. En ressortant de l'établissement, il me dira simplement : « Cela remet les choses en perspective. Que représentent mes sacrifices professionnels à côté de l'implication de ces gens ? » Qu'ajouter de plus…

Je n'ai pas pu monter l'escalier avec lui. Je suis sorti dans la cour au bout de dix minutes, afin d'extérioriser ma douleur et ma tristesse. Ce que j'avais vu alors est indicible. Aucun mot assez fort n'existe pour définir l'insoutenable. Ni d'ailleurs pour saluer le personnel soignant qui entoure ces gamins. Je me suis isolé pour pleurer. Cristiano, lui, n'en a pas le droit. Ou du moins, il ne se l'accorde pas, même si ses rictus et son sourire figé le trahissent. Il est CR7. Il doit montrer qu'il est fort, signer des autographes dans la cour de la Fondation Numen, complimenter, saluer, être dans l'empathie, et faire comme si. Comme s'il était blindé et insensible… Écouter, comprendre, donner. Offrir de la chaleur à ceux qui en manquent, de la lumière à ceux qui œuvrent dans l'ombre. En cette lumineuse après-midi hivernale, sa venue n'est pas qu'un soleil éphémère, c'est une illumination providentielle pour ces enfants meurtris et un éclairage zénithal pour la profession de ceux qui les couvent. Il le sait. Son devoir passe avant toutes ses émotions. Il n'est pas toujours simple d'être Cristiano Ronaldo.

Jorge Mendes me le confirmera à de nombreuses reprises. CR7 répète ce genre d'opérations à peu près chaque semaine, du moins quand son emploi du temps, très chargé, le lui permet. Quelques jours avant notre visite, Ronaldo a été classé par un média américain, sur la foi des chiffres fournis par une ONG, en tête des athlètes s'impliquant le plus sur cette planète dans des causes humanitaires. « Au moins, sur ce sujet-là, la presse ne s'est pas trompée », conclura-t-il d'ailleurs l'entretien Ballon d'Or, quand on le questionnera sur sa bienfaisance. Tout en regrettant de ne pas pouvoir aider tout le monde. Contrairement à ses saillies sur le terrain, Cristiano est d'une discrétion absolue quant à ses engagements caritatifs et sa générosité, sans limite ou presque. Durant la récente pandémie de Covid 19, il a donné plus d'un million d'euros à des hôpitaux portugais, souvent sous forme d'appareils médicaux. Il a aussi financé la construction de deux unités intensives de soins dans un établissement de Lisbonne.

Chez lui, la philanthropie est une seconde nature. Dans ce domaine-là également, Cristiano veut être le premier, le meilleur, le plus généreux. Procurer de l'émotion, des larmes, des sourires, des remerciements, des congratulations, des embrassades. Rien n'est trop bon que d'aimer, et de se faire aimer. Avocat de toutes les causes, du sida au trafic d'êtres humains en passant par la préservation des forêts de mangrove en Indonésie, quand ce n'est pas l'aide aux victimes d'un tsunami en Thaïlande ou d'un tremblement de terre au Népal, il n'a jamais oublié d'où il venait, ni l'enfant pauvre des rues de Funchal qu'il était. À Madrid, en 2015, il avait payé le voyage depuis Beyrouth à un jeune orphelin libanais pour que ce dernier puisse rencontrer son idole et assister à une rencontre du Real. Un an plus tard, il allait répéter le même geste avec l'ancien international néerlandais Fernando Ricksen après qu'il eut appris la souffrance quotidienne de l'ex-défenseur des Glasgow Rangers, qui décèdera en 2019 des suites de la maladie de Charcot. Derrière le m'as-tu-vu qui exaspère ses détracteurs se nichent une authentique générosité, un besoin d'aider, de rétrocéder. Devenu riche à milliards, Cristiano redistribue constamment sa fortune pour des causes collectives comme la recherche contre le cancer ou les enfants atteints de leucémie, quand il ne subventionne pas des cas particuliers. Tel ce gamin de dix ans, victime d'une grave maladie au cerveau pour laquelle Ronaldo a financé un traitement expérimental aux États-Unis, puis l'opération à hauteur de plus de soixante mille euros.

Ronaldo sacrifie beaucoup de lui-même, à commencer par son temps. Souvent, je lui ai demandé comment il faisait pour donner autant d'ampleur à ses journées. Réponse : « Tout est cadré. » Comme toujours. Depuis plusieurs années, CR7 est un donneur de moelle osseuse. Régulièrement, il fait don de son sang, et encourage ceux qui le croisent à en faire autant. « Si cela peut sauver des vies… » Pour éviter les risques d'infection de ce sang si précieux, il a préservé son corps d'une quelconque inscription que l'encre pourrait polluer. À l'heure où le torse, les bras, la nuque ou les mollets des athlètes sont recouverts de tatouages, l'anatomie de Cristiano se veut entièrement vierge de tout message, de toute rature, de toute œuvre d'art sur la peau. En 2019, le magazine *Forbes* a estimé à quatre-vingt-quinze millions d'euros la somme qu'avait octroyée CR7 à ses diverses œuvres de charité au cours de l'année précédente. Les mauvais esprits ont eu beau le qualifier de Robin des Bois, qui vole le fisc espagnol pour mieux donner aux pauvres et aux démunis, lui n'en a cure. En 2011, il avait mis aux enchères son Soulier d'Or, qui récompense sur une saison le meilleur buteur des championnats européens, pour 1,5 million d'euros. Des fonds qui furent intégralement reversés à des écoles de Gaza, en Palestine. En 2014, il partagera les primes de sa victoire en Ligue des champions, soit cinq cent mille euros, entre trois associations, Save the Children, l'Unicef, et World Vision. La liste de ses œuvres de bienfaisance serait trop longue et fastidieuse à énumérer tant elle est longue. On n'oubliera quand même pas d'y ajouter ses coéquipiers. Après que le Real a gagné la « Décima » en 2014, autrement dit la dixième Coupe ou Ligue des champions du club madrilène, CR7 avait offert à chacun de ses partenaires une montre personnalisée d'une marque prestigieuse. Valeur de l'accessoire : sept mille euros. Cristiano donne à ceux qu'il aime. Mais il donne encore davantage à des inconnus. Des gens qui le sollicitent par courrier pour une chaise roulante, un crédit à la banque, une opération chirurgicale, ou plus simplement des chômeurs qui n'arrivent plus à joindre les deux bouts. Son lot quotidien. Cristiano Ronaldo est une fondation à lui tout seul.

Cette dévotion, car c'en est une, n'est pas anodine. Comme plus de 80 % de la population de son pays, Cristiano est un catholique assumé. En 2020, il a même avoué, lors d'un entretien au quotidien sportif italien *La Gazzetta dello Sport*, qu'il allait à la messe tous les dimanches quand cela lui était possible. Neuf ans plus tôt, il avait confié au *Daily Mirror* qu'il collectionnait les colliers-croix pour « être plus près de Dieu », notamment pendant les matchs. Dans presque chacune de nos rencontres, Dieu est venu s'instiller dans ses réponses pour expliquer sa réussite. « Dieu observe tout », me dira-t-il en 2019, après que je lui aurai fait remarquer qu'il était très rarement blessé. « Si j'ai la carrière que j'ai, c'est parce que j'ai fait les choses dans l'ordre. » Cinq ans auparavant, il m'avait confié, dès la première interview à Madrid : « Si tu aides quelqu'un, Dieu te le rendra. Dieu m'a tout donné : la santé, une famille magnifique, du succès. Je suis un privilégié. Et tout ce que je peux faire en dehors du terrain m'aide moi aussi. »

Cinquième rencontre

10 novembre 2017

Ricardo Regufe m'apostrophe. « Thierry, tu te rends compte ? Il y a des journalistes qui n'arrêtent pas de me harceler pour avoir Ronaldo en entretien, des gars de grands médias pour qui un rendez-vous avec lui est l'interview de toute une vie professionnelle. La liste d'attente est interminable, et je peux te la montrer. Et toi, tu me demandes de voir Cristiano trois fois en un mois ? Tu es sûr que tu n'abuses pas ? » Ricky a le sourire de celui qui sait faire passer les messages. Mais moi, je suis sûr de mon petit effet. « Ricardo, tu veux que Cristiano ait le Ballon d'Or ou pas ? » Chantage ? Intimidation ? Ni l'un, ni l'autre. Abus de position dominante ? Certainement. Contrairement à lui, j'ai un avantage. Je sais où en est le vote du Ballon d'Or 2017. Je sais que Cristiano a déjà l'objet en poche. L'issue du scrutin ne fait aucun doute, mais je me garde bien de le lui dire. Je lui fais même croire que le résultat est serré, qu'un rien peut faire pencher la balance en faveur de Messi. C'est sadique et malhonnête, mais dans le même temps assez jouissif de pouvoir faire plier quelqu'un qui détient autant de pouvoir. Il suffit juste d'activer le bon levier. Et le bon levier, c'est Messi, un nom magique aux effets pavloviens. Vous le prononcez, et les chiens rappliquent aussitôt, affamés, conditionnés.

Ricardo a fini par céder. Je lui ai vendu l'interview de ce vendredi 10 novembre comme un vecteur de promotion. Je lui ai également précisé qu'elle serait publiée dans *L'Équipe*, et non dans *France Football*, comme ce sera le cas de la suivante, si Cristiano l'emporte. Ricardo n'est pas stupide. Il sait que son ami a besoin de faire campagne. Depuis plusieurs semaines, depuis l'ouverture du scrutin en fait, il est en panne sèche de buts – un seul en sept matchs. Le Ballon d'Or lui noue le ventre et lui enchaîne les pieds comme les amarres un bateau. Le problème est dans la tête, et Cristiano en a conscience. Il travaille sur lui, beaucoup même, mais la blessure est profonde. Elle met au jour les fêlures psychologiques de l'athlète, ses doutes, la pression qu'il se met pour rester au sommet et même le dépasser pour fréquenter cette stratosphère où aucun athlète ne viendra plus contester sa suprématie. Plus que tous ceux qu'il a déjà gagnés, ce Ballon d'Or-là a une connotation emblématique. S'il l'emporte, Ronaldo rejoindra Messi tout en haut du palmarès du Ballon d'Or, avec cinq trophées. Le baobab argentin ne viendra plus lui dispenser l'ombre de son génie. Plus personne au-dessus. Et bientôt, pense-t-il, plus personne à côté. Toujours plus haut, toujours plus fort…

Si Cristiano s'impose, et je sais déjà en cette veille d'armistice que ce sera le cas, je le verrai effectivement trois fois en un mois. Aujourd'hui, puis pour l'interview du Ballon d'Or d'ici trois grosses semaines, et enfin pour la remise du trophée, prévue le 7 décembre à Paris, en haut de la tour Eiffel. Un endroit qui fait fantasmer l'attaquant portugais et son entourage. Trois fois, c'est effectivement énorme quand on connaît le planning du garçon le plus demandé de la planète. Durant tout ce laps de temps, je vais vivre au rythme de CR7, manger CR7, dormir CR7. Je ne l'ai plus vu depuis le 3 juin, et cela me parait déjà loin. C'était à Cardiff, pour la finale de la Ligue des champions, qu'il avait remportée avec le Real en éclaboussant le match de toute sa stature. Après ses deux buts et le succès écrasant contre la Juventus de Turin, je l'avais retrouvé dans cet endroit parfaitement impersonnel qu'on appelle la zone mixte et qui est à la presse ce que la Braderie est aux Lillois et la Foire du Trône aux Parisiens. Difficile de faire moins intime. J'avais tout de même réussi à lui demander s'il pensait que sa prestation aboutie allait lui valoir un nouveau Ballon d'Or. Il m'avait regardé, et répondu d'un petit clin d'œil aussi familier que malicieux, en ajoutant un « Allez savoir ! » qui valait mieux qu'un slogan publicitaire.

Descendance et postérité

Le soleil surplombe Valdebebas de toute sa majesté en cette fin de matinée automnale. Pour la première fois, mais pas la dernière, je serai seul pour mener l'entretien. En anglais, et plus en espagnol. Personne autour, en dehors du garde-chiourme Ricardo, que je retrouve vers midi dans un salon aux vitres béantes qui surplombe les terrains d'entraînement de la blanche et vallonnée Cuidad Deportiva. Premières effusions. Premières questions. Lui : « On en est où du vote ? » Moi : « Trop tôt pour se prononcer. » Pinocchio, sors de ce corps ! Malgré la disette qui plombe son automne, Cristiano reste le grand favori pour l'attribution du Ballon d'Or. Il en est conscient. Son assurance non feinte en atteste. Cette année, il a gagné la plus prestigieuse des Coupes d'Europe, dont il a fini meilleur buteur et deuxième meilleur passeur, ainsi que le championnat et la Supercoupe d'Espagne. Et il s'apprête à faire main basse sur le championnat du monde des clubs. Accessoirement, il a largement contribué à qualifier le Portugal pour la prochaine Coupe du monde en Russie. Pas une tache ne vient assombrir la page, même pas une rature. Les Football Leaks ont vécu. Chemise blanche, décontracté, toujours pro et propre sur lui, il arrive à peine l'entraînement terminé et sa toilette achevée. Il est heureux, et ça se voit. Dans quelques jours, sa nouvelle compagne, Georgina, accouchera d'une petite fille prénommée Alana Martina. Le quatrième enfant de CR7, le premier avec le mannequin hispano-argentin.

J'ai toujours beaucoup de plaisir à retrouver Cristiano. Contrairement à son grand rival barcelonais, il est un vrai régal pour ceux qui le rencontrent et ont la chance d'échanger avec lui, y compris en privé. L'homme se montre aussi intelligent et oralement dispendieux que le footballeur est ambitieux et exigeant. Ronaldo ne parle jamais pour ne rien dire. Avec lui, c'est chaud ou froid, jamais tiède. Pas de messages codés ou d'ambivalence. Au bout de tant d'années, je commence à le connaître. Il ne m'intimide plus, et n'entreprend d'ailleurs rien pour le faire. Je mesure son envergure, sans qu'elle m'épouvante ou m'empêche de le titiller. Cristiano reste simple, toujours souriant et déconneur, surtout quand on évoque, comme ce sera le cas en off, après l'interview, la finale de l'Euro 2016. J'ai beau lui objecter que je n'ai pas joué le match et que les « vous autres, les Français » s'adressent davantage aux hommes de Didier Deschamps qu'à ma personne, il continue d'insister. Avec lui, il n'est jamais bon d'être dans le camp d'en face.

C'est la première fois depuis plus de huit ans que je travaille pour *L'Équipe*. J'ai quitté le quotidien en mars 2009 pour rejoindre *France Football*, autre publication du Groupe Amaury. La même maison, le même immeuble. Quand Jérôme Cazadieu, qui dirige les deux rédactions, a suggéré une interview pour le « quot », j'ai lancé l'hameçon à Mendes, qui a aussitôt mordu. J'ai toujours préféré passer par lui que par Ricardo. Même s'il ne gère plus vraiment la communication de CR7 comme naguère, Mendes est le cordon ombilical qui me relie à Cristiano depuis le premier jour. Je sais qu'il fera tout pour que ma demande aboutisse. Nous avons des intérêts communs. Lui, que son joueur se montre et communique. Moi, qu'il soit dans le journal. Et même si les tractations sont parfois laborieuses en raison du calendrier surchargé de la star, elles finissent toujours par aboutir. Lionel Dangoumau, le chef de la rubrique foot à *L'Équipe*, m'a laissé carte blanche quant à l'angle de l'entretien. J'ai conscience cependant qu'il va falloir être plus « actu », davantage dans le présent, dans la panne d'efficacité actuelle et le début de saison contrarié par une suspension de cinq matchs pour avoir poussé un arbitre dans le dos que dans les réflexions obsédantes sur le temps qui passe ou le regard angoissant dans le rétroviseur que suggère l'âge de la star.

Finalement, ce sera un mix. Si Cristiano s'épanche sur « la privation de sa surface d'expression » et « l'injustice de la décision » qui a mené à ce ban de trois semaines, il justifie son manque d'efficacité temporaire par une implication plus importante dans le collectif. Et maugrée, d'un ton de syndicaliste : « Je ne suis plus jugé que sur le fait de marquer. Je peux bosser pour l'équipe, faire des passes décisives, tout le monde s'en fout. C'est injuste. Le monde est injuste. Il y a des gens qui bossent comme des fous pour gagner des clopinettes et d'autres qui ne font rien et s'en mettent plein les poches. Dites-moi ce que je peux faire pour changer ça ? » Je lui fais remarquer que c'est lui qui a créé cette dépendance et ce rapport au regard des autres. Qu'il en est responsable. Qu'on peut toujours changer le moteur d'une Formule 1, c'est la carrosserie qui fait office de référence pour le grand public. Il acquiesce.

Cristiano va bientôt avoir trente-trois ans. Pour la première fois, la problématique de l'âge s'impose dès lors comme un thème de notre discussion. Il a beau maintenir sa condition physique à un niveau exceptionnel et entretenir son corps comme un éphèbe athénien, l'érosion naturelle devient, à mesure des années, un phénomène occulte. Zinédine Zidane, qui a pris les rênes de l'équipe première en janvier 2016 après le limogeage de Rafael Benítez, en est d'ailleurs parfaitement conscient. Il ménage davantage Cristiano, lui fait entendre raison en le privant volontairement de certaines rencontres, moins importantes. « Si tu acceptes de jouer moins et de t'offrir des plages de repos, non seulement tu termineras mieux la saison, mais tu prolongeras ta carrière. » Ronaldo lui-même admet avoir développé de nouvelles routines : « Le plus dur, c'est d'accepter qu'avec le temps, tu puisses perdre un peu de quelque chose. Que la récupération ne soit plus la même, que tu ne puisses plus rester au gymnase aussi longtemps, plus travailler aussi intensivement. Parfois, il est mieux de travailler sur des plages plus réduites pour faciliter la récupération. Le plus important, c'est l'aboutissement des choses. » Le message de Zizou a porté ses fruits. Mais je sais qu'au fond de lui, il a du mal avec ces RTT imposées.

C'est la première fois que je l'entends parler de ce qu'on n'osera pas encore appeler le début d'un déclin. Le garçon reste à un niveau de performance individuelle dont serait envieux le plus doué des jeunes joueurs. Il continue de planer comme un rapace, plus régnant et majestueux que jamais. L'évolution est donc ailleurs. Dans ses courses, moins percutantes, lui qui a basé son jeu sur sa célérité. Dans sa mutation tactique également, plus axiale, même si Ronaldo est davantage un chasseur de buts qu'un pur avant-centre. Et surtout dans sa vie privée. Cristiano n'a jamais été un noctambule à la Neymar. Une des rares fois où il s'est trouvé mêlé à un anniversaire festif, celui de ses trente ans, il en a pris plein la tête. Il faut dire que quelques heures plus tôt, le Real avait essuyé un gros grain lors du derby madrilène contre l'Atlético (4-0) et que le manque de discrétion de la fiesta, où s'étaient rassemblés cent cinquante convives, n'avait pas aidé. Les agapes estivales des années tropéziennes et la chaleur des discothèques ont désormais laissé place à des excursions familiales, dans un quasi-confinement. Le jeune adulte à la vie conjugale tumultueuse s'est effacé devant un père attentionné et attentif. À Cristiano Junior se sont adjoints au cours de cette année 2017 les jumeaux, Eva Maria et Mateo, issus d'une mère porteuse américaine, et désormais Alana Martina, qui viendra au monde trois jours après l'interview. Ils sont sa fierté. Il l'avoue : « Cristiano Junior m'a donné tellement de joie que j'ai eu envie d'avoir d'autres enfants. » Évidemment, Ronaldo place la barre de sa mission paternelle à la même hauteur que ses ambitions de footballeur : « Je travaille pour offrir une vie de rêve à mes enfants. » Avant d'ajouter : « Je leur donne de la tendresse et une éducation », les deux mamelles du bonheur selon lui.

En Cristiano Junior, il a placé une partie de son patrimoine génétique. Mais surtout beaucoup de son héritage footballistique. Quand il évoque son fils aîné dans le documentaire intitulé *Ronaldo*, c'est pour le désigner comme « [s]on successeur ». Une sacrée pression pour le gamin. Car jamais les « fils de » n'ont atteint les sommets de leurs géniteurs. Jordi Cruyff fut un joueur standard, Stefan Beckenbauer prit sa retraite à vingt-huit ans après avoir disputé douze matchs chez les pros, et Edinho, le fils du Roi Pelé, demeure hélas plus connu comme trafiquant de drogue que pour son éphémère carrière de… gardien de but. « Cristianinho », qui a intégré début 2022 l'académie de Manchester United, le club de son père, voit donc se profiler l'ombre de ce dernier et l'image de sa réussite. Pas évident pour un gosse dont Cristiano me disait, lors de notre deuxième rencontre : « Il grandit dans des conditions spéciales. Avec un papa qui a une grande maison, des belles voitures… Ce n'est pas facile, mais je tente de lui en faire prendre conscience. Lui faire comprendre que la vie, c'est compliqué. Qu'il faut travailler, être bien élevé et respectueux. »

« Cristianinho » est né d'une mère inconnue, dont CR7 ne veut pas parler. À personne. Il a avoué un jour qu'il dirait la vérité à son fils quand il jugerait celui-ci en âge de comprendre. Et seulement à lui. Le môme a vécu sa prime enfance entourée de l'affection de Dolores, sa grand-mère, qui ne tarit pas d'éloges à son sujet. Pour elle, le rejeton est déjà plus fort sur un terrain que Cristiano au même âge. En janvier 2015, pour symboliser le lien très fort qui l'unit à ce fils qu'il me définit comme « le summum », Ronaldo me racontera cette anecdote : « Un jour qu'il était en tribune avec ma mère et que je rentrais sur le terrain en tenant la main d'un enfant, il lui a dit : "Papa n'aime plus être avec moi. Regarde, il donne la main à un autre garçon." Il était jaloux. Après, j'ai pris du temps pour lui expliquer. Mais il m'a quand même demandé de pouvoir l'accompagner un jour sur la pelouse. »

Souvent, on peut voir, à travers les vidéos qu'il poste sur les réseaux sociaux, CR7 s'entraîner dans le cadre domestique en compagnie du désormais jeune adolescent, né en 2010 : pompes, musculation, gainage, exercices de respiration, jonglages... Difficile de ne pas voir au travers de son descendant une projection de sa propre réussite, voire une pérennisation de celle-ci. L'avenir du gamin semble suivre un itinéraire familier, expurgé des obstacles que CR7 a rencontrés à ses débuts. Les coordonnées du succès ont été intégrées au GPS. Le garçon s'appelle Cristiano Ronaldo, il porte évidemment le numéro 7 et mime déjà la gestuelle de son père lorsqu'il s'apprête à tirer un coup franc. Le regard mâtiné de bienveillance, d'amour et d'exigence que Cristiano pose en permanence sur son fils a quelque chose de mirobolant. Il est incroyablement touchant. Inquiétant aussi, un peu, dans la requête qu'il sollicite.

Ce jour-là, ce n'est plus un footballeur vedette que j'interroge, mais un *pater familias* aux préceptes romains. Je le charrie. Alors Cris, on se lève la nuit pour le biberon ? « Non, parce que ça me perturberait dans mon repos et ma récupération. J'ai deux personnes à domicile que j'emploie pour ça. Mais je ne vous cache pas que ma vie est un peu différente, avoue-t-il en souriant. Il y a plus de désordre dans ma maison, davantage de bruit. Mais j'adore ça. Ces enfants, je les ai désirés. Je vais vous dire :

une vie sans enfants ne signifie rien. » Avant de conclure : « J'en veux sept. Comme mon numéro de maillot. Sept enfants et autant de Ballons d'Or. Pour que chacun ait le sien. » Un bel héritage…

Au nom du père

Comme il le confessera souvent, Cristiano veut être le père qu'il aurait rêvé d'avoir. Un homme fort qui entourerait sa progéniture de toute sa bienveillance et de sa tendresse, qui l'encouragerait, la guiderait, et viendrait assister à ses exploits sur une pelouse. José Dinis Aveiro ne pouvait pas être celui-là. Le géniteur n'était pas un homme mauvais. Simplement quelqu'un qui s'était égaré dans les tumultes opaques de l'existence. José Dinis était maçon. Mais de l'aveu même de son épouse, Dolores, il n'a plus été le même à son retour d'Angola. Cette colonie du sud-ouest de l'Afrique sera au Portugal ce que le Vietnam fut aux États-Unis, sur le plan des atrocités, s'entend. Nous sommes aux confins des années 1960 et 1970, et la lutte pour l'indépendance bat son plein sur le continent noir. Le Portugal est lui-même sous tutelle salazariste. Même si le dictateur, qui dirigeait le pays d'une main de fer depuis le début des années 1930, n'est plus au pouvoir, son successeur, Marcelo Caetano, perpétue « l'État nouveau » et sa politique coloniale. Des milliers de jeunes soldats sont envoyés en Angola, en Guinée-Bissau ou au Mozambique pour combattre. Quatorze mille n'en repartiront jamais. Les autres, les vétérans comme on dit, reviennent dans un pays économiquement très affaibli, où la révolution des Œillets vient d'offrir un espace de démocratie. Physiquement vivants, psychologiquement détruits.

Pendant treize mois, José Dinis a tenté de domestiquer les horreurs. En Afrique, il a combattu les fièvres et la malaria autant que les rebelles, et noyé ses fantômes dans la bière locale, la Cuca, l'eau s'avérant impropre à la consommation. Ce n'est plus un ancien combattant qui retrouve sa patrie, mais un homme brisé et en colère, sans emploi et sans argent. Dolores fait des ménages pour permettre au foyer de subsister. Alors qu'elle a deux enfants en bas âge, elle viendra même s'établir quelques mois en région parisienne pour subvenir aux besoins de la famille. José Dinis fréquente les bars comme d'autres les cabinets de psy. On s'offre les thérapies qu'on peut. Il cumule les petits jobs, et boit. Beaucoup. De plus en plus. Inexorablement, il sombre dans un profond alcoolisme. Il ne frappera jamais ses enfants. Dolores veille. Et encaisse, à l'autre bout de la main qui s'abat. « Je suis devenue sa victime », conviendra-t-elle. Dans le film documentaire intitulé *Ronaldo*, sorti en 2015, Cristiano reconnaît que son père pouvait être drôle… quand il avait un verre dans le nez. « Dans ces moments-là, il racontait des histoires, il chantait… Il était saoul presque tous les jours. Et quand ça arrivait, c'était très dur d'avoir une conversation avec lui. J'aurais voulu connaître mon père, pour lui dire des choses qui viennent du cœur. Je n'ai jamais pu. J'aurais souhaité avoir un père différent. Quelqu'un qui assiste à mes succès, qui soit présent à mes côtés, comme personne et aussi comme père. En son absence, j'ai dû gérer mon ressenti et ma frustration. »

José Dinis Aveiro est décédé en septembre 2005 à l'âge de cinquante-trois ans, dans un hôpital londonien où Cristiano l'avait fait soigner après avoir affrété un avion pour l'y transporter.

L'état de ses reins et de son foie était trop détérioré. Avec l'assentiment d'Alex Ferguson, son entraîneur, il lui rendait visite régulièrement, faisant la navette depuis Manchester en toute discrétion. CR7 venait tout juste d'avoir vingt ans, mais la figure paternelle, tutélaire et bienveillante, s'était évaporée depuis longtemps. Demeurait l'amour des entrailles, le lien indélébile du sang. Quelle que soit la nature de leurs relations, José Dinis était son père. La photo de son visage mangé par une barbe aux contours diffus peut bien rester aujourd'hui accrochée à un mur du salon de sa villa. Elle est la réminiscence d'une vérité enfouie. D'un deuil jamais achevé. Les balises de la vie, Cristiano aura été les chercher ailleurs, et notamment chez un homme qui aura suppléé José Dinis dans son cœur et son éducation. Un précepteur à l'apparence âpre comme lui, mais à la générosité extrême. Un tuteur écossais, anobli par Elizabeth II en 1999, aussi proche des racines populaires qu'on peut l'être quand on a grandi sur les quais de Glasgow.

Alex Ferguson et José Dinis Aveiro ont au moins un point commun : la modestie de leurs origines. Fergie a usé ses galoches dans le quartier de Govan, celui qui abrita autrefois un des plus grands chantiers navals du pays. Le jeune Alex collectait des fonds pour la grève des apprentis et tenait un pub fréquenté par les dockers en même temps qu'il taquinait le cuir. Lui aussi a beaucoup observé derrière le bar. Souvent, il s'est interposé dans les bagarres entre ces débardeurs enivrés qui prétextaient un mot de travers pour régler leurs comptes. Dans cette antichambre des vestiaires qu'il gérera bientôt, il s'est composé une devise : « Examinez le parcours des gens qui ont réussi, intéressez-vous à leur père et à leur mère, et vous aurez des indices sur leur énergie et leur motivation. » Ferguson est un défricheur. C'est aussi un homme de décision, doublé d'un médiateur qui connaît et maîtrise parfaitement tous les aspects de l'âme humaine. Ses valeurs sont celles d'un précepteur. Il instruit, il entoure. Il soutient, aussi.

Il est 10 heures du matin ce mardi 7 novembre 2017. Trois jours avant de mettre le cap sur Madrid pour interviewer CR7, j'ai rendez-vous avec Sir Alex Ferguson pour qu'il me parle de ce « *kid* » qu'il a pris sous son aile à l'âge de dix-huit ans. Je suis arrivé la veille en fin d'après-midi à l'hôtel Mottram Hall, dans cette banlieue sud huppée de Manchester où réside la grande majorité des joueurs des deux grands clubs de la ville que sont City et United. Je vais y passer la nuit. C'est en effet dans cette immense bâtisse en briques rouges imperméable au temps, enceinte d'un sublime parcours de golf et d'un terrain de foot labellisé FIFA, que le rendez-vous a été fixé. « Soyez à l'heure, il n'attendra pas », avait prévenu Jason, l'un des deux fils de la légende, qui veille aux intérêts de l'ancien manager des Red Devils. Une première bonne raison pour débarquer un jour plus tôt, la seconde étant le Bulls Head, ce country pub à la décoration boisée mais à l'excellente restauration et à la bière fraîche, à distance pédestre du gigantesque manoir-hôtel.

La bâtisse et les 270 hectares qui la verdissent semblent tout droit sortis d'un épisode de *Barnaby*. Ici, le temps s'est arrêté. Le moment n'est pourtant pas venu de profiter du spa ou du kitschissime salon de l'*afternoon tea*, dont Lewis Carroll ne peut être que le designer. Fergie, vêtu d'un imperméable et d'une casquette – « pour la pluie », assurera-t-il –, est d'une ponctualité d'horloger. La chaleur de sa poignée de main prélude à une demi-heure d'une confession pleine d'humanité, durant laquelle il va me parler de celui dont il est un peu le deuxième père. Lentement, il exhume ses souvenirs et remonte les années. Tout a commencé en août 2003, lors d'une rencontre amicale que Manchester United a disputée à Lisbonne contre le Sporting, le club de Cristiano. Les Red Devils revenaient tout droit de leur tournée de pré-saison aux États-Unis. Le club lisboète inaugurait son nouveau stade. Sir Alex avait été averti quelques mois auparavant du talent de Cristiano par Carlos Queiroz, un de ses adjoints, portugais lui aussi, arrivé au club en 2002. Queiroz – qui partira diriger le Real Madrid à l'été 2003 avant de revenir à Manchester un an plus tard – avait été, des années plus tôt, l'entraîneur du Sporting, avec qui il avait gardé des liens étroits. Les deux clubs avaient même signé un programme d'échange de leurs techniciens, ce qui avait valu à Jimmy Ryan, un autre des lieutenants de l'Écossais, d'aller faire un tour de reconnaissance à Lisbonne. « Quand il en est revenu, il m'a dit : "J'ai vu un joueur incroyable. Un ailier qui peut jouer avant-centre. Mais il ne faut pas attendre trop longtemps." Il s'agissait de Cristiano ! » m'assure d'emblée Sir Alex, collé dans l'embrasure d'un ancestral bow-window. Quand débute la rencontre contre le Sporting, Ferguson est donc prévenu du talent du jeune attaquant. Mais ce qu'il verra en première mi-temps va le décider à sauter le pas. Ronaldo est fulgurant dès son premier ballon, au point de ridiculiser John O'Shea, le rugueux arrière droit irlandais, que Sir Alex lui a collé dans les pattes et qui finira le match, selon les termes du manager écossais, « avec une migraine ». « Cristiano a été incroyable. À la mi-temps, j'ai envoyé Albert, notre team manager, dans les tribunes, en lui disant de faire venir immédiatement Peter Kenyon, notre directeur exécutif, à qui j'ai dit : On ne décolle pas d'ici avant d'avoir signé ce gamin ! » L'Écossais n'est d'ailleurs pas le seul à être scotché. Comme me le confirmera Mikaël Silvestre, « tous les joueurs sont allés voir Ferguson à la fin du match pour lui dire de transférer aussitôt Cristiano à Manchester ». L'histoire était en marche.

CR7 a demandé à parler à sa mère après la rencontre. Dolores est inquiète. Elle a déjà mal vécu le départ de Madère, quand Ronaldo a rejoint Lisbonne à l'âge de douze ans. Elle anticipe ses angoisses dans un pays étranger et lointain. Une autre île, un nouvel enfer. Jorge Mendes fait l'entremetteur. Ferguson et lui se sont parlé quelques heures plus tôt, lors d'une réunion secrète à l'hôtel Quinta da Marinha, un cinq-étoiles de la douce station balnéaire de Cascais, à une vingtaine de kilomètres à l'ouest de Lisbonne. L'Écossais promet de s'occuper du gosse comme de son quatrième fils. Il jure qu'il jouera au moins la moitié des matchs de son équipe, qu'il croit en lui. Ce n'est pas le cas de tout le monde. D'autres clubs sont certes en chasse, tels le Real, Parme, la Juventus et surtout Arsenal. Quelques semaines plus tôt, Cristiano a d'ailleurs effectué un très discret déplacement à Londres. Le visage caché sous une couverture pour aller vers l'aéroport, il a entrepris de visiter les installations des Gunners, au centre d'entraînement de Colney. Il y a rencontré Arsène Wenger, ainsi que Thierry Henry, l'idole de l'attaquant portugais. Il a énormément apprécié le club, la philosophie de jeu du technicien français et l'attention prêtée aux jeunes recrues. Il veut signer. Wenger a déjà mis au chaud le paletot floqué du numéro 9 pour son nouveau joueur. Les négociations sont tellement avancées que David Dein se rend à Lisbonne, le contrat en poche. Mais le boss d'Arsenal hésite. La construction de l'Emirates, qui sera bientôt le nouveau stade des Gunners, va débuter dans quelques mois. Et coûter très cher. Le club du nord de Londres ne prendra finalement pas le risque. David Dein revient sans une quelconque signature. Arsenal a laissé passer sa chance.

Là où le dirigeant londonien a échoué, ceux de la Juventus se gamelleront également. Pourtant, Cristiano a été à deux doigts de filer à Turin, quinze ans avant son arrivée en 2018. Un accord de principe avec, ainsi que l'on surnomme la Juve, la « Vieille Dame » piémontaise avait même été conclu. Mais l'une des conditions du transfert incluait un échange avec Marcelo Salas, lequel s'est opposé fermement à la transaction. L'attaquant chilien ne voulant pas aller à Lisbonne, l'affaire n'a pas abouti.

Aucun autre club ne salivera pourtant autant que Manchester United. Averti des atermoiements des uns et des autres quant au jeune âge de Cristiano, le champion d'Angleterre en titre négocie rapidement une rencontre amicale avec le Sporting. Où tout va se jouer en quelques heures. Ferguson est persuasif. Mendes aussi. L'agent connaît le pedigree étoffé du club, et celui de son manager. Depuis une décennie, les Red Devils règnent sur la Premier League comme les Windsor sur le royaume. La discussion ne s'éternisera pas. Même si Ferguson redécolle finalement de Lisbonne sans sa nouvelle recrue, il l'envoie chercher dès le lendemain en jet privé, avec sa mère, son frère, une de ses sœurs, Jorge Mendes et son avocat. Ferguson tiendra parole. À Cristiano, il va offrir du temps de jeu, mais surtout l'attention que son père ne lui a pas prodiguée. Il l'entoure, veille sur lui, l'observe, le conseille, le critique si besoin. « Il était un peu frimeur, le genre qui veut se montrer en permanence », observe Sir Alex de toute sa bienveillance, le dos enfoncé dans le fauteuil de la pièce – avec vue sur le jardin – qu'on nous a réservée pour l'interview. Fergie n'hésite pas non plus à taper du poing sur la table si besoin est. Après une rencontre de Ligue des champions contre Benfica, où CR7 a transformé la pelouse en scène de son propre one man show, il l'humilie publiquement devant tout le vestiaire : « Mais qui crois-tu que tu es ? Tu veux jouer juste pour toi ? Tu ne seras jamais un joueur si tu continues comme ça. » Cristiano, transpercé par les arguments, fond en larmes. Les autres le laissent chialer. « Il avait besoin d'apprendre, dira plus tard Rio Ferdinand. C'était un message de toute l'équipe, pas seulement de Ferguson. »

L'Écossais est cependant conscient du diamant brut qu'il a sous ses yeux. Il sait manier le fouet, mais aussi agiter la carotte. Il questionne ses choix en public, mais s'assied ensuite à côté de lui en privé pour lui prodiguer sa science du jeu et de la vie. Aucun autre joueur ne bénéficiera d'un respect et d'une affection semblables à ceux dont jouira Cristiano. Ferguson n'aime pas les stars préfabriquées. Il adore au contraire les façonner lui-même. Il déteste également que ses joueurs aient une vie privée dissolue qui les écarte de leur objectif de performance sportive. Des années plus tôt, il est devenu fou de rage en apprenant la relation de cœur qu'entretenaient David Beckham et Victoria Adams, à l'époque où la brune au teint mat se voulait une égérie des Spice Girls. De Ronaldo, qu'il appelle « mon gamin », il veut faire le plus grand joueur du monde… de Manchester United, comme il l'a fait avec Scholes, Giggs et la génération 92. « Rien n'est plus beau que de voir s'épanouir un joueur de dix-huit ans. Ça crée un lien inaltérable. »

Couvé par Sir Alex, Cristiano fait des bourgeons. Il fleurit et s'émancipe. Sans passe-droit. Ou presque. Quand, début 2005, José Dinis est hospitalisé, l'intransigeant Ferguson lâche la bride. Le regard humide de l'homme touché, il concède : « J'ai dit à Cristiano d'aller le voir, de ne pas s'en faire pour les entraînements, de prendre deux jours et de revenir chaque fois qu'il le voudrait. À certains moments, il faut prendre conscience que le football n'est plus important. Quand ton père ou ta mère est à l'hôpital, tu dois être avec eux. » Durant les six mois que durera la lente agonie, Cristiano bénéficiera d'un bon de sortie permanent.

Dans un document diffusé par la BBC en 2015, Ronaldo révèle à quel point il a été touché par l'attitude de Sir Alex lorsque son père s'est éteint, à la veille d'une rencontre de Ligue des champions contre Villarreal. « Il m'avait dit : "Tu peux prendre un jour, deux jours, une semaine… Tu vas me manquer, parce que tu es un joueur important. Mais ton père prime sur tout le reste." » Pendant trente minutes, Ferguson revisite ainsi Cristiano rien que pour moi. « J'ai accepté votre demande parce que c'était lui », nous avouera-t-il à la fin, tout en concédant être malheureux de ne pas pouvoir se rendre à la remise du trophée, à Paris. Quand on lui demande quelle qualité il admire le plus chez son poulain, il n'hésite pas un instant : « Le courage. » On l'interroge sur la définition de ce mot aux dimensions variées. Il explique : « Le courage, c'est être prêt en permanence à recevoir la balle, quel que soit le contact physique que ça va engendrer. C'est penser : "Quel que soit le joueur qui va défendre sur moi, je vais lui montrer qui je suis et performer." Pelé était comme ça, Maradona, Cruyff, Di Stefano et George Best aussi, avec ce côté "personne ne m'empêchera de faire ce que je sais faire" qui fait les grands joueurs. Cristiano est du même rang que ceux-là. »

Durant ces six années, un seul « drame » – l'expression est de l'Écossais – viendra obscurcir le ciel de leur relation. Lors du quart de finale de la Coupe du monde 2006, qui met aux prises l'Angleterre et le Portugal, Wayne Rooney est expulsé pour avoir posé ses crampons sur les parties intimes de Ricardo Carvalho. Juste avant la sentence de M. Horacio Elizondo, Cristiano est venu insister auprès de l'arbitre argentin pour qu'il sévisse. Rooney, son partenaire d'attaque chez les Red Devils, l'a pris assez mal sur le coup, poussant ce Ronaldo qui ne lui rend même pas un regard. Quelques secondes après que M. Elizondo a sorti le carton rouge, on verra l'attaquant portugais se diriger vers son banc et dispenser un clin d'œil fugace à ses partenaires. Dandy, un peu bandit… Beaucoup d'observateurs affirmeront alors que CR7 avait contribué à faire sortir « Wazza » – le surnom de Rooney. La polémique prendra vite des proportions déraisonnables, à l'image de celle qui entoura David Beckham en 1998, après son expulsion contre l'Argentine lors d'un match de Coupe du monde à Saint-Étienne. Mais cette fois, la victime ne serait pas anglaise. Lynché par la presse britannique, et même par la légende de Liverpool Steven Gerrard, qui affirmera ne plus jamais vouloir reparler à un de ses équipiers si ce dernier lui faisait un coup pareil, Ronaldo va se retrouver dans l'œil du cyclone. Ferguson, qui anticipe les insultes futures dans les stades anglais et la détérioration d'une relation jusque-là sans tache entre les deux complices, craint le pire. Et pas seulement pour l'équilibre de son équipe. Il n'a pas tort.

Lors du premier match de la saison disputé à l'extérieur, le 23 août 2006 sur la pelouse de Charlton, le manager écossais va se poster dans une des tribunes de The Valley, la champêtre enceinte de ce club de la banlieue est de Londres, pour sonder l'humeur de la foule. Il avouera que « bâtard de Portugais » était d'assez loin l'insulte la plus douce qu'il y ait entendue. Ce soir-là, Cristiano sera conspué dès l'échauffement. Chaque touche de balle est ponctuée par des huées et des injures, souvent racistes. Mais CR7 aime surfer sur les vagues de l'adversité. Les quolibets le dopent, ils le poussent à se surpasser. Dès les premières minutes du match, il empoigne la balle. Mieux, il la chevauche pour mieux la dompter. Et quand, au quart d'heure de jeu, Hermann Hreidarsson le télescope comme le font les gamins avec jouissance sur les autos-tamponneuses à la fête foraine, Rio Ferdinand enceint la nuque du défenseur central islandais et le charge physiquement, d'un coup de torse. Le message, empreint d'intimidation, est clair : « Ne t'avise plus de recommencer. Toute l'équipe viendra à la rescousse de Cristiano. »

Wayne Rooney n'a pas disputé cette rencontre. Il purgeait le deuxième de ses trois matchs de suspension, récoltés après avoir asséné un violent coup de coude à Pepe, le partenaire de Ronaldo en sélection, lors d'un match prétendument amical contre le FC Porto, quelques jours auparavant. Rouge direct, une fois encore. Une façon comme une autre de faire payer son dû à un joueur portugais. Le natif de Liverpool n'est pas un saint, lui non plus. Il avouera d'ailleurs, longtemps plus tard, avoir tout fait pour que Cristiano reçoive un avertissement lors de la première mi-temps de ce Portugal-Angleterre qui sentait le soufre. Dans une de ses chroniques pour le *Sunday Times*, en 2020, Rooney écrira à propos de l'incident précité : « Après mon expulsion, j'ai eu le temps de me calmer dans les vestiaires. Et là, je me suis mis dans les pompes de Cristiano. Et je me suis dit : Aurais-tu fait la même chose ? Probablement. Aurais-tu été voir l'arbitre pour le faire expulser s'il avait mérité le carton rouge, afin de faire gagner ton équipe ? Absolument. Et je le referais demain. » Toute cette belligérance puérile était de bonne guerre, paraît-il. Elle faisait partie de la compétition et de ces instants où la pseudo-fraternité de club s'éclipse totalement devant le sentiment de patriotisme et la gloire de la nation. Les valeureux soldats n'ont fait que lutter pour la patrie. Belle excuse.

Reste que cette hostilité de façade menaçait de tourner vinaigre pour CR7. Durant les vacances, Sir Alex appela donc Rooney pour connaître son état d'esprit. Ce dernier le rassura aussitôt. Grâce à l'intervention de Rio Ferdinand et à sa propre indulgence, la réconciliation avait déjà eu lieu, tout de suite après la fin de la rencontre disputée à Gelsenkirchen, à la sortie du vestiaire. Rooney s'était montré compréhensif, conciliant même, souhaitant « bonne chance » à son partenaire pour le reste du tournoi, tout en lui enjoignant d'être prêt pour le début du championnat. De son propre aveu, Rooney était déjà redevenu, à cet instant, un joueur de Manchester United. C'est lui qui va d'ailleurs suggérer à son entraîneur d'initier une interview commune avec CR7, afin de désamorcer publiquement la bombe. L'idée ne sera cependant pas retenue. Elle sonnait faux, totalement téléguidée par une improbable stratégie de communication et la volonté d'éteindre le feu plutôt que par l'affichage d'une vraie complicité. « C'était un gimmick – un artifice », me dira Ferguson, « et je n'aime les gimmicks ». Le technicien écossais va alors se rendre au Portugal pour assister à un repas organisé à l'initiative de Jorge Mendes en compagnie de son bras droit, Carlos Queiroz. Cristiano est présent, qui va s'entretenir avec Rooney au téléphone. Ses paroles aideront à apaiser le Portugais. Car celui-ci est très inquiet de la tournure des événements, au point de songer à faire ses valises. La presse a sorti les sulfateuses. Les grands anciens aussi, comme Alan Shearer, et certains internationaux anglais tels que Gerrard et Frank Lampard. Ronaldo se dit persécuté. Il menace.

« Il m'a fait savoir par l'intermédiaire de Jorge Mendes qu'il était mécontent et qu'il voulait partir au Real Madrid », m'affirme Ferguson, qui s'est redressé dans son fauteuil. L'Écossais a les yeux de la vérité. Il sollicite sa mémoire. Avec un art de la persuasion qui n'appartient qu'à lui, il promet alors à son protégé de l'exfiltrer vers l'Espagne si la situation l'exige. Sans vraiment le penser. Ferguson sait que, un peu avant la Coupe du monde, Cristiano a eu des contacts avec le Real Madrid, où Ramón Calderón tente de prendre le pouvoir – ce qu'il fera le lendemain de ce fameux Angleterre-Portugal. Celui-ci compte bien s'offrir une version 2.0 des Galactiques. C'est en tous les cas sur ce thème majeur qu'il axe sa campagne. Le futur président des Merengues est un avocat, mais aussi un politique tout aussi rusé que Florentino Pérez, à qui il succède. Son grand-oncle, Abilio Calderón, a été, à maintes reprises, ministre du roi Alphonse XIII, qui régna sur l'Espagne durant quarante-cinq ans. Il connaît les arcanes du pouvoir et ses subtilités. Sir Alex me dévisage alors avec ce regard de « fils de la colère » qu'il est – la traduction de Ferguson en gaélique – et me balance : « Calderón s'est servi de Cristiano comme d'un argument électoral. Ce qu'il a fait là n'était pas correct. » L'Écossais lui fera payer cher cette attitude. Il refusera une quelconque transaction dans les trois années qui suivront. Le 26 juin 2009, CR7 sera transféré à Madrid, trois semaines tout juste après le retour aux affaires de Florentino Pérez.

En cet été 2006, Sir Alex demande à Cristiano de faire preuve de résilience, à la manière de David Beckham huit ans plus tôt. Il lui rapporte comment le Spice Boy a enduré les insultes, les menaces de mort et les poupées à son effigie, pendues ou brûlées à la sortie des pubs londoniens, pour mieux réaliser dans la foulée la plus belle saison de sa carrière. En 1999, Beckham avait mené les Red Devils à un inédit triplé Ligue des champions-Championnat-FA Cup que personne en Angleterre n'avait, et n'a depuis, réalisé. « Il faudra que tu montres que tu es courageux », susurrera Fergie à CR7. Il le sera. Mieux, l'incident lui servira de leçon. Cette saison-là, l'épatant duo Rooney-Ronaldo, dont l'évidente complicité a été révélée lors d'une finale de FA Cup contre Arsenal un an plus tôt, va développer des relations que Mikaël Silvestre qualifie encore aujourd'hui de « télépathiques ». La paire infernale marquera quarante-six buts, toutes compétitions confondues. Vingt-trois chacun. Et pour la première fois en quatre saisons, Manchester United sera couronné champion d'Angleterre.

Sir Alex pouvait dès lors respirer, lui qui avait tout mis en œuvre pour que Manchester soit la deuxième maison de Cristiano. À son arrivée, il lui avait fait visiter le musée du club, l'affranchissant par là même du passé et de la puissance du club. Il l'avait conseillé dans sa communication, et permis de grandir sans lui mettre la pression. Il avait présenté le jeunot au personnel du club. Katty, l'inaltérable réceptionniste du centre d'entraînement, était ainsi devenue sa mamie, sa complice, l'objet de toutes ses farces de gamin aussi. À Old Trafford, où Ferguson insistera pour qu'il revête le fameux numéro 7 qu'ont porté avant lui George Best, Bryan Robson, Éric Cantona ou David Beckham, Ronaldo va conquérir rapidement le public du Théâtre des Rêves, le plus grand stade de club en Angleterre, ainsi labellisé par Bobby Charlton, un autre Ballon d'Or. Sous la tutelle de Ferguson, il deviendra une diva. Jusqu'au moment de la séparation, en 2009. Depuis plus d'un an, Ronaldo avait fait part de sa volonté ferme de quitter Manchester. Ferguson lui avait promis un bon de sortie… pour l'année suivante. Il tint parole. Il savait que le moment était venu pour l'oiseau de quitter son nid.

Après avoir laissé à regret Ferguson ce matin-là, j'appelle aussitôt Mendes. Ce dernier veut savoir comment l'entretien s'est déroulé, et ce que m'a raconté Sir Alex. Des fois que… L'agent portugais est à Londres. Il se propose de venir me chercher avec son avion privé, et de me ramener à Paris. Cela me ferait gagner du temps, mais je le remercie poliment et décline l'offre. Mendes est tous azimuts. Dans quelques jours, il m'apportera sur un plateau José Mourinho, un autre de ses clients, pour que celui-ci évoque à son tour le génie de CR7. Une interview beaucoup plus délicate. Depuis leur expérience commune au Real, les deux fauves de l'écurie Gestifute ont espacé leur relation. Leurs ego s'accommodent mal. Ferguson, à sa façon, possède un caractère aussi trempé que le gazon de Mottram Hall. Mais son humilité et son âge lui offrent une perspective et une hauteur distanciées dans sa gestion des vedettes. Mourinho, lui, est une star, un show-man. Le plus grand, the « *Special One* », « l'élu », comme il se définira lui-même. Cristiano et lui iront jusqu'à se respecter. Parce qu'ils sont portugais, parce qu'ils sont clients de Mendes – qui jouera évidemment les tampons –, et parce qu'ils sont parfois lucides, également. José Mourinho ne sera pas un deuxième père pour CR7. Trop rivaux. Quand je poserai une question au « Special One » sur la nature de leur relation – père-fils ? grand frère-petit frère ? –, il me répondra froidement : « Aucune des deux. Entraîneur-joueur, point ! Ce qui nous réunissait, c'était cette volonté de gagner. Entre gens qui veulent réussir, on finit toujours par trouver un terrain d'entente. » On ne peut pas être plus clair.

Mourinho et Ronaldo, c'est un peu Caïn et Abel. Le mythe de la rivalité fratricide. L'entraîneur est l'aîné. Un jour, il lancera à son joueur : « Je dois m'occuper de toi parce que tu es le frère de mon frère – Jorge Mendes – et quand quelqu'un est le frère de mon frère, ça veut dire qu'il est aussi mon frère. » La subtilité de l'appréciation n'échappe à personne, pas plus que celle du manque de profondeur de cette relation forcée. Mourinho a tenté, à sa manière, de briser la personnalité de Cristiano. Il ne pouvait supporter de ne pas être le seul et incontestable patron à bord du navire. Le boss. Avant d'unir leur destinée en 2010, l'année où le technicien portugais a débarqué à Madrid, ceux-là s'étaient toisés autant que croisés. Sur les terrains portugais d'abord, quand Cristiano n'était encore qu'un apprenti du Sporting et Mourinho un entraîneur qui allait faire de Porto un double vainqueur de Coupe d'Europe, en 2003 (la Coupe de l'UEFA) et 2004 (la Ligue des champions). En Angleterre ensuite, où le trublion de Manchester United devra supporter la « Mourinho-mania » qu'engendrent son arrivée triomphale à Chelsea et les succès qui en découlent. On est en plein cœur de la rivalité entre les Rouges de Manchester et les Bleus de Londres. Durant deux ans, Chelsea va tout écraser. Mourinho devient une icône qui accapare une attention médiatique supérieure à celle de ses joueurs. Ses discours sont autant de sermons. Il est LE Portugais en vue. Un invétéré charmeur. Celui qui donne les leçons. Il peut bien traiter Ronaldo de « menteur », lui jeter à la figure son « manque de maturité et de respect », en mettant cela sur le compte « d'une enfance difficile et d'un manque d'éducation » – des propos qu'Alex Ferguson qualifiera de « en dessous de la ceinture » –, son audience reste large et complaisante. Ses succès à Milan, où il fera de l'Inter un vainqueur du triplé Ligue des champions-Championnat-Coupe d'Italie au printemps 2010, ne feront que l'accroître. Ce n'est plus un technicien encensé mais un démiurge qui débarque cet été-là à Madrid, où CR7 l'a précédé un an plus tôt.

Le club est en période de souffrance. Lors des six dernières saisons, il n'a remporté que deux titres de champion d'Espagne et, surtout, n'a pas passé une seule fois le cap des huitièmes de finale de la Ligue des champions. Mourinho et Ronaldo ont besoin l'un de l'autre. Ils le savent. Ce qui n'empêche pas CR7 de clouer au pilori la tactique rébarbative de son entraîneur au soir d'un échec contre Barcelone, en avril 2011. Plus d'une fois, Jorge Mendes va jouer les pacificateurs. Il avale les couleuvres, aide les deux protagonistes à se rabibocher. Le vestiaire du Real devient un Yalta permanent. Jusqu'au divorce, consommé en janvier 2013. Au soir d'un match de Coupe du Roi gagné contre Valence, Mourinho s'en prend nommément à sa vedette, coupable à ses yeux d'un manque évident d'implication défensive. Ronaldo est furieux. Les insultes volent, et les mains sont à deux doigts de se confronter. C'est Iker Casillas, le gardien de but, qui viendra, comme sur le terrain, jouer les remparts. Mourinho a beau répliquer que toute l'équipe pense comme lui, il a perdu son vestiaire. La séparation, qui interviendra au terme de la saison, est devenue inévitable. Les dernières semaines seront exécrables, avec en épilogue un « va te faire foutre » lancé par le joueur en direction de son banc après un but marqué contre Malaga. L'adieu est glacial. Quand je voudrai le faire disserter sur ces incidents, Mourinho me répondra tranquillement, mais fermement : « Je ne veux pas. C'est du domaine du privé. Et du professionnel. Ce sont des choses qui font partie du boulot, et qui n'ont pas besoin d'être étalées publiquement. » Au terme de cet entretien d'une grosse vingtaine de minutes, l'entraîneur n'oubliera pas de mentionner que « Cristiano est devenu un meilleur joueur avec moi » et que « je suis devenu un meilleur entraîneur avec lui ». Une conclusion empreinte de respect, mais sans aucune démonstration de ferveur. Or, pour manager Cristiano, il convient d'abord d'en être fan. C'est même la qualité première de la relation. Ferguson le sera, inconditionnellement. Jorge Mendes également.

L'indispensable Mendes

L'agent a pris en charge très tôt la carrière de celui dont il avait rapidement deviné le destin. À partir de 2002, l'époque où il a suppléé José Veiga, qui représentait les grandes stars portugaises comme Luís Figo, Mendes est devenu, un peu avant Ferguson, un autre père de substitution, même si le joueur en parle aussi comme d'un grand frère ou d'un ami. Mendes et Ronaldo ont dix-neuf ans d'écart. Il est donc à la fois un jeune père et un vieux grand frère. C'est d'ailleurs comme cela que CR7 le présente dans la préface de la biographie consacrée au super-agent, insistant sur le fait que Mendes est « la personne qui a fait ce que je suis devenu aujourd'hui » et « l'homme qui m'a le plus aidé dans le football ». Un paternel donc, mais de ceux dont le legs serait davantage professionnel qu'affectif.

Ne nous y trompons pas. Mendes adore la personne qu'est Cristiano, l'homme qui s'est élevé – comme lui – au-dessus des couches sociales auxquelles la vie semblait le destiner. Il admire le joueur au-delà de toute objectivité. Comme CR7 à son propre sujet, il ne peut envisager meilleur footballeur sur cette planète. Il en est convaincu, autant par dogme que par intérêt. Je ne calcule plus le nombre de fois où il m'a envoyé par texto des coupures de presse, des vidéos de ses buts en direct, des statistiques, et parfois tout cela en même temps... Des messages immédiatement suivis d'un coup de fil d'explication, dignes de ces démarcheurs qui ne cessent de vous vanter le produit miracle, celui qui apaisera vos nuits ou fera reluire votre évier. Mendes est un VRP d'une envergure particulière. Il matraque le récalcitrant d'un amour obsessionnel pour son client et vous transperce le cœur de son dard spirituel. Paradoxalement, il craint également les humeurs de CR7. Quand je lui téléphone pour prendre rendez-vous avec Cristiano au lendemain d'un revers européen ou d'une rencontre de championnat perdue, il me rétorque systématiquement, tel un répondeur automatique : « Je lui demanderai demain. Ou dans deux jours. Mon ami, tu sais dans quel état il est après une défaite... » Et c'est pire encore quand la déroute se transforme en interminable série noire ou quand le manque de réussite se mue en pénurie de buts. Mendes prend des pincettes avec Cristiano comme avec personne. C'est ce qui le distingue de Ferguson. Il n'oublie pas que Ronaldo a beau être comme un fils, il est également, et peut-être avant tout, une relation d'affaires et son meilleur client. Et un client, aussi fidèle soit-il, peut toujours quitter la boutique.

Cristiano est un passe-partout qui a fait brusquement accéder Mendes à un étage panoramique des portes duquel il possède désormais toutes les clés. Son influence, jusqu'alors circonscrite à la péninsule Ibérique, s'est soudainement étendue à une échelle internationale, une sphère élitiste où tout le monde s'est mis à prononcer son nom. Il est devenu incontournable. Le relatif anonymat dans lequel il évoluait depuis ses débuts dans la profession d'agent cinq ans plus tôt n'est plus. Au crépuscule du siècle dernier, Mendes n'était pourtant qu'un patron de vidéoclub et un propriétaire de discothèque. C'est d'ailleurs au night-club Alfândega, sur la plage de Cabedelo, entre Porto et la frontière espagnole, qu'il fit la connaissance des premiers footballeurs qui allaient étoffer son écurie, dont Nuno Espírito Santo, son premier client, alors gardien de but de Guimarães. Entre autres qualités, l'homme sait s'entourer. De proches, tel son neveu Luis Correia, ou de personnes en qui il a toute confiance, comme Manuela Brandão, une ancienne journaliste, ou l'avocat Carlos Osorio. Il a aussi un sens aiguisé des affaires, et un art de la tchatche persuasive tel qu'il vendrait de la glace à un Esquimau en plein hiver. Mendes possède un enthousiasme contagieux, et une dialectique brillante, parfaitement rodée, qu'il ponctue d'un « *my friend* » comme les Américains d'un insondable « *you know* » qui n'appelle aucune réponse. Ses tics de langage sont d'une telle ampleur qu'ils finissent immanquablement par vous rentrer dans la tête. Ce « *my friend* » qu'il assène à tout le monde, mais aussi ses tridimensionnels « *OK, OK, OK* » ou « *we talk, we talk, we talk* » (on se parle, en trois dimensions), une épigramme qui clôt un dialogue en en appelant un autre, très vite.

L'homme est obstiné et fougueux. Il ne compte jamais ses heures, et son téléphone – pardon, ses téléphones – est greffé en permanence à ses oreilles. Partout, tout le temps. Jusqu'à seize heures par jour, en WhatsApp ou en roaming, en Europe, aux États-Unis ou en Asie, un continent où il a développé une partie de son business. Quand le temps du Ballon d'Or est venu, c'est-à-dire à l'automne, je sais qu'il est capable de m'appeler à n'importe quelle heure de la journée, et de n'importe quel fuseau horaire, de préférence tard le soir ou dans la nuit, pour s'enquérir du vote et de la place ponctuelle de Cristiano. Même en vacances, Mendes ne dort jamais. Une fois où je m'étonnais qu'il me téléphone très tôt, soit 7 heures du matin – pas son genre, pourtant –, il me répondit qu'il s'était octroyé quelques jours de congé avec Sandra, son épouse. Et qu'il m'appelait de Bora-Bora, où il était… très tard. « Tu devrais y venir, *my friend*, c'est magnifique ici ! » Même sous les palmiers, le dépliant publicitaire reste chez lui une seconde nature.

Mendes n'a pas installé Cristiano à la place qu'il occupe. Ce serait faire injure au joueur que de le prétendre. Mais il a activement participé à faire de lui le footballeur qu'il est devenu. Il a guidé ses choix, sportifs autant que financiers, dès son plus jeune âge, et l'a habilement conseillé, toujours au mieux des intérêts du joueur, qui passent avant les siens. Les désirs de CR7 trouvent toujours Mendes au bout de l'attente. C'est lui qui ferraillera avec les présidents de club, discutera avec des entraîneurs, comme Ferguson ou Ancelotti, ou qui convaincra les directeurs sportifs récalcitrants. Avec Dolores, la maman, l'agent a noué, dès l'aube de leur relation, une connexion empreinte de confiance réciproque. Mendes est doté d'une empathie naturelle. Mais il a également développé un entregent aussi peu commun que son dynamisme. Toujours tiré à quatre épingles, il parle et présente bien. Avant la finale de la Ligue des champions 2014 à Lisbonne, un confrère italien, qui travaille désormais pour lui, me définira le personnage d'une tirade : « Jorge, c'est James Bond ! » Et de me raconter la soirée festive de la veille, à laquelle Mendes avait débarqué à bord d'un hélicoptère, à la 007.

Mendes est le parrain du fils aîné de Cristiano. Et CR7 celui du virevoltant Jorge Jr, dit Jorginho, le petit dernier de la fratrie Mendes. Il était aussi le témoin de mariage de son agent en 2015, à qui il a offert pour l'occasion… une île grecque. C'est dire l'intimité de la relation qui les unit. Le joueur a une confiance absolue en son représentant. Il sait que ce dernier, grâce à sa connaissance du milieu et des dirigeants, va toujours trouver une parade à ses propres contrariétés. Cristiano veut partir, ce qu'il fera quatre fois dans sa carrière : Mendes va donc prendre le dossier sous son bras, et trouver une solution pour le contenter. Il est l'agent le plus influent sur le planisphère football, et un négociateur hors pair. Il a l'oreille des plus puissants et peut exiger audience de tous les décideurs. Il maîtrise sept langues, s'est mis au chinois, et il sait exploiter tous les arcanes du système. De Cristiano, il est l'exécuteur des hautes œuvres. Tel Colbert à la cour de Louis XIV, il a la mainmise sur les cordons de la bourse. De la gloire du Roi-Soleil, il partage tous les moments. De sa puissance, tous les éclats. Associés. Partenaires. Complices.

Mendes a vu Cristiano devenir CR7. À Manchester, Madrid, Turin… Mais pas à Barcelone, où le « super-agent » a tout de même tenté habilement de le refiler.

C'était à l'été 2003, pas longtemps avant que l'attaquant portugais ne signe à Manchester. Joan Laporta venait – déjà – d'accéder à la direction du club catalan, et sa première décision avait été de nommer Frank Rijkaard sur le banc. Pour satisfaire les appétences de l'entraîneur néerlandais – et les siennes –, le futur indépendantiste n'avait pas hésité à donner des gages à ceux qui l'avaient élu, les socios.

Après avoir fait venir Ronaldinho du PSG, Barcelone va donc se pencher sur le cas d'un défenseur, qui sera le Mexicain Rafael Márquez. Celui qui porte alors les couleurs de l'AS Monaco est transféré pour cinq millions d'euros, et devient le premier joueur de l'écurie Mendes à s'installer au Camp Nou, le stade où évolue le FC Barcelone. Mais Mendes ne veut pas s'arrêter en si bon chemin. Comme le dira le président des Blaugrana, « il est venu avec son catalogue ». En première page de celui-ci, la tête de gondole se nomme Cristiano Ronaldo, dix-huit ans au compteur. Nous sommes le 8 juillet. Rien n'est encore décidé sur la future destination du joueur du Sporting. Trois semaines plus tôt, Barcelone a dépêché un émissaire au Festival international espoirs de Toulon, tournoi que va remporter brillamment le Portugal de Cristiano. Il a été impressionné par ce qu'il a vu. Le problème, c'est que les Catalans sont dans le dur économiquement – ils paieront les vingt-huit millions de Ronaldinho en quatre fois. Mendes insiste, fait saliver les dirigeants barcelonais en leur vantant le futur meilleur joueur du monde. Avec lui, c'est sûr, le Barça – qui n'a plus rien gagné depuis quatre saisons – va redevenir un grand d'Espagne, et même un ténor de l'Europe. Mais Barcelone ne peut pas mettre les dix-sept millions demandés. Ronaldo ne rejoindra pas les Ramblas pour une simple question d'équilibre financier. À sa place, Mendes finira quand même par caser Ricardo Quaresma, un autre de ses poulains, à un prix d'ami. Barcelone n'a pas souhaité prendre de risque. Il s'en remettra. Moins de six mois plus tard, le club catalan fera signer son premier contrat professionnel à un jeune Argentin de seize ans, sorti des rangs de La Masia, son centre de formation. Un certain Lionel Messi…

Sixième rencontre

4 DÉCEMBRE 2017

Ricardo Regufe est encore là. Il sourit de contentement en me voyant. La nouvelle n'est pas encore connue de tous, puisque son officialisation n'aura lieu que dans trois jours, au premier étage de la tour Eiffel. Le vote a rendu son verdict. Cristiano Ronaldo est, une fois de plus, sur le toit du monde. Mieux, il rejoint Lionel Messi tout en haut du palmarès avec un cinquième Ballon d'Or. Cela fait beaucoup de sommets. Et de symboliques. Même le soleil s'est pointé au rendez-vous de Valdebebas en cette glaciale fin de matinée hivernale. Je ne le sais pas encore, mais c'est la dernière fois que je vois Cristiano à Madrid, avec mon camarade Fred Hermel. Dans ce même salon de la cité sportive où j'ai œuvré seul trois semaines plus tôt, nous devons recueillir le long témoignage du nouveau, et de fait toujours, tenant du titre, rayonnant récipiendaire du trophée *France Football*. Cette fois encore, il va falloir faire vite. Je dois être de retour en France le soir même, et décrypter l'interview avec Fred le samedi au téléphone, pour un bouclage de *FF* le dimanche avec parution mardi. Le week-end s'annonce intense.

Le sapin de Noël, orné des boules blanches du Real, décore le hall du bâtiment tout neuf qui surplombe les terrains d'entraînement, encore recouverts de givre. Le cadre est jouissif. C'est un peu un moment d'extase, de paradis, que de pouvoir attendre le plus grand joueur du monde, dans un décor de plus grand club du monde, sous un soleil de plus beau jour du monde. L'entraînement est terminé. Karim Benzema vient faire coucou. Raphaël Varane file vers son cours d'anglais pour une leçon particulière. « On ne sait jamais, ça peut servir un jour », me confie-t-il en souriant. Bien vu. Quatre ans plus tard, il se retrouvera à Manchester United en compagnie de Cristiano Ronaldo. Il est 13 h 10 quand ce dernier arrive. Chemise et blouson noir, l'élégance princière qui sied aux majestés. La bouteille d'eau plate est posée sur un bras du canapé, à sa droite. Lui est détendu comme jamais. Il sait désormais qu'il a gagné. Et il savoure le moment comme il se doit.

Le meilleur joueur de l'histoire

Depuis bientôt quatre ans que je le côtoie, je ne l'ai jamais senti aussi mature dans son épanouissement, aussi sûr de sa suprématie, de son talent, de ses préceptes, de ses valeurs. Les quatre Ballons d'Or remportés lors des cinq dernières années l'ont rassuré sur l'inspiration qu'il génère et l'admiration qu'il suscite autant qu'ils l'ont boosté psychologiquement. Sur son piédestal, il est debout, érigé, statufié, contemplant le spectacle de sa propre ascension et de cette gloire qu'il revendique. Redressé sur ce canapé de la Cuidad Deportiva comme le président d'un tribunal avant une sentence, il va, dans quelques secondes, asséner de toute sa morgue cette phrase qui condense sa dialectique et dont je ferai le titre de cette interview : « Je suis le meilleur joueur de l'histoire. Dans les bons comme dans les mauvais moments. » Il a dit « de l'histoire ». Autrement dit cent cinquante ans, en comptant les guerres. Tous derrière et lui devant. Personne d'autre que Cristiano Ronaldo n'aurait osé une telle allégation. Pelé, Diego Maradona, Johan Cruyff, Alfredo Di Stéfano, Leo Messi, Ronaldo Nazário, Zinédine Zidane, Michel Platini, Franz Beckenbauer, qui sais-je encore ? Non. Le meilleur, c'est lui, et seulement lui. On le prie de se justifier, de valider le propos. Il argumente sans façons : « Je respecte les préférences de chacun. Les gens ont le droit d'aimer davantage Neymar ou Messi. Mais je ne vois personne de meilleur que moi. J'ai toujours pensé ça. Aucun footballeur ne réalise des choses que je ne sois pas capable de faire. Et personne n'est plus complet que moi. J'excelle des deux pieds, je suis rapide, puissant, bon de la tête, je marque des buts, je délivre des passes décisives. Bon, vous allez dire que j'ai le boulard mais… » Vu comme ça…

Posons donc quand même la problématique comme le font tous les friands de classements et de gradations diverses. Où se situe vraiment CR7 dans le panorama des meilleurs joueurs de l'histoire ? Très haut, c'est certain. Dans le Top 10 ? Affirmativement. Dans les cinq premiers ? Ça se discute. Sur le podium ? Probablement pas. J'ai bavardé deux ou trois fois en privé avec CR7 au sujet de sa place dans l'histoire du football. Quand il ne fait pas son autopromotion devant un micro, le garçon n'est pas plus réservé sur son rang. Il est convaincu de sa stature. L'homme n'est ni stupide, ni atteint de cécité, mais il n'est que partiellement au fait des archives de son sport. Pas autant qu'un Thierry Henry en tous les cas, qui est au football ce que l'INA est à la télévision. Ronaldo m'avouera par exemple ne pas connaître vraiment Stanley

Matthews, légende du football anglais et premier Ballon d'Or de l'histoire, et s'étonner de l'âge auquel l'attaquant de Blackpool avait remporté le trophée en 1956. « Quarante et un ans ? C'est pas possible ! Il jouait tout seul ou quoi ? » Cette méconnaissance historique n'est, hélas, pas un cas unique. Elle est typique de ceux qui n'ont pas vu, pas su, ou pas voulu descendre plus bas dans les années que leur date de naissance. Les joueurs modernes n'ont plus le bagage encyclopédique de ceux des générations passées. Et encore moins le recul. YouTube a beau proposer des vidéos d'un autre temps, ils préfèrent se regarder avec complaisance dans le miroir de leurs propres performances, se comparer à eux-mêmes, et ignorer le passé en noir et blanc. Cristiano, comme beaucoup d'autres, est sa propre référence. Le seul capable d'instiller le doute chez lui, c'est Messi. Parce qu'il l'a souvent affronté, côtoyé, et quelquefois offensé, l'Argentin est un rival direct, pas une réminiscence d'autrefois ou le vague souvenir d'une image furtive, captée gamin sur un écran de télévision. Cristiano ne s'est enrichi de ceux qu'il voyait jouer que pour copier leurs gestes, leurs mimiques, leur technique.

S'étayer sur les lambris du passé est trop hasardeux pour oser un parallèle avec quiconque, tant le sport a évolué dans tous ses aspects. Ce serait comparer les performances d'une Ferrari Testarossa à celles d'une De Dion Bouton. La technologie, la préparation des athlètes, leur diététique, les conditions de déplacement des équipes, le calendrier, la protection dont jouissent les joueurs sur le terrain, les règles du jeu, sa vitesse, les évolutions physiologiques et tactiques, la médiatisation… Tout est différent comparé à il y a cinquante ans, quand j'ai commencé à regarder le football. Il est cependant des chemins intemporels qui relieront toujours la performance d'un joueur à l'admiration qu'il suscite. Ces voies du cœur qui mènent à l'émotion, au charisme, à la fascination, au culte du héros dans les imaginaires, des routes subjectives autant que buissonnières. Un écrivain sud-américain suggéra naguère, en évoquant le cas du génial dribbleur brésilien Garrincha, qu'un grand joueur était celui qui rendait les jours heureux. C'est tellement vrai. Mais c'est aussi concéder que rien n'est plus arbitraire et personnel que le bonheur. À part peut-être la nostalgie, un sentiment qui amène parfois à se souvenir d'un être comme de quelqu'un d'exception, à ne retenir de lui que son abnégation, sa prodigalité, ou parfois même un seul geste, quand la réalité des coulisses dépeint de lui un autre aspect.

Cristiano Ronaldo est-il le meilleur joueur de tous les temps comme il le pense ? Pour les milléniaux, cela pourra paraître évident. Mais je suis né en 1961. Pelé et Cruyff ont fasciné ma jeunesse et marqué mon adolescence d'un frisson que ma peau n'oubliera jamais. Ces deux joueurs dégageaient autre chose dans leur différence, et surtout dans leur élégance. J'ai eu le privilège de les interviewer deux fois chacun, bien des années plus tard. Ni les années, ni la maladie n'avaient altéré l'harmonie de leur gestuelle, tellement gracieuse, et l'acuité de leur regard, d'une profondeur abyssale. Les souvenirs qu'ils m'ont laissés de leurs actions d'éclat n'ont pas de prix parce qu'ils me ramènent irrémédiablement au petit garçon qui s'émerveillait. Et c'est bien cela qui compte. Le temps demeure un juge de paix générationnel dont l'adversaire le plus redoutable est ce présent qui veut tout effacer, cette fatigante modernité où tout doit disparaître à grands coups de statistiques. Les adultes d'aujourd'hui sont les enfants d'hier. Le meilleur joueur du monde sera toujours celui de leurs jours heureux.

Pour Cristiano, comme pour beaucoup d'autres, le plus grand joueur de tous les temps est forcément un footballeur en activité parce qu'il fascine des millions de gens au quotidien, et plus particulièrement les jeunes. Aujourd'hui, tout va plus vite, plus loin, plus haut. Tout passe, et tout s'efface très rapidement. Ronaldo, lui, est concret, objectif, matériel. Il est CR7. Une marque déposée. Où sont donc passées la solennelle part du rêve et les chimères qui faisaient qu'on surnommait Pelé « le Roi », Beckenbauer « l'Empereur », Maradona « le garçon en or » et Cruyff « Dieu » ? Existe-t-il encore un Vinícius de Moraes contemporain pour oser baptiser son idole – Garrincha – d'« ange aux jambes arquées » ? La littérature aurait-elle posé les armes ? On pense à l'écrivain allemand Hermann Hesse, et à cette citation : « Dans l'éternité, la postérité n'existe pas. Tout est contemporain. » Au fond, Cristiano n'a aucune raison d'aller extraire les mémoires d'une quelconque généalogie. Il invoque le présent. La réalité. Pourquoi chercher ailleurs ? Quant à s'évaluer, le sujet n'est même pas discutable pour lui. Il est le meilleur. Point final.

Pour l'affirmer, il se base sur du concret. Autrement dit les buts et les trophées individuels, notamment le Ballon d'Or. Ou plutôt *les* Ballons d'Or. « Beaucoup de joueurs en ont eu un. Et ce sont des joueurs qui, avec tout le respect que je leur dois, n'étaient pas à mon niveau. Entre quelqu'un qui remporte le Ballon d'Or une fois et celui qui en gagne trois ou quatre, il y a une grosse différence. » Et tant pis si le règlement de l'époque a empêché Pelé, Garrincha ou Maradona de concourir. L'avantage des chiffres, c'est qu'on peut leur faire dire ce qu'on veut. « Ils sont comme les enfants, ils ne mentent pas », me jurera Ronaldo, lorsque je contesterai l'absolu de leur vérité. Ben voyons ! Sur ce terrain, Cristiano a, il est vrai, des arguments irréfutables. Il est, depuis mars 2022, le plus grand buteur de l'histoire du football, si on prend comme référence les matchs officiels. Plus de huit cent vingt réalisations, et la facture est encore loin d'être définitive. *Exit* Jozef Bican, l'attaquant austro-tchèque des années 1930-1950 et ses huit cent cinq buts, dont le natif de Madère n'a jamais pensé qu'il pourrait constituer une référence absolue. CR7 possède également un plastron tellement nourri de décorations qu'il pourrait ouvrir un deuxième musée à sa gloire. Il pèse trente et un trophées collectifs, en club ou en sélection, et vingt-huit distinctions individuelles majeures. Des dizaines de records, également. Cela veut forcément dire qu'il est le plus grand. Qu'importe si Pelé a remporté trois Coupes du monde, Johan Cruyff inventé le football moderne ou Diego Maradona procuré plus d'émotions à l'Argentine que tous les danseurs de tango de Buenos Aires réunis. La dimension affective ne fait pas partie de ses critères d'évaluation. Une ou deux fois, il osera concéder, en off : « Messi est bon. » Pour mieux me dire derrière : « On s'est aidés mutuellement à dépasser les limites. » Autrement dit, si je n'avais pas été là aussi pour le booster…

En ce mois de décembre 2017, Cristiano Ronaldo n'a, c'est vrai, jamais été aussi proche des étoiles. La sienne est au paroxysme, à l'inverse de celle d'un Messi chancelant, qui n'a plus remporté qu'une Ligue des champions en cinq ans, un laps de temps où CR7 l'a soulevée à quatre reprises. L'année tire vers son terme, et Ronaldo a déjà remporté le championnat d'Espagne et la Ligue des champions, en marquant deux fois en finale pour s'adjuger à nouveau le titre honorifique de meilleur buteur de l'épreuve. En août, il y a eu aussi ces victoires en Supercoupe d'Europe, contre Manchester United, et en Supercoupe d'Espagne, face au Barça de Messi. Dans quelques jours, le Mondial des clubs à Abu Dhabi, où il marquera l'unique but de la finale contre les Brésiliens de Grêmio, viendra parachever un magnifique ensemble. Cristiano a d'ailleurs bien raison de rappeler derechef que « le succès est toujours un bonus psychologique ». L'air pensif, il poursuit sur sa lancée : « Quand tu gagnes, tu sais que tu as travaillé pour quelque chose. C'est valorisant. Si tu te défends toute l'année et qu'il n'y a rien au bout, ça engendre de la frustration. Moi, j'ai la chance de toujours gagner quelque chose à la fin de la saison. Un peu ou beaucoup en fonction des années, mais toujours quelque chose. La clé de tout, c'est la motivation. »

Il est aux environs de 14 h 30. On se dit au revoir, comme on le fait avec un collègue de boulot à l'orée du week-end. « À dans trois jours, à Paris. » En le voyant s'éloigner, j'appréhende soudain avec plus de clairvoyance les paroles de Ricardo. « Merde, ce type est devenu mon quotidien ! Comme mon voisin de palier. » Avec l'ami Fred, on se regarde, comme deux potaches qui ont fait un mauvais coup. « Bien joué camarade. » Voir Cristiano, interroger le meilleur joueur du monde, lui faire signer des maillots ou des photos pour les fils de mes copains ou pour mon gendre, est presque devenu une routine. Et cependant, une question m'obsède. Et quand il ne gagnera plus ? Avant d'appuyer sur la touche stop du magnéto, j'ai osé lui poser la question : « Cris, tu te vois comment dans cinq ans ? » Réponse. « Comme aujourd'hui, ou à peu près. Mais je ne veux pas me projeter. Je préfère vivre le moment présent. Parce qu'il est beau et doux. » *Carpe Diem.*

Un média à lui tout seul

Pour préparer un long article qui paraîtra dans le numéro spécial de *France Football* dédié au Ballon d'Or 2017, j'ai abordé l'angle de la célébrité du sujet. Ou plutôt de sa notoriété, puisque désormais celle-ci bénéficie d'une unité de mesure relativement fiable. Les réseaux sociaux n'ont sans doute pas été inventés pour véhiculer la fatuité, mais l'aboutissement d'une entreprise n'est pas toujours celle que l'on aurait souhaitée. Depuis une dizaine d'années, les Twitter, Facebook, Instagram et autres TikTok se sont instillés dans la vie des quidams comme dans celle des stars, telle une baie vitrée lumineuse sur des vies plus ou moins exaltantes. L'adolescent que j'étais allait avec son père encourager les prestations du FC Sochaux au stade Bonal. Sans guetter vraiment l'arrivée des joueurs, il m'arrivait de tomber sur des personnalités qui avaient une filiation directe avec la rencontre du jour, des reporters radio ou le président du club, le regretté Jacques Thouzery. Dialoguer quelques instants avec eux de toute l'outrecuidance de mes quinze ans me procurait d'autant plus de bonheur que le moment était rare et inopiné, la présence de ces hommes furtive. Les mots qu'ils prodiguaient alors n'étaient que pour moi. C'était une intimité exquise parce que inhabituelle. Eux avaient un accès privilégié aux joueurs. Pour moi, ils représentaient un laissez-passer pour le rêve. Les côtoyer, c'était déjà entrer dans l'antichambre de ceux que j'adulais. C'est sans doute pour cela que j'ai voulu faire le métier de journaliste.

Accéder aux stars était totalement illusoire à l'époque des Kodak Instamatic, à moins de planquer des plombes à la sortie des vestiaires. J'ai encore le souvenir émerveillé d'un Sochaux-Saint-Étienne, le 16 mai 1976, quatre jours après la défaite des Verts à Glasgow en finale de la Coupe d'Europe. La double billetterie avait fonctionné à plein : vingt-deux mille personnes avaient acquitté un droit d'entrée dans une enceinte où la limite officielle était fixée à quinze. Je m'étais ainsi retrouvé autour de la verte pelouse de Bonal, assis à un mètre de la ligne de touche dont mes chaussures gardèrent longtemps les traces du plâtre. Une époque où la bonne éducation du spectateur engendrait toutes les permissions. Je me souviens ainsi avoir rendu un ballon, sorti des limites du jeu, au défenseur Alain Merchadier. Merchadier n'était pas Rocheteau, Piazza ou Larqué. Mais c'était un Vert, un vrai. Lui remettre le cuir en mains propres fut pour moi comme un instant de communion. J'avais vu une divinité de près. J'étais aux anges.

Les réseaux sociaux ont aboli cette distance en même temps que le respect et la retenue qu'elle engendrait. À travers l'illusion de proximité qu'ils ont créée, ils sont rapidement devenus un vecteur de communication, pas toujours bienveillante, d'incitation à la consommation et au prosélytisme. L'apostolat d'un nombrilisme où chacun peut se prétendre l'ami d'une vedette ou d'une icône. C'est simple comme bonjour : il suffit juste de cliquer sur l'application « CR7 selfie », et vous pouvez vous prendre en photo aux côtés de Cristiano Ronaldo, partout, tout le temps, en ayant même le pouvoir de choisir le portrait de la star que vous allez enlacer, son costume et son maillot.

C'est beau comme une image de premier communiant, et vous faites même une bonne action sans le savoir. Les subsides qui en résultent sont en effet reversés à l'association humanitaire Save the Children. Les sportifs et les marques auxquelles ils sont liés par contrat ont très vite compris l'avantage qu'ils pouvaient retirer de cette correspondance en live. Et le profit que ces adulateurs, plus ou moins crédules, allaient générer. Cristiano Ronaldo peut désormais compter ses fans à la minute. Il peut même les nommer, mettre un patronyme sur leur visage, s'adresser directement à eux. Et leur vanter ainsi ses propres produits.

Pour toutes ces raisons, l'attaquant portugais est devenu un média à lui tout seul. Un fournisseur de contenus très ciblés à l'audience planétaire, dont les satellites qui diffusent ou relaient ses messages sont les réseaux sociaux. CR7 enregistre en moyenne jusqu'à deux mille nouveaux « followers » par minute sur Twitter, Instagram et Facebook cumulés. Des suiveurs du monde entier, puisqu'aux réseaux sociaux occidentaux s'ajoute Sina Weibo, le Twitter chinois. Lorsqu'il a ouvert son compte sur ce média digital en mai 2016, CR7 a enregistré trois cent mille followers le premier jour. Au total, c'est plus de sept cent cinquante millions de personnes qui le suivent désormais sur les réseaux sociaux. Aucun autre être humain n'a jamais atteint ce chiffre. Au rythme actuel de connexion, Cristiano devrait atteindre le milliard de suiveurs d'ici à l'été 2024. Un huitième de la population mondiale. L'attaquant aux cinq Ballons d'Or est désormais indiscutablement le premier influenceur de la planète.

Comment ne pas en être persuadé quand on se connecte à sa page Facebook, qui ressemble à un catalogue en ligne dont Harrods pourrait presque s'inspirer. Tout y est. De sa vie privée aux pages consacrées à la mode en passant par des jeux ou l'actualité de ses propres exploits sportifs… D'un clic à l'autre, on tombe sur sa page personnelle ou sa newsletter, alimentées régulièrement et abondamment par une équipe où la fille aînée de Jorge Mendes est très présente. Cristiano est un dieu qui se doit de nourrir les cent soixante millions d'abonnés à son compte Facebook et les deux cent mille nouveaux, environ, qui les rejoignent tous les mois. Une progression exponentielle qui dit tout de son universalité : le nombre total de followers représente en effet plus de quinze fois la population du Portugal. Des fans aux limites diffuses, dont certains sont proches de l'absolutisme. Ceux qui le lisent ou le regardent ne sont là que pour lui, zappant l'exhaustivité – et la supposée impartialité – des médias traditionnels. Sur ces supports, ils viennent chercher une relation personnalisée autant qu'une information condensée, instantanée, centrée autour d'une seule et même idole. Pour eux, le lien est viscéral et l'obsession est d'approcher le mythe pour matérialiser le contact. En d'autres temps, on appelait cela des groupies.

En 2014, lors de la Coupe du monde au Brésil, une adolescente en larmes interrompit ainsi un entraînement de l'équipe nationale portugaise pour toucher son idole. Transperçant le rideau de sécurité, l'hystérique fut rattrapée par les vigiles juste avant d'accéder au joueur. Cristiano vint rapidement la voir, et la prit chaleureusement dans ses bras. À la limite de la syncope, l'enamourée avoua ensuite à un journaliste qui l'interrogeait : « Maintenant, il sait que j'existe ! » Le reporter insista : « Que vous a-t-il dit ? — De rester calme et d'arrêter de pleurer. — Et que lui avez-vous répondu ? — De me suivre sur Twitter. » Le compte réservé aux micro-messages et autres gazouillis n'est pourtant pas le plus fourni des trois principaux vecteurs de communication de CR7 avec sa *fanbase*. Il tutoie néanmoins les cent millions d'abonnés, un chiffre qu'ont dépassé avant lui Barack Obama, le leader de la twittosphère, et les stars de la chanson que sont Justin Bieber, Katy Perry et Rihanna. CR7 n'occupe donc qu'une cinquième place bien modeste en regard des chiffres cumulés sur Facebook, où il demeure depuis longtemps à la première place, et surtout Instagram, où le leader incontesté de l'application est tout près d'atteindre le cap des cinq cents millions d'abonnés. Un record. Plus que les autres réseaux sociaux, le service de partage de photos et de vidéos se marie bien avec le pedigree du footballeur, et son assujettissement à l'image. Avec la jeunesse de son public, également. Il lui permet de mettre en scène les fêtes de famille, ses vacances entre amis, ses séances au gymnase ou les selfies qu'il aime prendre avec d'autres sportifs. Et même son confinement dans une villa luxueuse de son île natale durant l'épidémie de coronavirus, où on le voit s'adonner à des séances d'abdominaux en compagnie de ses enfants, sur fond de palmiers. Ses publications sponsorisées y font un tabac, plus encore quand la star portugaise n'est plus vraiment visible. Ce qui fut le cas entre mars et mai 2020, cœur du premier confinement, où les quatre posts de CR7 sur Instagram lui ont permis d'encaisser plus de deux millions d'euros. Dans ce domaine-là aussi, le Midas du football transforme en or tout ce qu'il touche.

La crise sanitaire n'a fait qu'aviver le phénomène réseaux sociaux et le contact avec les fans à travers le seul prisme de l'écran, sublimant par là même le retentissement de Cristiano sur les plateformes diverses et le lien direct avec ses affaires. Les deux se répondent d'ailleurs comme l'écho d'un cri en montagne. Si les fans qui le suivent aiment d'abord connaître ses moindres faits et gestes privés, ils sont aussi une cible privilégiée pour les marchands du temple qui collaborent avec Ronaldo. À travers les trois plateformes digitales majeures, auxquelles on intégrera YouTube, qui héberge sa chaîne personnelle et ses deux millions d'abonnés, ainsi que TikTok et les huit millions et demi de fidèles qui le suivent, Cristiano a créé une communauté qui le suit partout et génère une audience colossale, en volume comme en engagement. Parce qu'elle est essentiellement jeune, cette population de followers est aussi très consommatrice de biens, et attentive aux moindres messages de CR7. Il y a cinq ans, le magazine américain *Forbes* estimait que l'attaquant avait généré près de cent soixante-dix millions d'euros de valeur ajoutée annuelle pour ses sponsors grâce à son activité sur les réseaux sociaux, dont plus de trente millions pour le seul Nike. L'agence américaine de marketing sportif Opendorse estimait, elle, à plus de deux cent trente mille euros la valeur marchande d'un tweet de Ronaldo.

Cristiano était déjà un média à part entière. Il est désormais devenu la plus gigantesque boîte de com de la planète. À grands coups de « likes », de « tweets » ou de commentaires dont il s'est fait le chantre, CR7 engendre près d'un milliard d'interactions à chaque message promotionnel. Contrairement aux chanteurs, aux acteurs ou aux hommes politiques, qui concurrencent sa notoriété communautaire, sa présence scénique et ses performances sont quasi permanentes, à raison de deux matchs par semaine, sans compter les échos ou débats, interactifs ou non, qu'engendrent ses buts ou ses coups d'éclat. L'influence est donc quotidienne, lancinante, presque infinie. Le foot, à l'inverse des autres sports, n'observe aucune trêve. Au contraire d'une coûteuse campagne publicitaire classique à la télé ou à la radio, la promotion d'un produit via les réseaux sociaux touche directement le cœur de sa cible. Chacun des « posts » de Ronaldo est estimé à plus d'un million d'euros en termes de valorisation médiatique pour les marques qui s'engagent avec lui. Personne n'arrive à sa cheville dans le monde multipolaire du sport, et surtout pas Lionel Messi, lointain deuxième. Ronaldo est un joueur de billard à trois bandes qui enchaîne les contrats comme autrefois les passements de jambe. En même temps qu'il ouvrait son compte sur le site de microblogage Sina Weibo, il paraphait son contrat avec le fabricant de smartphones Nubia. La Chine, où siègent ces deux entités, représente un marché potentiel de près d'un milliard et demi de clients, que Jorge Mendes s'évertue à développer.

C'est dans cet esprit de conquête orientale qu'est née ZujuGP, une plateforme communautaire qui se veut un vecteur initiateur d'échanges et d'énergies non seulement entre les fans, mais aussi entre ces derniers et les entreprises. Pour faire bonne mesure, ZujuGP a créé également un écosystème de recrutement pour les clubs, sorte de Pôle emploi en ligne où les joueurs et les techniciens peuvent directement consulter les annonces. ZujuGP est donc à la fois un réseau social, une plateforme de financement participatif, d'e-commerce et une agence de recrutement dans lesquels CR7 s'est associé au magnat singapourien Peter Lim, un des plus proches amis de Jorge Mendes. Propriétaire du club espagnol du FC Valence, Lim est aussi l'actionnaire majoritaire de Mint Media, une société basée à Hong Kong qui gère les droits d'image de Cristiano Ronaldo, dans le but avoué de développer la marque CR7 sur le continent asiatique.

Ce dernier l'a bien compris. La technologie est son amie, une relation fondamentale de son emprise commerciale et professionnelle. Ronaldo ne néglige donc aucun des paramètres qui la compose. Il est d'ailleurs, depuis plusieurs années, l'actionnaire majoritaire d'une importante plateforme portugaise de stratégie digitale opportunément nommée 7EGEND, laquelle travaille avec des clubs de football comme le FC Porto, le FC Valence ou le Nacional de Montevideo, ainsi que le pilote automobile portugais António da Costa et des grandes firmes comme Altice ou la Fnac. Une spirale infernale qui ressemble à une machine ou à une fuite en avant que rien ne semble vouloir enrayer. Pour mieux s'en persuader, le sceptique pourra toujours aller faire un tour sur socialblade.com. Le site internet d'analyse de statistiques lui fournira en temps réel le décompte des suiveurs de Cristiano sur les différents réseaux sociaux, façon Téléthon pour les dons ou Bourse de Paris pour les actions. Et je vous assure, cela donne le tournis…

Un sujet d'études sociologiques

Luis Aguiar est professeur de sociologie à l'Université de Colombie-Britannique, dans l'ouest du Canada. En 2016, il a décidé de dispenser un cours de quatrième année d'études sur CR7. Le sujet en valait bien la peine. Aguiar est né aux Açores, cet archipel rattaché au Portugal situé dans l'Atlantique Nord, à près de mille cinq cents kilomètres à l'ouest de Lisbonne. Au football, les Açores ont offert Pauleta, que les supporters des Girondins de Bordeaux et du PSG ne sont pas près d'oublier. Luis Aguiar a émigré au Canada à l'âge de onze ans. Mais il reste attaché viscéralement à ses origines îliennes. Et à la symbolique du déracinement. Quand je l'appelle au téléphone, il s'étonne d'entrée qu'on puisse reparler encore, six ans plus tard, de ce trimestre d'enseignement qui lui a valu des coups de fil du monde entier. Mais il faut bien se rendre compte que théoriser et enseigner CR7 n'avait jamais été fait. « Je vais mettre les choses au point, m'avoue d'emblée le quinquagénaire universitaire, lui-même ancien footballeur semi-professionnel à Montréal. Je n'ai pas cherché à parler du footballeur, ni même du businessman, du philanthrope ou du père de famille. Ce qui m'intéresse chez Cristiano Ronaldo, c'est sa relation à la société portugaise. Je suis originaire des Açores, lui de Madère. Je voulais donc évoquer à travers lui la relation de domination qui unit le Portugal à ses îles, comme cela peut exister avec les colonies. Né aux Açores, je ne me suis jamais senti totalement portugais. L'objet du cours était donc d'essayer de comprendre à quel point Ronaldo était portugais ou comment il l'était devenu. En gros, quelle était vraiment son identité sociologique. »

Luis Aguiar a longuement bossé son cours. Il est allé enquêter jusqu'à Madère, et a interviewé des connaissances de CR7. Mais il a également tissé ses conclusions sur les bases de sa propre expérience. « Ronaldo, quand il est arrivé à Lisbonne, a subi ce que tous ceux qui arrivent de l'extérieur du continent endurent : la discrimination, les moqueries sur le langage, sur l'accent, sur la culture, sur le manque de modernité de ces gens qui viennent des îles... Les autres gamins lui ont donné du fil à retordre quand il a intégré le centre de formation du Sporting. Il a fallu qu'il en fasse plus que les autres pour s'imposer et pour s'intégrer, qu'il dépasse le cadre de ses propres racines sociales. On moquait son physique, sa façon de s'habiller, son manque d'élégance. À travers lui, j'ai voulu étudier les relations de Madère avec la capitale, son histoire. Il n'y a encore pas si longtemps, dans les années 1970, il fallait un document spécial, un peu comme un visa, pour voyager de Funchal à Lisbonne, alors que vous ne sortiez pas du Portugal. J'ai replacé son expérience personnelle dans un contexte historique et sociologique. » Pour le sociologue universitaire, Cristiano est le symbole d'une réussite qui a dû enjamber les digues naturelles du soupçon et de la défiance. « Je pense que jusqu'à l'Euro 2016, il était portugais quand ça marchait bien et madérois quand ça n'allait pas. Le succès avec la Seleção lui a permis d'être définitivement admis et installé. Il lui a fallu une détermination et une résilience hors du commun pour survivre dans ce contexte, tracer sa route. Le plus facile pour lui, c'était le football, son talent évident. La partie la plus complexe, c'était surmonter le déracinement, l'éloignement de sa famille, les nombreuses vexations, la ségrégation qu'il a expérimentée. Personne ne se rend compte à quel point il lui a fallu avoir un mental hors du commun. Cristiano est né pauvre parce que c'est ainsi que se sont construites les relations entre le Portugal et ses îles. Ses difficultés allaient bien au-delà d'un contexte familial où régnaient l'insécurité de l'emploi et l'alcoolisme. Mais je suis sociologue, pas psychologue. C'est pour cela que j'ai voulu contextualiser sa réussite. Ça permet de la replacer dans une perspective plus large. »

4 décembre 2017

À écouter Luis Aguiar, l'aboutissement de CR7 a valeur de modèle, à la fois dans l'élévation sociale mais également dans le dynamisme économique qu'il induit. Il explique : « Ronaldo, c'est le symbole du néolibéralisme que veut mettre en valeur aujourd'hui la société portugaise. L'idéal qu'il représente, c'est celui de quelqu'un qui va très haut grâce à son travail incessant. D'un côté, culturellement, Ronaldo n'est pas 100 % portugais. De l'autre, il est hyper portugais par le modèle et les valeurs qu'il incarne et qu'il a poussées à leur paroxysme : travailler dur, ne jamais être satisfait, outrepasser ses capacités. Ronaldo, aujourd'hui, personnifie le Portugais idéal et l'idéal portugais. Il est visible, célèbre. Il incarne cette puissance planétaire que le pays a perdue en même temps que son empire colonial. » Aguiar emprunte même au trumpisme une formule qui, à travers le succès de CR7, induit la prospérité : « *Make Portugal great again.* » Avec en exergue la notion de sacrifice. « Cristiano montre qu'on peut être portugais autrement que dans l'acceptation de la douleur ou de la tristesse. Que rien n'est désespéré dans la vie. Qu'on peut battre n'importe qui en travaillant autant que lui. » Le sociologue m'avoue avoir pris énormément de plaisir à enseigner ce cours. « C'était une sorte d'introspection culturelle et identitaire. » Son employeur a également apprécié la publicité qu'il a générée. Tout ce qui a trait à CR7 irradie, quel que soit le domaine. Avant de raccrocher, Aguiar me balance cette métaphore : « Je dis toujours que Ronaldo, c'est Batman, avec tous ses gadgets et son corps sorti d'un univers futuriste. À la différence qu'il n'est pas un super-héros. Le Ronaldo des médias n'est pas celui qu'il est dans la réalité. Ronaldo résulte d'une construction. Son talent n'est pas inné, comme celui de Messi. » Je lui rétorque que je ne suis pas certain que cette conclusion aurait plu à Cristiano. Le sociologue me confesse alors qu'il n'a qu'un véritable regret : que CR7 lui-même ne soit jamais venu intervenir dans son amphithéâtre. Même par le biais de Skype ou de Zoom…

Septième rencontre

7 DÉCEMBRE 2017

J'ai mal dormi cette nuit-là. Mais je dors toujours mal les veilles d'événements ou de déplacements. Cette année, la cérémonie de remise du Ballon d'Or va se dérouler dans un lieu hautement prestigieux et qui sied parfaitement à la dimension du lauréat. Après de longs débats au sein du groupe Amaury, l'organisateur de la cérémonie, la tour Eiffel a été choisie pour accueillir la remise du trophée. Le retentissement promet d'être à la mesure des images qui seront diffusées, via un drone, du premier étage de l'édifice, plateforme du triomphe de Cristiano Ronaldo.

La météo ne s'est, malheureusement, pas invitée à la fête. Il pleut à verse quand je pars du journal aux environs de 16 heures, direction l'hôtel Shangri-La, à quelques encablures du Trocadero. Le palace sera le lieu de ralliement des troupes et son bar celui du pince-fesses qui succédera à la remise du trophée. Juste la Seine à traverser et les bourrasques à se cogner. Pas une mince affaire. Ce soir, le vent tempétueux et le ciel anthracite donnent à Paris l'aspect d'un immense tunnel où viendrait s'engouffrer le tumulte du monde. Par ricochet, la circulation dans la capitale se révèle une épreuve, à laquelle la délégation du Real Madrid, déjà pas mal secouée par les turbulences à son arrivée au Bourget, ne viendra à bout que dans les ultimes minutes.

La cérémonie est supposée débuter en direct à 19 h 45. Mais à 19 h 35, Florentino Pérez et ses ouailles n'ont toujours pas franchi les grilles de l'ascenseur qui mène à la très sécurisée alcôve où tout le gratin est réuni. Le Ballon d'Or à la tour Eiffel, c'est un peu *Ninja Warrior* au cœur de Paris. Une succession d'obstacles à la difficulté exacerbée par un contexte anxiogène particulièrement prégnant. En raison des attentats terroristes deux ans auparavant, l'accès au périmètre de la Dame de fer est devenu très délicat. Contrôle d'identité, check-points, sécurité renforcée… Le lieu a d'ailleurs été gardé secret jusqu'au dernier moment, afin d'éviter des actes malveillants ou l'afflux de fans incontrôlables, et préféré au château de Versailles, trop compliqué à surveiller. Des laissez-passer ont même dû être délivrés par la préfecture de police. Autant dire que les demandes de dernière minute émanant de la délégation portugaise seront particulièrement difficiles à satisfaire. Ce jeudi soir, c'est le mur de Berlin que l'on franchit. Il n'existe cependant qu'un seul ascenseur qui mène à destination. Et celui-là, tous les invités vont devoir le partager avec des touristes éberlués de voir sous leurs yeux CR7 cheminer vers le septième ciel, encadré de gardes du corps. Le décor qui se déploie depuis le parvis de l'étage n'est rien moins que magistral. Ce n'est pas un Paris scintillant de sa parure festive et des guirlandes de Noël qui s'offre aux yeux de Cristiano, c'est le monde entier. À 20 heures pétantes, Cristiano Ronaldo, en costume et nœud papillon en dépit des morsures d'un blizzard glaçant, réincarne Napoléon Bonaparte à Gizeh. Du plus haut de la tour Eiffel, les soixante et un ans d'histoire du trophée contemplent le vainqueur, qui déploie les cinq doigts de sa main gauche pour matérialiser son cinquième Ballon d'Or et soulève d'un seul bras le très lourd objet doré que David Ginola, le M. Loyal de la cérémonie, vient de lui remettre.

Plus d'une centaine de chaînes de télévision diffusent l'événement en direct. L'image de Cristiano, Ballon d'Or en pogne dans un décor clignotant de conte de fées, est reprise des millions de fois. Les déclarations de Florentino Pérez aussi. Cette soirée se voulait celle du couronnement de CR7. Le président du Real, peut-être encore sous l'effet des turbulences qui ont préludé à son atterrissage, va lui donner une dimension historique, dans tous les sens du terme. Ginola, inconscient du danger d'une question superficielle qui ressemble à une affirmation, l'interpelle. La réponse va tout emporter sur son passage. « Président, Cristiano est un rêve de joueur pour un président, n'est-ce pas ? » Je suis au quatrième rang de l'assemblée, juste derrière Jorge Mendes et son épouse. J'observe Cristiano. Depuis le début de la cérémonie, il affiche un sourire digne du Jean-Louis Trintignant des grands jours. Lèvres pincées, bouche à l'horizontal, regard fuyant, il a l'air pressé d'en finir, d'être ailleurs. Pérez, qui s'exprime dans un français impeccable, lance alors : « Il est le joueur le plus complet de l'histoire du Real Madrid, après Alfredo Di Stéfano. Mais après lui, il y aura d'autres joueurs qui feront briller le Real, comme cela a été le cas après Di Stéfano. » Décrypté en une phrase, cela donne : « Tu n'es pas le plus grand, et pas irremplaçable non plus. » Merci pour le compliment.

Real, le divorce

Flash-back. Madrid 2016. Un an plus tôt presque jour pour jour, CR7 vient de recevoir son quatrième Ballon d'Or dans l'enceinte muette du stade Bernabéu. La cérémonie est terminée, et tout le monde rejoint le restaurant madrilène où Jorge Mendes et le clan Ronaldo ont réservé trois grandes tables pour l'occasion, dans un espace privatisé de l'établissement où aucun intrus n'osera s'aventurer. Une bonne quarantaine de personnes sont présentes. La famille Aveiro, au complet, occupe une table à elle toute seule. La deuxième est pour le personnel de la chaîne *L'Équipe*, qui a filmé l'événement, et du groupe Amaury. La troisième, dont je fais partie, pour Jorge Mendes et son entourage, ainsi que pour les journalistes de *France Football*. Le repas, rythmé de discussions sur les Football Leaks, est sur le point de s'achever et les chaises commencent à grincer de leurs mouvements. Cristiano vient s'asseoir à notre table. Il est déjà quasiment en campagne. « On prend déjà rendez-vous pour l'année prochaine ? interroge-t-il en éclatant de rire. Parce que le résultat, je le connais déjà. » Il est heureux. Et en confiance. Les micros sont débranchés, les verres vides et les langues se délient.

Plus besoin de lui poser de questions. Il balance gentiment sur les uns et sur les autres. Zidane, « un bon entraîneur, mais qui devrait mieux s'entourer sur le plan de son staff. Lui, je le respecte ». Arrive le cas Florentino Pérez. « Lui, il ne m'aime pas. Je le sais. Il devrait beaucoup m'aimer pourtant. En fait, il est obligé de le faire parce que je lui marque plein de buts et je lui ramène beaucoup de trophées. » Tout le monde se regarde. Ricardo Regufe, en bon chien de garde, a flairé le danger. Il tente d'aiguiller Ronaldo vers la zone de décélération. Mais ce dernier est intarissable, et nous envoie même une vanne sur les Football Leaks à travers une question qu'on lui pose benoîtement sur le prochain tirage au sort de la Ligue des champions. « Vous savez quoi ? J'aimerais qu'on joue contre

Monaco. Parce qu'à Monaco, au moins, il n'y a pas d'impôts ! » Éclats de rire. Le moment est jouissif, et il contraste avec la réalité des faits. Celle de son statut au Real.

Florentino Pérez et Cristiano Ronaldo ne vieilliront pas ensemble. Le second a trop besoin de prioriser la chaleur d'une relation, même de travail, pour qu'elle puisse cadrer avec l'imperturbable froideur calculatrice de l'homme d'affaires qu'est le président du Real, accessoirement patron de la deuxième plus grosse entreprise de BTP du monde. Comme celui-ci le sous-entendra plus tard dans l'alcôve du premier étage de la tour Eiffel, Ronaldo n'est, au fond, qu'une énième star d'un club qui en a vu d'autres, et même pas la plus adulée. Contractuellement, l'attaquant portugais est alors lié au Real jusqu'en 2021. En ce mois de décembre 2017, il a donc encore théoriquement quelques années à vivre avec les Merengues. Mais son salaire, pourtant exorbitant, ressemble pour lui à un acompte comparé à celui, démentiel, que Messi touche alors à Barcelone, autour des vingt et un millions d'euros par an, après impôts. Cela l'énerve, comme tout ce qui touche à Messi. Il met la pression sur Pérez afin d'être revalorisé, et menace d'aller voir ailleurs. Ce n'est pas la première fois.

Le 2 septembre 2012, alors que le Real vient de battre Grenade pour le compte de la troisième journée du championnat d'Espagne, CR7 insiste auprès du chef de presse pour passer par la zone mixte. Une demande assez inhabituelle au vu du contexte. Le Real a facilement triomphé de la formation andalouse lors d'une rencontre sans relief. Rien qui mérite des commentaires exaltés. Ronaldo a bien inscrit un doublé, mais il n'a célébré aucun de ses buts. Il a l'allure de ses jours moroses, et le poids du monde sur ses épaules. L'envie de s'exprimer est visiblement ailleurs que dans l'analyse de sa performance. La première question, quelle qu'elle soit, servira de détonateur. Casquette noire sur un visage clos, Cristiano explose donc comme une bombe parfaitement réglée : « Si je ne célèbre pas mes buts, c'est que je suis triste. Les gens du club savent pourquoi. Je n'en dirai pas plus. »

À la direction du Real, personne n'est surpris de cette sortie médiatique. La semaine précédente, l'attaquant portugais est passé par le bureau de Florentino Pérez. Il lui a signifié expressément sa volonté de changer d'employeur. Ronaldo ne se sent pas vraiment respecté par la hiérarchie du club, pas chéri à sa juste valeur. Quelques jours auparavant, l'attaquant était invité à Monaco pour assister au gala de l'UEFA. Une cérémonie en grande pompe où l'instance européenne de football a désigné son meilleur joueur de l'année, le Barcelonais Andrés Iniesta. La délégation du Real avait fait le voyage de la principauté sans son président, Florentino Pérez. Une preuve de plus pour Cristiano que l'homme qui dirige le plus grand club du monde ne l'accompagne pas assez dans ses appétences personnelles. Deux ans plus tôt, CR7 a constaté l'impactante et efficace campagne du Barça pour cautionner Lionel Messi dans sa quête du Ballon d'Or. Barcelone hébergeait pourtant dans son effectif deux joueurs fraîchement couronnés champions du monde avec la Roja, l'équipe nationale espagnole, soit Iniesta et Xavi. Mieux que des têtes de liste. Le club catalan n'en avait pas moins soutenu ouvertement Messi, appelant même Iniesta et Xavi à promouvoir publiquement leur coéquipier argentin. Un comble. Cet épisode a marqué à jamais CR7. Pour l'attaquant portugais, il est la preuve qu'une vraie campagne marketing porte ses fruits dans la course au Ballon d'Or, ou à n'importe quel autre trophée d'ailleurs.

À l'évidence, et au vu des quatre Ballons d'Or consécutifs remportés par Messi, le Real ne fait pas assez pour favoriser son oscarisation.

Derrière son bureau, Florentino Pérez a encaissé la charge verbale et émotionnelle de Ronaldo. Imperturbable, il avale la salve, et contre-attaque, en parfait général de bataille qui a peaufiné sa riposte à l'avance : « Tu me dis cela maintenant, alors que le marché des transferts vient de se terminer ? Très bien ! Alors tu me trouves un club qui accepte de mettre deux cents millions d'euros pour ton transfert. Et avec cet argent, je rachète la clause libératoire de Messi pour te remplacer. » Ce n'est pas une gifle que Cristiano vient d'encaisser, c'est un direct en plein visage. Défait, il accuse l'affront et quitte la pièce avec un sentiment violent de colère rentrée, plus décidé que jamais à aller au bras de fer. Au fond de lui, CR7 n'a pas envie de quitter Madrid. Il sait ce qu'il doit à ce club : l'exposition qu'il lui offre, le potentiel de son effectif, les trophées qu'il peut espérer y remporter avec ses équipiers… Le Real sied parfaitement à son cannibalisme. Mieux qu'un marchepied, il est le club idoine à sa volonté d'hégémonie. À Madrid, CR7 a tout. Tout, sauf la reconnaissance à laquelle il tient tant, qu'elle soit verbale ou financière. Ce que veut Cristiano n'est rien d'autre qu'un geste, un mot, la concrétisation d'un sentiment de gratitude. Il est de ces rois qui attendent de leur cour qu'elle vante à volonté leur puissance et leur charme. Cela peut paraître vaniteux. Mais pour l'enfant blessé qu'il demeure, refermer la profonde cicatrice affective est à ce prix. Pérez, au fond, n'est qu'une nouvelle incarnation d'une figure patriarcale déficiente dans l'amour qu'il devrait lui porter. Ce dernier l'a bien compris, et il manœuvre en conséquence. En fin psychologue, le président du Real n'aura de cesse, tout au long des neuf années que l'attaquant portugais va passer à Madrid, que d'alterner les discours laudateurs et les petites piques, la chaleur torride du compliment et la blessure réfrigérante de la critique. Il sait que Cristiano veut juste se sentir plus apprécié que les autres. Et surtout à quel point il abhorre Messi. Dire qu'il va le remplacer par son rival honni, c'est un peu comme lui annoncer qu'il le déshérite.

Pérez maîtrise impeccablement la partie de poker menteur. Mais Ronaldo a un atout dans son jeu. Il connaît l'intérêt que lui porte le Paris Saint-Germain, qui n'est encore à cette époque qu'aux balbutiements de sa romance qatarie. Paris veut Ronaldo. Mendes me le confiera plus tard : « Ils ont tout essayé à ce moment-là pour le faire venir. » L'attaquant portugais a d'ailleurs été affranchi des intentions parisiennes. Il va en jouer comme d'un levier. Cristiano est également au fait que la nombreuse communauté lusitanienne d'Île-de-France peut lui apporter cette admiration dont il ne jouira jamais à Madrid. Dans un texto envoyé à un de ses meilleurs amis, il avoue, lors de cet été 2012 : « J'ai envie d'aller à Paris. Là-bas, ils m'aimeront vraiment. Les Français seront tellement heureux que je joue dans leur championnat qu'ils feront campagne en ma faveur pour le Ballon d'Or. » Un mantra illusoire dont il ne se départira jamais. Même confidentiel, le message a le mérite de la clarté. En écho, Irina Shayk, sa compagne du moment, poste sur Facebook une photo de la tour Eiffel, légendée d'un commentaire subliminal : « Je suis amoureuse de Paris. »

Pérez est furieux. Conscient de ce qui se trame dans son dos, il demande audience à Michel Platini, alors président de l'UEFA, et se rend à Nyon, siège de l'instance, pour se plaindre des agissements des dirigeants du PSG. Pérez, qui vient de perdre son épouse de plusieurs décennies et porte un deuil douloureux, convoque également Jorge Mendes et lui fait savoir à quel point il apprécie peu le chantage affectif de Cristiano. Dans cette séquence de billard à trois bandes, il faut un perdant. Ce sera le Paris Saint-Germain. Le jeu de dupes durera un an. Une année de mensonges et de fausses promesses, à l'issue de laquelle Paris va ouvrir les yeux. Non, le Real n'a jamais envisagé de transférer Cristiano. Et ce dernier n'a jamais vraiment voulu s'en aller. Le 15 septembre 2013, soit douze mois après la sortie médiatique de l'attaquant portugais, le Real prolonge CR7 de trois ans. Celui-ci est donc lié au club madrilène jusqu'en juin 2018, avec à la clé une augmentation de salaire qui fait passer ses émoluments annuels à dix-sept millions d'euros. Un de plus que ce que touche alors Messi au Barça. Devant les micros, Pérez fait son éloge : « Cristiano Ronaldo restera un joueur du Real pour les cinq prochaines années. Le meilleur joueur du monde sait que cette maison est et sera toujours la sienne. » Fin du psychodrame.

Le bras de fer, qui aura duré toute une année, va pourtant laisser des traces. Ce fameux 15 septembre 2013, Cristiano est arrivé à la conférence de presse vêtu d'un jean et d'une chemise bleus, affublé de lunettes noires signées Nike, son équipementier, rival d'Adidas, celui du Real. La provocation n'est pas passée inaperçue. Et Florentino Pérez n'est pas de ceux à qui on se soustrait d'une addition. Le président du Real fait partie de ces hommes de pouvoir qui ne se feront jamais dicter leur loi. Il tutoie les hautes sphères de la société espagnole, et fraye constamment avec les ministres ou les élus de haut rang. Derrière son onctuosité d'homme d'Église se dissimulent un traditionalisme hiérarchique et une implacable rigueur, ceux d'une société où les personnes qui décident sont celles qui gouvernent. Pour Pérez, l'institution est plus forte que tout. Ronaldo a beau être Ronaldo, il ne sera jamais qu'un employé, à qui il va faire ravaler sa morgue. Deux semaines avant de prolonger son attaquant portugais, il a transféré le Gallois Gareth Bale de Tottenham pour une somme supérieure à cent millions d'euros. Le joueur le plus cher du monde, à cet instant, vient d'éclipser médiatiquement le « meilleur joueur du monde ». Pérez ne donnera jamais le pouvoir à un seul joueur, comme l'a fait le FC Barcelone avec Messi. Raúl, un des Galactiques du début du siècle, a essuyé autrefois les plâtres pour s'être cru au-dessus de l'institution. Cristiano ne sera pas traité différemment.

« Pérez ne m'aime pas. » Longtemps, cette phrase de fin de soirée résonnera dans ma tête comme l'écho d'un appel au secours. Florentino Pérez n'avait pourtant pas à aimer CR7. Les noces n'étaient qu'un mariage arrangé, une lune de miel de raisons réciproques où l'un avait besoin de l'autre pour gagner des titres, et inversement. Ensemble, le Real et Cristiano enfanteront huit beaux bambins. Quatre Ligues des champions pour le club madrilène, quatre Ballons d'Or pour l'attaquant portugais. Chacun s'est rendu service. Pourquoi aurait-il été question de love story quand il ne s'agissait que du prestige respectif de deux parties, avides de s'afficher ensemble par pur intérêt ?

Les histoires d'amour de ce genre finissant mal, en général, et le divorce a été consommé en juin 2018. Quand on lui avait demandé, lors de cette soirée à la tour Eiffel, s'il comptait terminer sa carrière comme joueur du Real, CR7 avait répondu laconiquement : « Si c'est possible… » Il avait alors soupiré profondément, pour mieux se convaincre que oui, c'était possible. Mais il n'y croyait déjà plus lui-même, obnubilé par l'indifférence grandissante que lui témoignaient son président et le directoire du Real. Même Ballon d'Or, Cristiano affichait ce soir-là la tête de l'enfant à qui on a acheté le plus beau des jouets sans glisser le petit mot d'amour qui va avec.

SOS Zizou

Les mois et les années qui suivirent la fameuse prolongation de contrat de septembre 2013 furent celles d'une lente érosion. Celles d'un couple qui reste ensemble à cause des gosses. Pardon, des trophées. Cristiano le sentimental jalousait Bale, dont Rafael Benítez, intronisé nouvel entraîneur du Real à l'été 2015, voulait faire sa tête de gondole. Dès le premier jour, il allait détester Benítez et sa docte attitude professorale. « Tu te rends compte, il voulait m'apprendre à tirer les coups francs ? » Pour lui, Benítez n'était pas crédible. Le joueur qu'il avait été n'avait évolué qu'en troisième division, pas remporté la Ligue des champions comme Ancelotti ou Zidane. Qu'importe si l'entraîneur – qui plaçait le collectif au-dessus de tout le reste – comptait trois Coupes d'Europe à son palmarès. Son physique ingrat, ses influences analytiques d'un autre siècle, ses préceptes didactiques de professeur d'éducation physique – qu'il était – et son tutorat déplorable le rendaient inaudible. Accessoirement, Rafa était estampillé Liverpool – le plus grand rival de SON Manchester United –, un club qu'il dirigeait à la même époque où CR7 faisait les beaux jours d'Old Trafford. Benítez était honni de Sir Alex. Trop veule, trop fébrile pour l'Écossais. Donc pour Cristiano. Et puis, Benítez avait eu le tort de remplacer Carlo Ancelotti, avec qui l'estime et la complicité étaient réciproques. Cela faisait beaucoup. Quelques heures avant que ce dernier ne soit remercié, le 25 mai 2015, Ronaldo avait publiquement affiché son soutien au technicien italien dans un message ouvertement destiné à embarrasser les dirigeants madrilènes et à exprimer ses regrets. Le jour de son investiture, Benítez allait remettre les compteurs à zéro en affirmant plus hypocritement que Ronaldo était parmi les meilleurs joueurs du monde, « avec Bale et Benzema », et en affirmant que préférer un de ces trois-là, c'était un peu comme « demander à un enfant de choisir entre son père et sa mère ». La guerre pouvait alors commencer. Bientôt, le maladroit Benítez comparerait CR7 au basketteur catalan Pau Gasol, plutôt qu'à Michael Jordan ou LeBron James, et lui ferait passer, via un de ses adjoints, une clé USB répertoriant les montages vidéo de ses propres actions, afin qu'il puisse parfaire leur élaboration. Le « gros garçon de café espagnol », ainsi que l'avaient surnommé les supporters de Chelsea, était déjà mort avant d'avoir débuté son intermède. Et ce n'est pas le bouleversement du schéma tactique de l'équipe qui allait changer la donne, bien au contraire. Car si cette évolution inopinée devait lui valoir aussitôt les foudres de Cristiano, elle allait surtout aboutir à son limogeage six mois plus tard, cinq semaines après que j'ai vu Barcelone donner la leçon au Bernabéu (4-0) à un Real exsangue.

L'arrivée de Zidane, en janvier 2016, apportera du baume au cœur de CR7, et même des motifs d'espoir. Zizou avait été Ballon d'Or, il avait gagné une Coupe d'Europe et il avait joué au Real avec des équipiers autrement moins dociles. Il avait été à sa place, avait subi ce que lui a enduré, sportivement, médiatiquement, psychologiquement. Même si l'entraîneur Zidane était un novice des bancs de touche, il inspirait le respect et dégageait la sérénité de ceux qui n'ont rien à prouver. Zizou n'était pas José Mourinho, encore moins Benítez. Il avait été l'adjoint d'Ancelotti deux ans plus tôt, et même le partenaire de Sergio Ramos autrefois. Il connaissait donc déjà ses hommes. Mieux, il connaissait les hommes.

Pour Ronaldo, Zidane saura comprendre. Il saura dire « je t'aime », ou du moins le prouver. Il saura expliquer ses décisions, comme celle de faire se reposer de temps en temps Cristiano contre son gré. Une ordonnance que personne avant lui n'avait osé légiférer, par crainte de s'aliéner la star et son entourage. Lors de cette saison 2016-2017, c'est quatorze matchs que Ronaldo manquera sans être blessé. Ahurissant. Zizou fera passer la pilule en lui promettant que ces plages de repos permettront à Cristiano d'être plus frais et opérationnel aux moments clés de la saison, quand les titres se jouent. Que cette inactivité forcée prolongera, de fait, sa carrière. Le champion du monde 1998 saura également intercéder en sa faveur auprès de Florentino Pérez. Et surtout jauger à leur juste valeur l'impact et le poids de CR7 dans les résultats de l'équipe. Zidane, pour Ronaldo, sera à la fois une caution, un avocat et un porte-parole. Mais il en faudra bien davantage pour satisfaire le Portugais.

Trois mois avant la prise de commandes du Français, en octobre 2015, Cristiano s'était installé sur les étagères du souvenir perpétuel. Son doublé face à Malmö en Ligue des champions portait le total de ses buts sous les couleurs du Real Madrid à trois cent vingt-quatre unités. En cent treize années d'histoire du club, personne n'était allé plus haut. Un tel fait d'armes, même symbolique, a valeur de pinacle dans un club comme celui-là. Il vous pose un joueur pour l'éternité, le grave dans la mémoire collective, le statufie de son vivant. Le surlendemain, une petite réception est donc organisée au stade, qui se veut un hommage à l'attaquant portugais. Sont présents Dolores, la maman, Cristiano Junior, Jorge Mendes, ses équipiers, Rafa Benítez, Emilio Butragueño, légende d'un club dont il est désormais un dirigeant influent, et le président Florentino Pérez. Autour de l'estrade, où trônent les trophées que CR7 a remportés avec le Real, ainsi que ses trois Ballons d'Or, plusieurs dizaines de représentants des médias observent. Attentifs.

L'atmosphère est bon enfant. L'instant se veut festif, même si son empreinte cérémonieuse se prête assez peu aux déconnades. Quand Cristiano est appelé au tableau des honneurs par le maître Pérez, Dolores Aveiro fond en larmes. Le président, pontifiant à souhait, remet à CR7 la reproduction d'un soulier d'argent et un petit ballon sur lequel on peut lire : « *Cristiano Ronaldo, 324 goles* ». Les félicitations de l'un et les remerciements de l'autre sonnent cependant aussi justes que l'hymne national américain entonné – ou plutôt massacré – par Roseanne Barr avant un match de baseball à San Diego en 1990. Un des protagonistes de la cérémonie confiera même en chuchotant qu'il règne dans la pièce « comme un sentiment d'adieu et de tristesse ». Il n'a pas vraiment tort. Visage verrouillé, Cristiano évoque avec nostalgie Raúl, celui-là même dont il vient de battre le record, et le défunt Alfredo Di Stéfano, l'homme dont Pérez dira plus tard qu'il reste le plus grand. Le président, lui, évoque un « aboutissement », comme on met un point final au dernier chapitre d'un livre. Chaque mot est pesé, disséqué, totalement dépourvu d'émotion et de sentiment. Au moment de la photo de famille, Pérez s'écarte, comme si l'étreinte maudite allait s'avérer contagieuse. Il faudra un geste de la main de Sergio Ramos, le capitaine de l'équipe, pour que le président daigne venir apposer son sourire de carte postale sur le cliché. Mais son esquive de fleurettiste n'est pas passée inaperçue.

À Madrid, l'orphelin de père n'aura jamais comblé le vide affectif qui l'habite, même si Carlo Ancelotti, comme Alex Ferguson à Manchester, lui donnera cet affect tellement indispensable à son épanouissement. La placidité de « Carletto », la relation que l'Italien nourrit avec son vestiaire comme si ses joueurs étaient sa propre famille, sa tendre bonhomie naturelle, tout cela faisait de lui l'héritier paternel de Sir Alex. Ancelotti, c'était la vie apprise sur les terrains, pas dans les livres, comme Benítez. C'était des Ligues des champions remportées comme joueur et comme entraîneur. À cette époque de sa vie, CR7 avait encore besoin d'une relation forte et empreinte de paternalisme avec son entraîneur. Il était sûr qu'elle était nécessaire à l'édification d'un palmarès, à son éducation de vainqueur. Après tout, c'est avec Ferguson et Ancelotti qu'il avait remporté ses deux Ligues des champions, pas avec José Mourinho ou Manuel Pellegrini. Il découvrira avec Zidane qu'on peut être aimé par un frère autant que par un père. Et se hisser au sommet sans s'accrocher à un quelconque cordon ombilical.

Sifflé par le public du Bernabéu lors de ses deux premières saisons, puis à l'automne 2015, Cristiano ne s'est jamais vraiment senti désiré à Madrid. Le Real, c'était la beauté, l'aura, le prestige, la lumière. Mais sur un aspect purement sentimental, le club n'était pas fait pour lui, pour son ego d'écorché vif. Trois fois, Cristiano menacera de partir, en dépit d'un contrat dûment signé et de prolongations répétées qui repoussèrent l'échéance finale jusqu'à l'année 2021. La quatrième mutinerie fut celle de trop. Elle intervint inopportunément au soir d'un nouveau triomphe, dans la coulisse d'un stade ukrainien où le Real venait de remporter sa troisième finale de Ligue des champions consécutive.

Nous sommes alors en mai 2018, à moins de deux semaines de l'ouverture de la Coupe du monde en Russie. Quelques minutes après le coup de sifflet final salvateur, ce n'est pas le succès madrilène que Cristiano évoque, mais son avenir personnel. En des termes sibyllins, il remet en cause son engagement, tout en défiant l'institution qui l'emploie et celui qui la dirige. Le « c'était bien de jouer au Real Madrid », suivi d'un « je parlerai bientôt aux supporters », n'est que la énième révélation de son malaise. Mais c'est celle de trop pour Florentino Pérez. Non seulement elle est déplacée au vu du contexte, ce que l'intéressé reconnaîtra lui-même quelques heures plus tard, mais elle sonne faux en termes de communication. Lors de la rencontre face à Liverpool, dans ce stade de Kiev aujourd'hui dévasté, Ronaldo n'a pas marqué, contrairement à Gareth Bale, auteur d'un doublé malgré son entrée en jeu en cours de deuxième mi-temps. En distillant sa déclaration narcissique à l'imparfait, CR7 recentre les projecteurs sur lui. L'onde de choc médiatique va évidemment raturer la célébration collective. Il le sait, mais il ne peut s'en empêcher. Un enfant blessé a toujours besoin d'attirer l'attention de ses parents, fût-ce au prix d'une grosse connerie. Et celle-là est de taille. L'annonce du départ de Zinédine Zidane, quatre jours plus tard, sonnera le glas de ses neuf années madrilènes. Sans Zizou, l'horizon ne se voulait plus qu'un ciel d'orage à la noirceur impénétrable. L'avenir de Cristiano devenait soudain illisible et insupportable. Lui collerait-on sur le dos un nouveau Benítez ou un autre Mourinho ? Son futur était ailleurs. Le 10 juillet

2018, quelques heures avant la demi-finale de Coupe du monde France-Belgique, Cristiano Ronaldo s'engagerait pour quatre ans avec la Juventus de Turin.

La rivalité Messi

Retour en 2017.

J'ai rejoint Cristiano au Shangri-La après avoir descendu les marches de la tour Eiffel. L'exercice pédestre est aussi périlleux que frustrant. Impossible d'observer Paris et ses lumières quand il faut zieuter en permanence ses propres pas sur la ferraille humide. J'ai goûté l'effervescence du pont d'Iéna, puis de l'avenue du même nom, dans ma courte marche vers le palace. Devant celui-ci, la foule s'était massée dans l'espoir de voir le héros du jour, de lui arracher un autographe, une photo, un souvenir. Un parchemin à publier sur Facebook. La pluie a cessé, et encouragé de fait les aspirations castratrices. Aucun de tous ceux que je dévisage en grimpant les quelques marches qui mènent au hall d'entrée n'aura son bonheur satisfait. Je prends alors la mesure de l'immensité qui me sépare de ces fans inconnus, très jeunes pour la plupart. Dans une demi-heure, j'irai rejoindre CR7 dans le salon privé réservé à sa famille et à ses proches. Il me suffira pour cela d'appeler Jorge Mendes, afin qu'il avise le cerbère qui planque devant la porte de me laisser rentrer dans une de ces immenses pièces de l'hôtel historique, autrefois demeure du prince Roland Bonaparte, petit-neveu de Napoléon. Tout ici respire la majesté. Du grand escalier du hall à la coupole en verre et son chandelier Murano, là où le restaurant délecte les convives. Plus tard dans la nuit, le responsable du marketing du palace m'invitera à visiter la suite où Cristiano s'est reposé, puis habillé avant la cérémonie. Avec la vue qui va avec, Seine et tour Eiffel comprises, la plus belle de Paris assurément. À vingt mille euros la nuit, les papilles ont le droit d'être gâtées. Pour l'heure, Cristiano choisit la photo qui fera la une du *France Football* du lendemain, pendant que je savoure le cocktail dans le bar de l'hôtel, en conversant avec Michael Owen, ancien lauréat du Ballon d'Or sous les couleurs de Liverpool. Ronaldo, le Brésilien, vient gentiment tailler une bavette. Jorge Mendes s'enquiert de la suite du programme. (Mais de suite, il n'y a pas. Le cocktail est réduit à sa plus simple expression. Pas de repas, ni de festin. Je terminerai la soirée au-delà de minuit à l'étage supérieur du restaurant avec l'agent portugais et sa famille, lequel m'expliquera entre deux bouchées de hamburger comment faire mieux l'année prochaine. Comme si j'étais le responsable en charge de ce grand raoût. « Le Ballon d'Or doit être plus grand, mon ami. Il faut mettre en place un vrai cérémonial, trouver des sponsors. Je peux vous aider à le faire. »)

Il est 22 heures. Je rappelle Mendes. Je sais que lui et Cristiano sont dans un salon, pas très loin du bar. L'agent chuchote à l'oreille du vigile, qui me dévisage. Il m'a photographié. Je pourrai désormais vaquer librement. Je vais et je viens entre cette porte d'airain, et je me retiens des quelques commentaires que m'inspire la situation. Cristiano est là, entouré des siens. Il a commandé des clubs-sandwichs et des boissons, sans alcool pour lui. Dans quelques minutes, il devra filer au Bourget pour prendre son avion privé, qui le ramènera à Madrid, où la délégation du Real est déjà repartie. Des clubs-sandwichs. Voilà donc le repas de fête auquel il a été convié. J'ai un peu honte qu'on le traite de la sorte. Un an plus tôt, le restaurant madrilène réservé par Mendes était d'une tout autre succulence. Le Ballon d'Or est posé près de lui, comme un bébé dans un couffin. Ronaldo est calme. Il digère. Pas tant les clubs-sandwichs que la petite phrase assassine de Florentino Pérez. Je me hasarde. « Il ne t'aime toujours pas, Cristiano ? » Le sourire est sa réponse. Il me dit qu'il est heureux, malgré tout, et écarte à nouveau les doigts de sa main pour former le chiffre cinq, comme tout à l'heure sur la tour Eiffel. C'est sa vengeance à lui. Ce soir, il a rejoint au palmarès du Ballon d'Or celui que Jorge Mendes et son neveu Luis Correia n'appellent que « *the other guy* ». Autrement dit, « l'autre ».

Lionel Messi est indissociable de la trajectoire fulgurante qui a mené Cristiano Ronaldo au Panthéon. L'Argentin aura été, durant plus de quinze ans d'une rivalité à fleurets mouchetés, un accélérateur de particules. Lors des neuf saisons que les deux auront passées conjointement dans le championnat espagnol, ils n'auront eu de cesse que de se répondre, par buts ou par exploits interposés. L'un marquait deux fois le samedi soir, l'autre inscrivait un triplé le dimanche après-midi, stimulé par la performance de son challenger et par la résonance qu'elle induisait. Il n'était plus ici question de victoires ou de courses au titre, magnifiées par les joutes entre le Real Madrid et le FC Barcelone, mais d'un duel de western spaghetti où l'on règle ses comptes en dégainant plus vite que l'autre ou en vidant son chargeur sur une victime expiatoire.

Jamais deux athlètes ne se seront télescopés comme ces deux-là dans l'histoire mondiale du sport, toutes disciplines confondues. Ali-Frazier, Borg-McEnroe, Nadal-Federer, Magic Johnson-Larry Bird, Prost-Senna... Aucune rivalité ne peut être comparée, dans la perfection de son synchronisme comme dans son intensité et sa longévité, au face-à-face qui, encore aujourd'hui, oppose ceux que tout divise, en apparence. Oui, l'un est grand, musclé, et très attaché à l'aspect physique. CR7 a érigé son image sur le socle de son élégance, y compris sur le terrain, et ses performances sur les fondations d'une domination où la puissance, le travail et l'énergie convergent vers un aboutissement. Celui qu'on surnomme « la Pulga » – la Puce – est, lui, petit, d'apparence presque chétive, et se confronte directement dans sa physionomie à l'arrogance naturelle qui émane de son rival. Il est « monsieur Tout-le-Monde », sauf quand il touche la balle. De ses pieds émanent alors le talent naturel, l'insolence du génie, l'intrépidité de la réussite, l'irrévérence de la facilité. Ronaldo est le produit d'un cheminement méthodique et laborieux, celui d'une conscience. Messi, le fruit d'une intelligence infuse et insouciante, celui d'un instinct. Pour reprendre l'expression d'Alex Ferguson, « chaque fois que le ballon touche ses pieds, c'est comme s'il atterrissait sur un matelas de plumes ».

Pour avoir régulièrement côtoyé les deux hommes jusque dans leurs antres, j'ai souvent été frappé par le contraste de leurs attitudes en fonction d'une situation donnée. Ronaldo, en privé, est d'une affabilité, d'une spontanéité, d'une drôlerie et d'un naturel qui contrastent avec sa gestuelle, trop souvent irritée, sur un terrain. Messi est à peu près l'inverse. Le charme qu'il peut offrir lors des échanges verbaux se limite aux bornes de son introspection. Et encore. J'ai abordé des sujets délicats avec Ronaldo : une accusation de viol, une autre de fraude fiscale… Il a toujours répondu aux questions qui fâchent, sans chercher la dérobade. Messi, lui, s'est froidement emporté quand, lors de l'entretien Ballon d'Or en 2019 réalisé dans sa villa de Castelldefels, en banlieue de Barcelone, on a simplement osé mettre en perspective sa relation compliquée avec Antoine Griezmann. La question n'était pas à son programme. Messi n'est à l'aise que là où son pouvoir s'exerce : sur une pelouse. Ronaldo est cash et, tel le léopard, attaque pour mieux se défendre. Messi, d'une méfiance de belette, dissimule un caractère autocratique sous des airs débonnaires et un sourire de bon élève. Ronaldo et Messi. Deux caractères bien trempés. Deux destins d'adolescents déracinés et victimes de problèmes de santé qui engendreront, en plus de l'inquiétude de leurs proches, une opération cardiaque pour CR7 et un traitement hormonal pour la Pulga, à un âge où leurs copains rentrent au lycée. Deux gamins confrontés à la solitude d'un douloureux exil dont ils ressortiront grandis. Mais à quel prix.

Ronaldo est arrivé à Lisbonne à l'âge de douze ans pour intégrer l'académie du Sporting Portugal. Le petit roi de Madère devait quitter son île pour comparer son étoile à l'amplitude de ses ambitions. Là-bas, chez lui, au large de l'océan Atlantique, il était déjà un petit dieu, celui à qui on passait tous les caprices, ou presque. À Lisbonne, il a dû se façonner un look plus urbain, une identité nouvelle de citadin, se dissoudre pour mieux réapparaître. Le gamin fluet qu'il est alors va devoir se construire une musculature. Pour mieux lutter, pour mieux s'élever, et se rebeller. Une mâle attitude dont il fera sa plus fidèle alliée. Lorsqu'il arrive – en retard – à son premier cours, la prof et les autres élèves peuvent bien se moquer de son accent îlien. La première chaise qui se présentera à lui valsera dans les airs en direction du bureau de celle qui a osé se gausser. Comme lors de son arrivée à Manchester six ans plus tard, Cristiano va se retrouver face aux regards de ceux qui le brocardent. À leur ironie, à leurs plaisanteries douteuses. Des vexations, des bizutages, dont il va se servir comme d'un tremplin pour aller plus haut, plus loin. Ronaldo possède une qualité qui transcende les attitudes. Il ferme sa gueule et il apprend vite. Surtout, sa volonté de travail n'a d'égale que son irrésistible désir d'ascension.

À Lisbonne, il s'exerçait, le soir, dans sa chambre, à raturer les intonations qui trahissaient ses origines. À Manchester, il asservira les moqueurs à grands coups de séances d'entraînement qui feront finalement s'ébahir les rares sceptiques. Sur les bords de la rivière Irwell comme sur ceux du Tage, il ravalera ses larmes, ne réservant celles-ci qu'aux oreilles de Dolores, que le gamin tout juste débarqué dans la capitale portugaise appelle quotidiennement en la suppliant de le rapatrier. Cristiano va en baver, comme en bavera Messi quelques années plus tard. C'est à peine plus vieux que son futur rival, soit à treize ans, que l'Argentin a traversé le même océan pour intégrer La Masia, le centre de formation du FC Barcelone. Lui aussi a dû renoncer à la chaleur d'une famille, s'exiler, endurer les nuits où les larmes inondent les draps, comme les embruns mouillent les voiles qui le ramènent vers cette Argentine qu'il regrette alors d'avoir quittée. Dans la solitude de leur chambre de préado, ces deux-là se sont forgé un mental, on dira presque une dureté, qui les a rendus imperméables à l'échec. Après avoir enduré la violence d'un déracinement, ni l'un, ni l'autre n'avaient plus le choix que de réussir. Lisbonne et Barcelone étaient des allers simples vers l'horizon, sans retour possible. *One way ticket.*

Il serait faux de dire que Messi et Ronaldo ne s'estiment pas. L'un reconnaît le talent de l'autre, et inversement. Mais les sommets sont des parkings d'immeuble qui ne comportent qu'une seule place. J'ai évoqué Ronaldo avec Messi. Il a souri. J'ai parlé de Leo avec Cristiano. Il a grimacé. Dans un cas comme dans l'autre, l'évidence est aussi limpide que muette : la ruche ne peut abriter qu'une seule reine. Il suffit même simplement de prononcer le nom de celui qu'il nomme rarement pour que le comportement de CR7 change. Une fois que je l'interpellais sur la longévité du duo dans le palmarès du trophée *France Football* et leurs douze trophées combinés lors des treize derniers Ballons d'Or, l'attaquant portugais résuma la situation d'un commentaire lapidaire qui appelait mille interprétations : « De toute façon, c'était lui ou moi ! » Une façon d'avaliser le génie qu'on prête à l'ancien Barcelonais. Une autre aussi de dire qu'entre lui et « l'autre », il fallait choisir son camp. Mais était-il absolument nécessaire de trancher ? Au fond, comme le disait Alex Ferguson, « reléguer l'un ou l'autre à la deuxième place serait une erreur ».

Ronaldo a décroché son premier Ballon d'Or à vingt-trois ans, en 2008. Messi, à vingt-deux, en 2009. Le Portugais a toujours considéré que l'Argentin était son seul et unique concurrent potentiel. Secrètement, il est même certain qu'il l'admire, à l'instar de son fils aîné. En 2015, à Zurich, j'ai été témoin d'une scène incroyable où Cristiano Jr, voyant Messi s'avancer en direction de son père dans le salon privé du Hyatt, retourna glisser à l'oreille de son géniteur, un tantinet gêné : « Je croyais qu'il était plus grand. »

Cette remarque enfantine m'est alors apparue comme l'élément déterminant de ce questionnaire de Proust qui pollue immanquablement les soirées foot et les plateaux télé lorsque l'on débat des vertus de Messi et Ronaldo. Peter Schmeichel, l'ancien gardien de but de Manchester United, peut bien affirmer que Ronaldo pourrait jouer dans une mauvaise équipe, mais pas Messi, et souligner la dépendance de ce dernier au travail de ses partenaires, il ne fait que se distancier de la question de fond. Quelle est la qualité première d'un grand champion ? Le côté inspirant et intimidant de son physique ou sa capacité exceptionnelle à faire des choses mieux que n'importe qui ? Si je vous pose la question autrement, vous préférez-vous avec la majesté corporelle de Ronaldo ou avec les pieds magiques de la Pulga ? Peu d'esthètes vous diront qu'ils fantasment face au 1,69 mètre de l'Argentin. Mais peu d'artistes vous répondront qu'ils privilégient la posture parfois machiste du Portugais. Au fond, le combat Ronaldo-Messi est d'abord une affaire d'identité et de sensibilité personnelle, pas de choix tactiques ou d'affirmations statistiques. Parce qu'on est dans le sport, le champion se doit d'être unique dans sa représentativité, hors norme dans sa taille, son poids, son jump, sa musculature. L'identification au héros se fait avant tout par le biais de son origine divine. À quoi cela servirait-il de ressembler à Mister Nobody ? Mais l'athlète doit également incarner le mystère de l'inné, le surnaturel de la magie, le fantasme de l'impossible, et même un discret dilettantisme. Comme me le dit un jour un entraîneur français : « Messi n'a pas besoin de travailler pour être génial. Il n'avait pas besoin non plus d'être grand. » Je lui rétorquai qu'on pouvait préférer le travail aux dons naturels, à défaut de pouvoir développer les deux. Chacun pouvait cultiver ses valeurs. Elles étaient toutes recevables. Et respectables.

Huitième rencontre

26 octobre 2018

« Qu'est-ce que tu fais ce soir ? » La question m'a désarçonné, au point que je n'ai su répondre que « Pourquoi ? », comme dans un réflexe d'autodéfense. Le sourire goguenard et le regard fixe qui appelle un acquiescement, Cristiano semble suspendu à ce que je vais lui répliquer. Dire que je suis déstabilisé relève de l'euphémisme. Ai-je bien entendu ? Ai-je bien traduit ? Le meilleur joueur du monde me demande ce que je fais ce soir ? « Parce que je t'aurais invité à dîner… » Cette fois, pas de doutes. Ce n'est plus le fruit de mon imagination. Je le regarde, muet de stupéfaction et écrasé par le poids de ma propre indécision. Mon cerveau doit faire le point le plus rapidement possible, et à voix basse. Nous sommes vendredi, milieu d'après-midi, et je dois rendre demain soir au plus tard le texte de l'entretien que je viens tout juste de réaliser, dans les locaux du centre d'entraînement de la Juventus, à Turin. La journée de samedi, consacrée à la traduction et au décryptage de l'interview, est pour ainsi dire foutue si je reste ici ce soir. Et à *France Football*, on ne plaisante pas avec les deadlines. Il y a également les contingences bassement matérielles. Dans le cas où je décalerais mon vol à samedi matin, rien ne me dit qu'il restera des places dans le seul vol Air France en partance pour Roissy. Turin est une ville assez mal desservie depuis Paris, et il va falloir que j'appelle le journal dans la seconde qui suit pour tout faire changer. Quel bordel ! Il faudra aussi leur faire prendre une nuit d'hôtel supplémentaire. Et leur expliquer le motif de tout ce bouleversement : « Il faut que je vous dise ! Cristiano m'invite à dîner ce soir. » J'entends déjà le ton sarcastique de la réponse : « Et pourquoi ne t'invite-t-il pas à dormir chez lui, tant qu'à faire ? » Bref, c'est compliqué. D'autant que je suis déjà arrivé dans la capitale du Piémont la veille de la rencontre, pour assurer la ponctualité de ma présence. Sans compter qu'il va aussi falloir prévenir ma famille et lui expliquer que je préfère la compagnie du meilleur joueur du monde à la leur, une fois de plus. Une fois de trop.

La mort dans l'âme, j'ai fini par décliner la proposition. Je sais que dans la minute qui va suivre, les jours et les semaines qui lui succéderont aussi, je vais regretter ce « non, désolé, ça n'est pas possible », dont ma bouche a fini par accoucher sans une once de conviction. J'ai analysé la situation à la vitesse de l'éclair. On ne fait pas attendre CR7. En dehors des préoccupations d'intendance et des contraintes professionnelles qu'engendrerait le décalage de mon retour à Paris, j'ai instinctivement fait fonctionner le warning de ma conscience. Et si cette invitation ne recelait qu'une opération séduction dans le cadre de la campagne pour l'obtention du Ballon d'Or, dont le scrutin vient d'ouvrir ? Et si j'étais le con du dîner, le levier pour infléchir le vote, pouvoir que je n'ai d'ailleurs pas ? À moins qu'il ne tente de me reparler de l'affaire de Las Vegas et de ses conséquences ? C'est totalement stupide, je sais, mais je me suis mis mécaniquement sur la défensive, mû par le réflexe du doute et la peur d'être déçu. À l'instant même de ma réponse, je devine ce que je vais rater : des moments de véritable intimité qui m'aideront à mieux le connaître et à mieux le comprendre, même si le garçon ne cache plus grand-chose de sa personnalité et de ses convictions depuis belle lurette. Oui, je sais que ce repas aurait été l'occasion unique d'approfondir, autour d'une bonne table, ce dont il vient tout juste de me parler pendant quarante minutes, micro branché, et de mieux entrevoir sa sphère privée. Mais aurais-je eu assez d'audace pour le relancer sur cette affaire de mœurs qui fait causer la planète entière depuis quelques jours ? Et aurait-il été assez fou pour me répondre sans ambages, même en sachant que rien ne sortirait de la pièce ? Aujourd'hui encore, la tempête reste bien ancrée dans mon crâne. Car je n'aurai jamais la réponse.

Very bad trip à Las Vegas

Cet entretien a été de très loin le plus difficile à organiser. Il devait avoir lieu le mardi 2 octobre, à 13 heures. Tout était calé depuis un mois. Il me fallait prendre un avion le matin même, très tôt, à Roissy, direction Turin. Lever à 4 h 15. Pas trop mon truc. J'avais réservé la soirée du lundi à ma fille, qui partait en voyage scolaire le lendemain aux aurores. Petit plateau télé, film d'action ou comédie sur l'écran géant du séjour… Une soirée de papa qui voit trop peu sa gamine qui grandit. Ce jour-là, Charles Aznavour avait quitté ce monde, et la mélancolie des départs sans retour m'avait encore assiégé. Les empreintes qui s'effacent ont sur moi un effet douloureux. À 20 h 45, mon portable se met à vibrer. C'est

Jorge Mendes. Je m'attends, en décrochant, à l'inévitable énoncé du déroulé de la journée du lendemain, agrémenté de quelques conseils, au planning de retrouvailles programmées et aux réjouissances qu'elles engendrent. Sûrement pas à l'électrochoc qui va suivre. « Mon ami, Cristiano ne veut plus faire l'interview. » Pardon ? « Mais appelle Ricardo, il va t'expliquer. Moi, j'ai fait tout mon possible. J'ai essayé de les convaincre qu'il devait faire l'entretien. Mais, tu comprends, il y a cette affaire... » L'affaire dont parle le super-agent, c'est celle qui implique Ronaldo dans une tentative de viol. Elle ne date pas d'hier, mais n'a été divulguée qu'il y a seulement quelques heures, embrasant aussitôt la médiasphère tel un incendie le maquis corse.

À Las Vegas, neuf ans plus tôt, celui qui était déjà un Ballon d'Or plein d'impertinence en instance de transfert de Manchester United au Real Madrid, mais sûrement pas la superstar bourrée aux as qu'il est devenu, avait convié dans sa chambre d'hôtel une conquête, rencontrée le soir même dans le night-club du Palms, un palace du Strip, l'immense artère du sud de Sin City, mère de tous les vices de la capitale du jeu. Une soirée bien banale au fond : celle d'un incorrigible apollon de vingt-quatre ans qui veut tester à nouveau son ineffable pouvoir de séduction et d'une jeune mannequin reconvertie entraîneuse – ou l'inverse – de vingt-cinq printemps, qui a pour tâche de faire boire les clients de la boîte qui l'emploie. On a déjà trop vu ce film-là, et pourtant... En ce 12 juin 2009, Cristiano profite de ses vacances à Vegas avec son beau-frère et son cousin, à la manière de Bradley Cooper et ses potes dans *Very Bad Trip* (*The Hangover* en VO), ce blockbuster hollywoodien sorti tout juste une semaine plus tôt. Bradley Cooper qui deviendra, ironie du sort, le compagnon d'Irina Shayk après que celle-ci aura quitté CR7, mais ceci est une autre histoire.

En ce vendredi soir torride dans le désert du Nevada, les destins de Cristiano Ronaldo et de Kathryn Mayorga se croisent donc dans le carré VIP du Rain, cette méga-discothèque aux teintes pourpres où Britney Spears et le basketteur Kobe Bryant ont leurs habitudes. Les clichés des paparazzi, qui collent aux basques de Ronaldo depuis son arrivée aux États-Unis, ont immortalisé la scène. Ils montrent une avérée proximité de l'un et de l'autre. Vêtue d'une robe grise légère, la brune américaine aux yeux verts trinque avec le footballeur portugais en chemise cravate. On les voit clairement danser et se parler, parfois se chuchoter quelques mots à l'oreille. Un schéma de drague on ne peut plus classique.

Deux personnes seulement savent ce qui s'est réellement passé ensuite dans la luxueuse chambre 57306 du Palms : Ronaldo et Mayorga. Le premier aurait invité la seconde à admirer la vue panoramique qu'offre le jacuzzi situé sur le balcon de son penthouse. La jeune femme ne portant pas de maillot de bain, elle déclare avoir alors refusé. Cristiano lui aurait proposé des vêtements de sport lui permettant d'entrer dans le bain chaud en masquant sa nudité, et de se changer dans sa salle de bains. Mayorga affirme qu'elle aurait ensuite été agressée sexuellement. De fait, elle dépose rapidement une plainte pour viol dans un commissariat de Las Vegas. Ronaldo serait alors revenu vers elle, quelques mois plus tard, pour lui demander de signer un accord financier afin de la dédommager à hauteur de 375 000 dollars. En contrepartie, la jeune femme retirerait sa plainte. Ce qu'elle fera. Mais neuf années se sont écoulées depuis cet arrangement et le mouvement #MeToo est passé par là. En octobre 2018, Kathryn

Mayorga attaque Ronaldo au civil devant le tribunal fédéral du Nevada pour onze motifs, dont ceux d'agression et d'infraction intentionnelle entraînant des troubles émotifs. Elle demande réparation à hauteur de soixante-dix-sept millions de dollars. Une fortune colossale, en adéquation avec la réputation de l'attaquant portugais.

L'affaire est prise très au sérieux. Elle engendrera même, dans le cours de cet hiver 2018, une demande d'échantillon ADN de CR7 de la part des autorités américaines à leurs homologues italiennes, puisque Ronaldo réside désormais à Turin. Car contrairement à neuf ans plus tôt, où il avait négligé la plaignante et ses rapports médicaux, le LVMPD (Las Vegas Metropolitan Police Department) a, cette fois, pris l'affaire à bras-le-corps. Le délai de prescription d'un délit sexuel est de vingt ans dans le Nevada. Ronaldo risque donc des poursuites. Pire encore, une peine qui peut aller jusqu'à la prison à perpétuité, en cas de condamnation. Avec le temps, l'accusation reste cependant plus difficile à prouver. Les mémoires se sont érodées et les témoignages des protagonistes sont forcément moins fiables, y compris celui de Kathryn Mayorga, dont les avocats de Cristiano vont tenter de prouver qu'il est davantage nourri par les révélations frauduleuses des Football Leaks – ces dernières ont été alimentées par des hackers – que par ses propres souvenirs. Les preuves éventuelles, écrites notamment, ont été détruites après l'accord passé entre CR7 et la jeune femme début 2010. Surtout, la juridiction qui instruit l'affaire se situe à des milliers de kilomètres du domicile de celui qu'accuse Kathryn Mayorga. La possibilité d'une clause d'extradition, dans le but de faire subir à l'attaquant portugais un interrogatoire, existe, mais elle doit être motivée. Aux États-Unis, celle-ci est valable d'État à

État, mais pas de pays à pays. Sauf si Ronaldo est nommément accusé de crime. Mais dans ce cas, la clause ne peut être unilatérale. Elle nécessitera obligatoirement l'approbation de la justice italienne, et des preuves tangibles. Pas évident. Car même le test ADN que sollicite le LVMPD ne prouverait pas grand-chose. Ronaldo n'a, de fait, jamais nié la relation sexuelle qu'il avait eue ce soir-là avec celle dont Dolores Aveiro dira publiquement qu'elle « n'était quand même pas montée dans la chambre pour jouer aux cartes ». Il conteste en revanche son caractère forcé. D'après l'avocat de Kathryn Mayorga, Leslie Mark Stovall, un mandat d'arrêt sera pourtant soumis par les enquêteurs du LVMPD à Steve Wolfson, district attorney du comté de Clark, une juridiction dont dépend la ville de Las Vegas. Mais ledit procureur refusera d'engager des poursuites.

J'ai expliqué à ma fille à quel point j'étais désolé. Papa allait devoir passer la soirée au bout du portable, pour tenter de comprendre les raisons de ce refus, d'infléchir une décision que je savais cependant irrévocable, et avertir Pascal Ferré, mon rédacteur en chef, de la soudaine volte-face du champion. Ma princesse a souri de toute son indulgence. Et mon boss m'a demandé d'insister. J'ai donc passé les trois heures qui ont suivi à donner une vingtaine de coups de fil, aux mêmes personnes : Ricardo Regufe, l'ami intime et responsable de la communication, m'a expliqué que vu le contexte, il valait mieux surseoir à l'entretien, donner un peu de temps au temps pour dénouer les méandres du bourbier de Vegas et préparer la riposte autrement que par le biais d'un compte Instagram où le joueur incriminé s'était immédiatement fendu d'un lapidaire « *fake news* » en guise de commentaire. J'ai tenté de convaincre Regufe en lui disant que *France Football* ne pouvait lancer, dans la semaine qui allait suivre, la campagne du Ballon d'Or qu'en publiant un QR – questions-réponses – du tenant du titre. Il m'a opposé en retour les éléments d'un avocat qui prépare la défense de son client. Il fallait être prudent, ne pas communiquer à tort et à travers, opposer des arguments convaincants à la plainte de Kathryn Mayorga. On était tellement loin du football…

Au quatrième coup de téléphone de Ricardo, j'ai fini par renoncer. Il était 23 h 55. Entre-temps, j'avais rappelé Jorge Mendes et Onofre Costa, deux personnes influentes de l'entourage de Cristiano, qui m'avaient toutes les deux fait comprendre que mon seul improbable salut n'émanait pas d'eux, mais de Ricardo. Lequel me jurait qu'il n'y était pour rien, que c'était une décision de Cristiano… Une interminable partie de ping-pong où chacun se renvoyait la balle et qu'il était temps d'achever. J'avais parallèlement, à plusieurs reprises, tenu Pascal Ferré informé en live de la teneur des opérations. Mon oreille droite, collée au portable depuis plus de trois heures, brûlait de ces multiples échanges. Le lendemain, je prendrais finalement la voiture en direction du siège du journal, à Boulogne-Billancourt. Pour la première fois de ma carrière, une interview programmée me filait sous le nez au dernier moment.

Dans les heures qui suivirent, je repris mon travail de sape. Mendes s'excusa mille fois. À lui et à Ricardo, je fis comprendre qu'il était impensable, et clairement pas souhaitable pour les chances de Cristiano, que le scrutin d'un Ballon d'Or ne répercute pas dans le mois qui venait la voix de celui qui en détenait les lauriers. Et qu'il fallait réorganiser ma visite à Turin dans les plus brefs délais. Une forme de chantage affectif bien puéril, mais qui a toujours porté ses fruits à l'arrivée. Après bien des palabres, rendez-vous fut ainsi pris pour le vendredi 26 octobre. Juste à temps pour la fin du vote, dont l'issue fatale commençait réellement à se dessiner. Au fond, c'est peut-être pour cela que je n'ai pas accepté l'invitation à dîner de Cristiano. Je pense que je me serais senti coupable de profiter d'une situation dont, au contraire de mon interlocuteur, je maîtrisais tous les paramètres. Intellectuellement, je ne voulais pas le décevoir. Luka Modrić allait gagner, c'était inéluctable. Il ne fallait pas ajouter l'insulte et la vaine promesse à la déception.

Quand CR7 déboule dans la grande salle de réunion vêtu d'un jean et d'un pull bleu marine avec col en V, il flotte, en ce début d'après-midi, un parfum de légèreté, en dépit du contexte Vegas. C'est la première interview que Cristiano donne depuis son arrivée à Turin, en juillet dernier, et depuis la fin de cette Coupe du monde qui a porté l'équipe de France au même firmament que vingt ans plus tôt. La première aussi depuis que le volcan Mayorga a viré à l'éruption. Le lieu de la rencontre est un salon du centre d'entraînement de la Juventus, à quelques centaines de mètres de l'Allianz Stadium, l'écrin où évoluent les Bianconeri. La Juve a mis les petits plats dans les grands et dressé un buffet en prévision de mon arrivée. Il est des clubs et des pays où la bienséance est héréditaire. Le soleil blafard de ce début d'automne teint d'une couleur pastel la *skyline* piémontaise. Derrière les arbres se dessine un fond de toile alpin. Je suis frappé par la douceur de l'air et le calme du moment. Par la nouveauté du cadre également. Je suis à Turin, plus à Madrid. Les repères ont changé, et les interlocuteurs avec eux. Le taxi qui m'emmène à ce rendez-vous, dont je domine désormais presque toutes les émotions qu'il génère, ne parle plus castillan, mais italien. Il est fan de la Juventus ou du Torino, plus du Real ou de l'Atlético. Oui, cela me fait bizarre de retrouver Cristiano dans ce tout nouveau décor, comme si débutait là une nouvelle histoire plus apaisée. Paradoxalement, le stress du début de mois s'est, en effet, largement dilué, même si tout le monde attend impatiemment les premières explications publiques de l'attaquant portugais. Ça y est, je suis à nouveau au pied du mur.

Interroger une vedette sur la pratique de son sport ou la substance de son art n'est pas toujours aussi aisé que le public peut le supposer, même quand on maîtrise le sujet. Mais c'est le sens, voire l'essence, de mon métier. Le soumettre à la question sur une supposée agression sexuelle relève, en revanche, de l'interrogatoire de police. Et je ne suis pas flic. Il va pourtant falloir jouer les inquisiteurs moyenâgeux, mettre des formes à la question que tout le monde a envie de poser, relever le challenge de l'audience, avancer les pions lentement, à la manière d'un Columbo. Un supplice. Là où il y a de la géhenne, je n'ai jamais pris de plaisir. Comme pour l'histoire des Football Leaks il y a deux ans, j'ai pris langue avec les deux personnes en charge de la communication de CR7, Ricardo et Onofre Costa, qui travaille pour la Fédération portugaise, ainsi qu'Enrica Tarchi, la très affable responsable des relations presse de la Juventus. Eux aussi ont bien conscience de la nécessité d'entendre Cristiano s'expliquer. Surtout Onofre, un ancien journaliste, qui maîtrise toutes les subtilités du système. J'ai clairement expliqué à tout ce petit monde que j'allais sonder Cristiano sur les conséquences de la soirée de Las Vegas, pas sur son déroulement, lequel relève des compétences de la justice américaine. Ils savent. Ronaldo aussi, qui a eu le temps de fourbir ses arguments. Il ne me reste plus qu'à planifier le moment où les questions vont jaillir. L'expérience et la proximité feront le reste, j'en suis convaincu. Paradoxalement, je ne suis pas stressé. C'est la huitième fois que je rencontre Cristiano, en face-à-face. Il sait qui je suis, et pour quel magazine je travaille. Il me calcule. Je ne vais évidemment pas l'attaquer bille en tête. Un tel élan se planifie. Il se minute. Il ne s'agit pas de voir le joueur se raidir dès les premiers instants de l'entretien, sous peine de ramer tout le reste des trois quarts d'heure qui me sont impartis. Il ne faut pas, non plus, attendre la dernière salve, qui donnerait à l'épilogue l'âcre goût d'une fin brutale et bâclée. L'affaire Mayorga n'est pas et ne doit pas être l'angle de l'interview. Plutôt un passage obligé où la gravité de la voix va donner à l'expression une certaine solennité.

« Pensez-vous que les accusations récentes en provenance de Las Vegas puissent avoir un impact sur vos chances de gagner le Ballon d'Or ? » Je me suis lancé un peu plus tard que prévu, au terme de la demi-heure. Il fallait juste trouver le bon moment, la bonne accroche. L'entretien d'une superstar nécessite du doigté et de la diplomatie. Cristiano attendait la question depuis un moment, je le devinais à sa gestuelle légèrement agitée et à la façon dont il tenait la petite tasse de café qu'on lui avait servie. Il s'y était préparé, et il lui tardait qu'elle arrive pour se délivrer du fardeau. « Écoutez, je ne vais ni esquiver la question, ni vous mentir. Bien sûr que cette histoire interfère dans ma vie. J'ai une compagne, quatre enfants, une mère qui vieillit, une famille dont je suis très proche. Sans parler de ma réputation, qui est celle de quelqu'un d'exemplaire. » Il a porté tout de suite son propos sur le terrain du clan. Celui où il se veut irréprochable. Comme pour dire : « Franchement, vous me croyez capable de ce dont on m'accuse ? » Sur son visage et dans ses yeux, je lis beaucoup de colère ravalée, de volonté de tout déballer. Dans quelques secondes, il va taper du poing sur la grande table rectangulaire en bois blanc où j'ai posé mon enregistreur. Et continuer à se défendre, telle une bête blessée qui cherche à fuir l'hallali : « Pour tous ceux qui me soutiennent, cette histoire n'est pas sans conséquences. Je suis solide dans ma tête, et je sais quel homme et quel professionnel je suis. Imaginez ce que cela peut représenter quand on dit de vous que vous êtes un violeur. Je sais ce que j'ai fait. Ma famille et les amis savent qui je suis. Mais c'est quand même embarrassant. »

J'ai envie d'avoir sa version des faits, mais je garde la conviction que je ne peux pas m'aventurer sur un terrain destiné aux enquêteurs. Trop hasardeux, trop intime. De toute façon, je sais qu'il esquiverait. Après tout, il n'a pas à me répondre. Alors, je le relance sur la manière dont il vit tout cela. Instinctivement, il se repositionne sur l'échiquier de la famille, celui où il puise sa force et sa légitimité : « J'ai donné des explications à ma compagne. Mon fils, Cristiano Jr, est trop petit pour comprendre. Le pire, c'est pour ma mère et mes sœurs. Elles sont abasourdies et très en colère. C'est la première fois que je les vois dans cet état-là. C'est moi qui suis obligé de les calmer, quand ça devrait être le contraire. Surtout ma mère. Elle est inconsolable. » Dans sa voix, je crois distinguer les trémolos de l'impuissance. Dolores est un sujet que je n'ai jamais vraiment abordé avec lui. Mais je sais ce qu'elle représente et l'image quasi christique que « mère Courage » a de son dernier fils. À cet instant, ce n'est plus le meilleur footballeur de la planète ou l'homme indigné qui se justifie, mais l'enfant torturé qui a failli ne jamais venir au monde. « Je lui ai longuement parlé. Je lui ai dit : "Maman, tu sais quelle personne tu as à la maison. Tu sais comment tu m'as élevé, l'éducation et l'amour que tu m'as donnés." C'est pour elle que je me sens le plus mal. »

J'ose une ultime décharge, presque à blanc, en espérant qu'il me parle de lui, de la profondeur de ses états d'âme, pas de ceux des autres. Cette fois, je m'aventure sur un sol moins intime, celui de la médiatisation et de cette célébrité qu'il a voulu sienne depuis près de vingt ans, et qu'il assume. « Je sais que je suis une des personnes les plus célèbres sur cette planète. Je sais aussi que je fais vendre, que tout ce qu'on dit sur moi en mal est davantage repris et exposé que ce qu'on dit sur moi en bien. Alors, j'encaisse. J'essaye de rester calme. » Il s'interrompt, puis, d'un geste théâtral, me montre son ventre sans relief, pour mieux me prendre à témoin sur l'intensité de la souffrance qu'il endure. « Mais ça reste là, à l'intérieur de moi. » Il a terminé son factum, pour ne pas dire sa plaidoirie – car c'en est une – sur un aveu. Sûrement pas celui de sa culpabilité, mais bien du supplice que ce déballage de boue lui inflige. Il sait qu'il pourra toujours nier, via tous les supports que le monde et la technologie d'aujourd'hui lui procurent, et affirmer, comme il me le balance à la manière d'un Zola en fusion, que « la vérité éclatera au grand jour », rien n'y fera. Même quand la justice des hommes aura rendu son verdict. Celui-ci interviendra d'abord en juillet 2019, lorsque les procureurs laisseront au footballeur le « bénéfice du doute », puis définitivement en octobre 2021, après avoir repoussé le dernier recours de la jeune femme devant la justice fédérale. Depuis, le clan Ronaldo livre une guerre sans merci au *New York Times*, qui souhaite publier les documents consignés par la police de Las Vegas, comme la loi sur les archives publiques de l'État du Nevada l'y autorise, et aux militantes féministes de tout poil. Celles qui, pour le retour de CR7 à Manchester à l'été 2021, ont fait voler un avion au-dessus d'Old Trafford avec une bannière sur laquelle on pouvait lire cette supplique : « *Believe Kathryn Mayorga* » – Croyez Kathryn Mayorga. Cristiano le sait et je peux le lire dans ses yeux : l'affaire Mayorga est et restera son calvaire, la tache sur un costume d'une blancheur affichée, le ver du doute, la chenille de la suspicion. L'instant est pathétique car je le sens perturbé au plus profond de son être. Son regard n'est plus du tout le même qu'une demi-heure auparavant. Une corde sensible a été touchée. Mais laquelle ? Bientôt, l'entretien terminé, il m'invitera à dîner.

Forever young

Cristiano a beau avoir une très haute opinion de lui-même, il n'est pas dupe. Sa lucidité est même son talon d'Achille. Comme le doute, elle le fragilise. Ni avant, ni après cet entretien, le tenant du titre n'a évoqué ce Ballon d'Or 2018 dont le scrutin va bientôt se terminer. Il ne veut, ne peut, vu le contexte, afficher son évidente curiosité et laisse le soin du sondage à ses deux émissaires que sont Ricardo Regufe et Jorge Mendes. Surtout ce dernier, dont les coups de fil sadomasochistes trahissent à la fois une évidente volonté de savoir et une trouille pathologique d'apprendre une mauvaise nouvelle. Les « Mon ami, dis-moi ? », auxquels j'oppose une quasi implacable volonté de ne pas divulguer d'informations, sont ainsi immanquablement suivis d'un « De toute façon, je préfère ne pas être au courant ». Ainsi vont nos relations, empreintes d'une réciproque estime. Quand, début novembre, Mendes m'appelle pour me sonder à nouveau alors que je suis dans un cabinet médical, il ira jusqu'à me téléphoner deux fois quotidiennement dans les jours qui suivront pour s'enquérir de… ma santé.

Le thème phare que j'ai choisi pour réaliser l'interview de ce jour est : le temps qui passe. Cristiano file désormais sur ses trente-quatre ans et il ne rêve que d'une chose : franchir les portes de la postérité en devenant le premier joueur à remporter six Ballons d'Or. Il sait que l'horloge tourne dans le mauvais sens et devine, à l'aune du bilan d'une année qui touche à son terme, qu'il n'a qu'un concurrent pour l'édition 2018. Pas Lionel Messi pour une fois, lequel n'a brillé dans aucune des deux compétitions internationales majeures cette année-là, la Ligue des champions et la Coupe du monde, mais son ancien partenaire au Real, Luka Modrić. Le milieu de terrain croate a, tout comme Ronaldo, remporté la plus prestigieuse des coupes d'Europe le 26 mai à Kiev, face à Liverpool. Et même si l'attaquant portugais est loin d'être passé inaperçu lors du Mondial en Russie, où il a notamment marqué trois buts, dont un coup franc magistral, au cours d'un match exceptionnel d'intensité contre l'Espagne lors de la phase de poules, il n'a pas connu la destinée collective de Modrić, éblouissant leader de son équipe nationale, finaliste de la Coupe du monde. Le Croate n'incarne ni un changement de génération, ni une menace marketing d'envergure. Il est le conscrit de CR7 (ils sont tous les deux nés en 1985), dont il se veut à peu près tout le contraire. Son physique est celui d'un esquif ballotté par les vents, dont on se demande en permanence sur quel rocher il va finir par s'échouer. Quant à sa discrétion de chat, elle n'a d'égale que sa modestie. Au moment où j'arrive à Turin pour rencontrer Cristiano, Modrić s'est déjà vu décerner le titre de meilleur joueur de la saison par l'UEFA, en août, puis par la FIFA, en septembre. La tendance est donc forte et Ronaldo le sait. Lui et son entourage insistent. « Si *France Football* veut se démarquer des instances officielles et prouver son intégrité, c'est le moment : le nom du Ballon d'Or doit être différent de celui de ces deux familles-là. »

C'est pourtant d'autres sons de cloche que j'ai envie d'entendre de celui qui s'autoproclame meilleur joueur de toute l'histoire. Je souhaite le brancher sur son rapport au temps qui s'écoule inexorablement, comme deux cours d'eau vers le confluent de leur destinée, sur cette discipline drastique qu'il s'inflige toujours quotidiennement pour se maintenir au plus haut niveau, et bien sûr sur son changement de territoire de chasse, lui qui aborde en ce début de saison le troisième grand championnat étranger de sa carrière. La mutation, comme l'âge, n'est jamais neutre dans une carrière de sportif. Cristiano est resté six années à Manchester et neuf autres à Madrid, qui correspondent respectivement à sa floraison et à sa plénitude. Il s'est enraciné profondément dans la culture de ces deux grands pays de football que sont l'Angleterre et l'Espagne. Avec l'Italie, un autre challenge se propose à lui. Celui de sa maturité, voire de son crépuscule. Il en est conscient, et mesure à sa juste valeur le degré de difficulté qui l'attend... Mais quelles que soient les raisons, Cristiano n'a jamais eu peur de se remettre en question. Il a l'esprit conquérant et les frontières ne sont pour lui que des barrières à abattre. Il me confie : « Je dois aujourd'hui m'ajuster à mes équipiers, à leur profil tactique et physique, à leurs déplacements sur le terrain, au championnat italien, au pays, à sa langue. Ce n'est pas facile, mais c'est motivant. »

Qu'est-ce qui a pu inciter le meilleur joueur du monde à changer de club à plus de trente-trois ans ? L'argent ? « Je touchais la même chose à Madrid, voire davantage. Et puis franchement, vous croyez que ma motivation réside dans ma fiche de paye ? » Les trophées ? « J'aurais pu demeurer là où j'étais, confortablement, et continuer à gagner des titres dans l'un des plus grands clubs du monde. Mais ça n'était définitivement pas pour moi. » Alors ? Je connais la réponse, pour en avoir discuté avec lui en privé un an plus tôt. Je veux l'entendre la gueuler dans le dictaphone que je lui tends. « La différence, c'est qu'à la Juve, on me désirait vraiment. » Nous y voilà. L'amour, toujours. Et la rancune des passions déçues qui va avec. « Depuis quelque temps, je me disais qu'il serait peut-être temps d'aller voir ailleurs. Je sentais que dans le club – le Real –, on ne me considérait plus comme au début. Surtout le président – Florentino Pérez. Les quatre premières années – autrement dit jusqu'à l'arrivée de Gareth Bale en 2013 –, j'avais la sensation d'être Cristiano Ronaldo. Moins après. Le président me regardait avec des yeux qui n'avaient plus la même signification. Comme si je n'étais plus indispensable. Parfois, je prenais connaissance d'infos où on disait que je demandais à m'en aller. Il y avait un peu de cela, je l'avoue. Mais la vérité, c'était que j'avais l'impression que le président ne me retiendrait pas. Alors, petit à petit, l'idée de partir s'est faite plus concrète. » Visiblement, le divorce n'était pas tout à fait par consentement mutuel…

Cristiano n'est pas casanier. Ses routines obligées font simplement partie intégrante de son métier, à l'instar de cette « éthique de travail » qui rythme sa vie depuis ses débuts professionnels et de « l'entretien » de son corps d'athlète qui lui permet de défier les lois de l'éternité. Quand je lui ai tendu ce dernier mot comme on le fait d'une perche, il s'est soudainement mis à rire, puis à fredonner d'une voix éraillée cette chanson du groupe de techno pop allemand Alphaville : « *Forever young, I want to be forever young...* » Cela l'amuse. « Mais je ne le suis pas, précise-t-il aussitôt. Un jour, ça s'arrêtera. » Cette dernière phrase me choque. J'ai beau avoir vingt-quatre ans de plus que lui, je n'imagine pas un écran de télé sans Cristiano, une pelouse sans ses exploits, comme je n'imaginais pas un parquet de basket sans Michael Jordan. Il y a du Mel Gibson cryogénisé dans l'intemporalité de ce garçon. À cet instant, je mesure l'ampleur du personnage que j'ai en face de moi. YouTube a beau gommer les rides au scalpel de ses vidéos sans âge, j'ai gardé l'âme d'un gamin dont les parents n'ont eu la télé que quand il avait dix ans. Les idoles de ma jeunesse ont toujours été des êtres de chair et d'os, pas des acteurs de pellicule. Je n'imagine pas que les pensionnaires de ma fin de vie professionnelle ne prolongent pas de leur présence physique les plus belles années que mon métier m'a offertes. Il existerait donc un monde sans Cristiano ?

Depuis deux ou trois ans, les suiveurs ont remarqué qu'il allait moins vite. Ses dribbles et ses passements de jambe sont devenus plus rares, moins décisifs, ses envolées moins spectaculaires. Il a perdu un peu de cette explosivité qui le rendait remarquable, de ce punch qui faisait la décision, comme lors de ce raid de soixante mètres face à Fulham, en février 2007 – « C'est le but que je préfère de lui », m'avouera Alex Ferguson. Alors, je lui pose la question, à l'instar d'un médecin généraliste compatissant dans son cabinet. « Vous sentez que votre corps ne répond plus comme avant ? Que vous ne pouvez plus faire les mêmes choses sur le terrain ? » Il marque le temps de la réflexion, comme pour se persuader que ce qu'il va dire est bien estampillé du sceau de la réalité. « D'un certain point de vue, oui. » Le silence qui suit, empreint de nostalgie, nous interpelle tous les deux. Je le regarde, amusé, un peu comme si je voulais lui dire : « Tu te souviens du temps où… ? » Il le remarque, et se reprend : « Sauf que quand on regarde les statistiques, je continue de performer de manière incroyable. Les chiffres ne mentent jamais. Et ils sont bons. Vous savez, l'âge, c'est dans la tête. Je ne sais pas jusqu'à quand je jouerai. C'est l'état d'esprit et le plaisir qui font et qui feront la différence. Là, je suis motivé. Et je savoure le présent. »

Peu d'athlètes ont défié avec succès le défilé des générations : Gordie Howe, l'immense hockeyeur, qui a joué son dernier match de NHL à cinquante-deux ans ; Tom Brady, le légendaire quarterback, vainqueur du Super Bowl à quarante-trois ans ; Kareem Abdul-Jabbar, le meilleur marqueur de l'histoire de la NBA, qui s'est retiré à quarante-deux ans ; Nolan Ryan, le lanceur texan, et ses vingt-sept années dans les Major League Baseball… Et bien entendu Stanley Matthews, le sorcier du dribble, qui termina sa carrière à cinquante ans, en 1965, après avoir été sacré neuf années plus tôt premier Ballon d'Or de l'histoire à l'âge canonique de quarante et un printemps. Cristiano est de cette race des indestructibles. Parce qu'il va à la salle trois ou quatre heures par jour pour entretenir la mécanique, parce qu'il s'invente des challenges à répétition, parce que l'air de la montagne sur laquelle il est installé depuis plus d'une décennie lui offre l'adrénaline de toutes ses convoitises. Parce que, comme il me l'avoue fort justement lui-même, il est « un animal différent, avec un cerveau différent ». Quelques mois auparavant, durant la Coupe du monde 2018, une étude menée sur la base de tests et de performances physiques compilés avait démontré que CR7 possédait le corps d'un joueur de vingt-trois ans. L'observation des datas utilisés pour cette analyse – nombre de sprints, distance parcourue au cours des quatre-vingt-dix minutes d'une rencontre, indice de masse graisseuse, pourcentage de kilomètres parcourus à une vitesse supérieure à 15 et à 25 km/h… – aboutissait à ce résultat ahurissant. Non seulement CR7 possédait un indice de performance athlétique qui le plaçait dans le Top 15 des joueurs ayant disputé la phase finale – plus de six cents au total – mais il avait été également le joueur le plus rapide du tournoi – chronométré à 33,98 km/h contre l'Espagne – avec l'attaquant croate Ante Rebić, né près de neuf ans après lui. Stupéfiant. CR7 serait-il donc l'incarnation de Benjamin Button, le héros de la nouvelle de Scott Fitzgerald ? Un cas avéré du syndrome de Highlander ? *Forever young* ? Au moment de me quitter, il m'objecterait simplement, face à ces éléments dignes d'un roman de science-fiction : « Je ne vis que pour le présent. Le futur, je ne le connais pas. Et je ne le maîtrise pas. »

Neuvième rencontre

23 OCTOBRE 2019

Depuis un an, je ressassais ce dîner raté comme un avant-centre qui, face à un but vide, a expédié le ballon à côté de la cage. Même en relistant toutes les bonnes raisons qui m'avaient exonéré de ce repas avec celui qui était encore le Ballon d'Or en exercice, je n'arrivais pas à me trouver d'excuses. À mon retour, mon épouse en avait rajouté une couche en m'expédiant en pleine face un « Tu lui as dit non ? » dont la signification réelle était « Tu es un parfait crétin ». Passons. J'avais, avant même de redécoller de Turin le vendredi soir, confié à Jorge Mendes la proposition de Cristiano et le pourquoi de ma décision. C'est dire à quel point mon refus m'obsédait. L'agent était déjà au courant et il m'avait consolé, me promettant que la dînette aurait lieu dans les mois qui suivaient, quoi qu'il en coûte. Je savais Mendes homme de parole. Ses engagements avaient valeur d'actes. Mais le doute persistait. Cristiano n'était pas du genre à avoir la mémoire courte. Aurait-il pardonné l'affront que *France Football* lui avait fait en préférant élire un discret milieu de terrain croate plutôt que sa personnelle majesté ? Pas sûr. Il restait également à trouver l'opportunité d'une visite professionnelle à Turin pour justifier ce dîner de gala. Comme toujours, c'est le Ballon d'Or qui me la fournit.

Malheureux à Turin

Comme je le pensais, Cristiano n'avait guère apprécié le triomphe de Modrić en 2018. Ou plutôt sa deuxième place à lui. Il me l'avait fait savoir par ses deux porte-voix officiels, Mendes et Regufe, qui n'avaient eux-mêmes pas du tout compris que les jurés de *France Football* puissent s'aligner sur ceux de l'UEFA et de la FIFA. La victoire de Modrić, qui m'avait permis de perpétuer ma routine madrilène pour réaliser l'interview du vainqueur, avait pourtant été d'une ampleur qui ne souffrait ni la contestation, ni les objections. Ce qui agaçait Cristiano n'était pas tant que le Croate lui ait succédé. Même si celui-ci marquait beaucoup – beaucoup, beaucoup – moins de buts que lui, il avait largement gravé l'année de son empreinte. Non, ce qui crispait CR7, c'était l'occasion ratée de repasser devant Messi au décompte des Ballons d'Or et de devenir le premier joueur à en remporter six. En son for intérieur, l'attaquant portugais avait bien perçu la conséquence de cette opportunité gâchée. L'assujettissement que l'Argentin engendre chez lui avait ressurgi, tel un fantôme. Le stress avait crispé ses mâchoires et figé son visage, comme si le poids d'un lendemain qu'il devinait inéluctable allait venir le hanter avant que ne sonne le carillon de minuit.

Sa première saison à Turin n'avait pas été tout à fait satisfaisante, en dépit des deux titres remportés – le championnat et la Supercoupe d'Italie – et des vingt-huit buts de l'intéressé. La Juve avait été sortie en quart de finale de deux compétitions, soit en Coupe d'Italie et surtout en Ligue des champions par un formidable Ajax d'Amsterdam, émanation directe de celui des années 1970, quand Johan Cruyff et Rinus Michels avaient converti l'Europe au football total. Cristiano avait eu beau renverser le sort de la confrontation contre l'Atlético de Madrid en huitième de finale, en inscrivant un triplé au match retour, et réussir les deux buts de la Juventus face à l'Ajax – un à Amsterdam, un à Turin – au tour suivant, son équipe s'était arrêtée trop loin du terme du voyage pour espérer impacter les esprits. Massimiliano Allegri, l'entraîneur à l'élégance prononcée, l'avait payé de sa place durant l'été, remplacé par Maurizio Sarri, un ancien employé de banque napolitain aux dents jaunies par des années de tabac. Cristiano n'était pas dupe. Il savait que cette ascension avortée sonnait le glas de ses ambitions dans la course au Ballon d'Or 2019, même si la bouleversante victoire de Liverpool en demi-finale de la Ligue des champions face au fébrile FC Barcelone de Messi lui avait redonné un brin d'espoir. Le succès d'un collectif comme celui des Reds est toujours moins évident à récompenser au moment des votes. Et cela, CR7 le savait.

Lui-même avait eu la sensation du vide durant cette saison, désormais écoulée. La plus prestigieuse des coupes d'Europe, dont il avait fait son bâton de maréchal, lui avait échappé pour la deuxième fois seulement en six ans. Surtout, la Série A, le championnat d'Italie, était moins visible sur les écrans internationaux que cette Liga espagnole à laquelle le Real et le Barça offrent une vitrine magistrale. Finis les épiques « *clásicos* » au Camp Nou ou au Bernabéu ; oubliées les confrontations frontales avec Messi, qui faisaient saliver tous les continents. Ronaldo avait lui-même replié l'écran de ses exploits et il était orphelin de cette belligérance, condamné à sur-performer dans une quasi-obscurité pour repositionner sur lui les lumières de la limpidité. La « Vieille Dame » turinoise a beau être une duchesse de l'Europe, elle a du mal à charrier la gloire de son passé prestigieux. Très vite, Cristiano s'est senti à l'étroit dans l'ancienne capitale des États de Savoie, surtout sur le plan des ambitions. La ville était trop petite pour lui, trop conservatrice. Il était venu la gloutonnerie aux lèvres, revendiquant une envie affirmée de remporter la Ligue des champions sous le maillot blanc et noir. Ce nouveau challenge dans son troisième club étranger poserait le socle d'un nouveau Ballon d'Or, il en était convaincu. Son nouveau plan de carrière s'imposait comme une évidence. Il s'aperçut assez vite que la barre était placée très haut. Trop haut. La Juve écrasait certes le championnat italien, qu'elle allait remporter sept fois de suite. Elle avait également atteint récemment à deux reprises la finale de la Ligue des champions, en 2015 et en 2017, la dernière face au Real de Cristiano. Malgré cela, un plafond de verre semblait obstruer son cheminement vers le septième ciel. Prétentieusement, comme le font toujours les grands joueurs, Ronaldo avait pensé qu'il constituerait le déclic, qu'il serait la mèche qui manquait encore à ce baril de poudre pour exploser. Après tout, il avait permis à Manchester United d'abord et au Real Madrid ensuite de redevenir des géants du continent après des années de disette. C'était oublier que, dans les deux cas, l'ascension vers la stratosphère avait pris exactement cinq ans à partir de sa date d'arrivée.

Le problème, cette fois, était que Cristiano n'était plus un jeune adulte en mal de gloire. La trentaine largement entamée, il n'avait plus le temps d'attendre. Le luxe de la jeunesse est de pouvoir repousser au lendemain les conséquences de ses échecs, et de les contempler avec les yeux de la pérennité. Lui était désormais aussi riche de ses exploits passés que démuni face à ses lendemains de disgrâce qui le rapprochaient un peu plus de la ligne d'horizon. La Vieille Dame turinoise lui avait fait prendre conscience de sa propre mortalité. Il n'était pas heureux à Turin. Un an plus tôt, il m'avait confié qu'il avait besoin « d'adrénaline et de stimulation ». Mais aujourd'hui, son langage corporel sur le terrain traduisait un agacement profond et un évident malaise. Le goniomètre de ses équipiers n'affichait pas la même amplitude et les préceptes de son entraîneur, Max Allegri, lui paraissaient dictés par la seule volonté de se maintenir à son poste. Sarri lui avait bien succédé en juin, mais, comme il allait me l'avouer lors de la mémorable soirée qui allait suivre, ce dernier « n'était pas un entraîneur de la Juve ».

Cette phrase avait titillé ma curiosité. Pourquoi, c'était quoi un entraîneur de la Juve ? Un noble de la profession ? Un gentleman en costume ? Un Marcello Lippi, un Carlo Ancelotti ? Un mélange des deux ? Cristiano n'était jamais aussi bavard que lorsque les vents lui étaient contraires. Il se livrait alors sans calculer, déballant son malaise pour mieux justifier sa relative indigence sur le terrain. Ce soir, Sarri en serait un des boucs émissaires. Oui, le technicien était mal rasé, mal habillé et fumait trois paquets de cigarettes par jour. Quand il ouvrait la bouche, l'impression d'inhaler l'odeur d'un cendrier froid incommodait son interlocuteur. Paradoxalement, le rustique Napolitain trouvait cependant grâce aux yeux de CR7 sur le plan tactique. Allegri avait peur de déplaire aux dirigeants. Il était frileux, indécis. « Tu ne savais jamais vraiment ce qu'il attendait de toi. Sarri est plus précis et audacieux. Il ne craint pas de changer ses plans de jeu. Il a ses convictions, mais n'hésite pas à se remettre en question. » À le regarder dîner avec son staff à la table d'à côté, fringué en mendigot, le nouveau technicien de la Juve rasé à la Gainsbourg paraissait en effet davantage focalisé sur son métier que sur son apparence, celle qui importe tellement à CR7.

Si Messi gagne…

La soirée était plaisante. Elle avait été orchestrée de main de maître par Jorge Mendes et le propriétaire des lieux, Andrea Agnelli. Comme tous les ans à la même époque, je devais réaliser l'interview de Cristiano dans le cadre de la campagne du Ballon d'Or, que *France Football* souhaitait évidemment prestigieuse. La règle tacite était toujours de convier les meilleurs joueurs de la planète foot à la confession, et Ronaldo s'y prêtait de bonne grâce année après année, même quand il savait ses chances de la minceur d'un fil. Ce qui était le cas cette année. Il avait non seulement accepté l'entretien traditionnel, le mercredi 23 octobre à la sortie du décrassage matinal, mais également le principe d'un repas nocturne, la veille, à l'issue de la rencontre de Ligue des champions disputée à domicile face au Lokomotiv Moscou. Un match pas facile pour la Juve, que j'allais suivre dans une loge de l'Allianz Stadium affrétée par Jorge Mendes, non loin de la turbulente et expressive famille Rabiot et aux côtés de Florian Maurice, alors en charge du recrutement de l'Olympique Lyonnais. Longtemps menés, les Turinois avaient renversé la vapeur grâce à deux coups d'éclat de l'Argentin Dybala, le pyromane de la soirée. Comme souvent en cette période de scrutin, Cristiano avait paru nerveux, emprunté et irrité par ses propres errements, comme si sa volonté de briller subissait le joug d'un carcan mental. Il avait beaucoup gâché, énormément grogné, et c'est un CR7 contrit qui s'asseyait en face de moi sur le coup de 23 h 50 autour d'une table aux convives prestigieux.

Mendes et la Juve avaient mis les petits plats dans les grands. Après la rencontre, à l'intérieur d'un van noir aux vitres opaques, le chauffeur de l'agent avait défié les bouchons de sortie de stade pour nous conduire au J Hotel, le flambant neuf établissement au design moderne et épuré, propriété du club turinois, éloigné de quelques centaines de mètres seulement de l'enceinte sportive. Andrea Agnelli, reconverti en portier d'occasion, nous y attendait. Sourire franc, barbe de trois jours, tenue élégamment décontractée – on n'est pas en Italie par hasard –, le flamboyant héritier de la FIAT et propriétaire de la Juve nous avait ouvert la porte de service et conduits à la grande salle de réception où s'attardaient déjà Pavel Nedved, ancien Ballon d'Or et désormais dirigeant de la Juventus, Gianluigi Buffon, l'inexorable gardien de but à la prestance casanovienne, la très sobrement distinguée compagne d'Agnelli, et les communicants de Cristiano, parmi lesquels un nouveau venu, Rui Pedro Braz. Braz était à l'époque un journaliste de télé, proche de CR7 et très influent au Portugal. Il préside désormais aux destinées du plus grand club du pays, Benfica. Quelques heures plus tôt, j'avais fait sa connaissance dans un salon du Palace Hotel, où Mendes m'avait fixé rendez-vous pour un *afternoon tea* avant de partir en direction de l'Allianz Stadium vers 18 heures. Fraîchement nommé chef de presse de la FIFA, Onofre Costa avait délaissé sa mission auprès de Cristiano. Par un jeu de chaises musicales, Braz occupait la place laissée vide. Mais sa fonction, moins protocolaire, était davantage celle d'un attaché de presse personnel que d'un chargé de com. Dans les quarante-huit heures suivant notre rencontre, il allait m'envoyer une volée d'informations susceptibles de sublimer le panégyrique de Cristiano, donc d'accroître ses chances pour le Ballon d'Or 2019, où Messi et le défenseur néerlandais de Liverpool Virgil van Dijk faisaient figure de favoris. Il s'agissait en cette occurrence de statistiques concernant des records, récemment battus ou en passe de l'être par CR7 : premier joueur à marquer trente buts ou plus treize années de suite, premier aussi à remporter les championnats anglais, espagnol et italien, premier encore à atteindre le cap des cent victoires en Ligue des champions… Un inventaire à seize composantes, qui valait simplement pour l'année 2019. L'attaquant portugais n'en finissait décidément plus de faire bouger les balises de l'histoire.

L'arrivée de Braz dans le giron communiquant de CR7 n'était pas un hasard. Il correspondait à une volonté de remettre l'attaquant en scène après son échec au Ballon d'Or un an plus tôt. Tout le monde, et l'intéressé en premier, avait bien compris que son départ pour l'Italie constituait un coup d'arrêt à l'international sur le plan cathodique. Cristiano n'était pas devenu invisible, mais certainement moins visible. Les chaînes payantes, et pas forcément les plus suivies, ne relayaient plus qu'une partie de ses exploits. La plus spectaculaire, mais aussi la plus succincte. Son exposition était moins marquée, moins marquante. Moins prestigieuse aussi. La Serie A ne possédait plus le lustre qui fit d'elle, durant la décennie 1980, le meilleur championnat du monde. Ses grands clubs, la Juve, l'Inter, le Milan AC, la Roma, ne frayaient plus avec le gratin européen et les joueurs vedettes lui préféraient désormais la Premier League et la Liga.

Il fallait donc redonner un élan médiatique au plus grand footballeur lusitanien de tous les temps. Impulser une dynamique nouvelle, comme ce pays aux marges de l'Europe méridionale a toujours su si bien le faire au fil des siècles pour exister. Si, par sa superficie, sa géographie et son économie, le Portugal n'a pas l'empreinte d'un géant, il a su s'imposer à nouveau comme un inévitable protagoniste de la scène footballistique depuis l'avènement de CR7. L'effet Ronaldo, auquel on associera l'impact Mourinho, a fait boule de neige à l'aube de ce siècle, générant l'influence de Mendes, leur agent commun, et l'émergence d'une diaspora qui va bien au-delà des terrains. À l'époque où je vais réaliser cet entretien, le Portugal est champion d'Europe. Onofre Costa est devenu chef de presse de la FIFA et Pedro Pinto, également ancien journaliste et portugais, occupe la même position à l'UEFA, les deux instances les plus influentes du football mondial. Fernando Gomes da Silva est vice-président de l'UEFA et membre du comité exécutif de la FIFA. Stratégiquement, le Portugal s'est positionné sur tous les terrains, des pelouses aux bancs de touche en passant par les bureaux, et même les amphithéâtres puisque des cours de management pour les cadres du football sont dispensés dans des universités locales. Ce n'est pas une nébuleuse que Cristiano a directement enfantée, mais un authentique monstre marin dont les gigantesques tentacules enceignent désormais le monde du ballon rond de toute leur puissance.

Le repas était d'une convivialité extrême. Cristiano se détendait à mesure que la soirée avançait. Le vin rouge aux tons rubis, dont il se délectait chichement, dissipait doucement l'enivrante frustration de ne pas avoir marqué face à Moscou. Autour de la table, Mendes racontait une des histoires drôles qu'il affectionne sur l'héliotropisme de la riante cité de Manchester, qui font mourir de rire tous les convives. L'agent aurait pu faire une carrière d'amuseur ou de comédien tant il met de la formule et de la conviction dans ses envolées. Il était 2 heures du matin passées quand les chaises ont commencé à bouger. Parmi la quinzaine d'invités, chacun allait d'un bout de la table à l'autre. Et se rapprochaient de celui que la distance et les pastas, dont les assiettes vides reflétaient l'excellence engloutie, l'avaient empêché de tutoyer dans les yeux au cours des deux heures qui avaient précédé. C'est à ce moment précis que je passai de l'autre côté de l'immense meuble sur pieds pour m'entretenir plus intimement avec celui que j'allais très officiellement interviewer moins de douze heures plus tard. Le moment d'intimité que j'attendais depuis douze mois se profilait enfin. Je m'assis donc naturellement à la droite de Cristiano. Personne autour. Était-ce par lassitude ou par courtoisie, toujours est-il que la garde rapprochée des communicants avait relâché son étreinte.

« Comment tu te sens ? » D'une question au ton plaintif et à la banalité absolue, j'avais amorcé la conversation, bien décidé à faire des paroles de Cristiano mon dessert du jour. Le tiramisu ne m'avait pas calé. Le sujet, pas vraiment définissable, se voulait vaste. Ses limites englobaient la rencontre de Coupe d'Europe du soir, le foot en général, la vie, la mort, l'éternité… Jamais, évidemment, je n'aurais abordé un entretien de cette façon. En service, la familiarité est proscrite. Je n'attendais pas forcément qu'il me déballe tout ce qu'il avait sur le cœur, que je savais gros. Mendes m'avait relayé son traumatisme. Il attaqua donc sur un « Comment avez-vous pu donner le Ballon d'Or à Modrić ? » qui avait le mérite de crever d'entrée un abcès visiblement purulent et vieux d'une année. Je lui rappelai donc les règles : près de deux cents jurés internationaux, une voix par pays, et une volonté de la rédaction de *France Football* de ne pas influer sur l'opinion de chacun des votants. Il savait tout cela, bien entendu, intellectuellement parlant. « Mais le mec des Caraïbes qui voit trois matchs européens par an, il fait comment pour voter ? » L'argument était imparable. Et j'eus beau lui expliquer que les jurés étaient des journalistes sportifs chevronnés que nous avions soigneusement triés sur le volet, sa moue perplexe m'indiqua qu'il n'avalerait pas ce qui n'était pas totalement un mensonge.

La conversation bifurqua rapidement sur son mal-être du moment. Cristiano n'était pas heureux à Turin, et je le savais. Il ne l'avouerait pas en ces termes, mais il suffisait de l'écouter râler pour s'en convaincre. Comme trois ans plus tôt dans le restaurant madrilène, le Cristiano ronchon était de retour. Et dans ces cas-là, personne ou presque ne trouvait grâce à ses yeux. Et surtout pas Maurizio Sarri, qui avait déboulé dans la salle de restaurant à 1 heure du matin dans un survêtement bleu marine froissé. Sur le plan du look, CR7 avait raison : Sarri n'avait rien d'un entraîneur de la Juve.

Cristiano n'avait pas accroché avec l'industrielle cité piémontaise, et encore moins avec le Calcio. Quelques minutes avant de passer à table, il avait d'ailleurs lâché une petite bombe qui m'avait mis en appétit autant qu'un plat d'antipasti. Il n'est parfois besoin que d'une graine minuscule ou d'une interrogation faussement anodine pour voir fleurir une parcelle que l'on pensait aride. Celle-là était agrémentée du plus beau des sourires, et avait l'apparence d'une authentique invitation, même si elle revêtait la parure d'un teasing un peu vachard : « Alors Cristiano, quand est-ce qu'on te voit à Paris ? » Je savais que Ronaldo aimait la capitale. Et qu'il s'y déplaçait parfois sur ses jours de repos, incognito. Surtout, j'étais certain qu'il rêvait qu'on l'y convoque à nouveau, pour recevoir un sixième Ballon d'Or. Sa réponse résonna comme une promesse, mais pas dans le sens où je l'attendais : « La porte est ouverte. » C'était dit. Et j'avais bien conscience que la structure boisée qu'il évoquait à cet instant ne faisait pas référence à celle d'un quelconque établissement étoilé Michelin où nous l'aurions convié, mais bien à la grande entrée du 24 rue du Commandant-Guilbaud, siège du Paris Saint-Germain. Je m'engouffrai dans l'embrasure. Il insista : « Rien qu'avec les Portugais de la région parisienne, le club pourrait remplir le stade. Je me vois bien au Parc des Princes, devant cinquante mille Portugais. Ce serait génial. » Ce n'était plus une chimère mais une offre de service. Si Nasser al-Khelaïfi avait été dans la salle ce soir-là, il n'aurait eu qu'un morceau de papier à lui tendre pour faire de lui un attaquant du PSG. C'était trop facile, presque irréel. Durant cinq minutes, CR7 me vanta ainsi les charmes du club parisien comme probablement aucun de ses dirigeants n'aurait su le faire. Tout le catalogue y était. Paris était riche, Paris avait de l'ambition, Paris avait Neymar et Mbappé, deux joueurs qu'il adorait. Paris avait été témoin de son sacre avec le Portugal, en 2016. Paris le comprendrait mieux que n'importe qui, Paris le ferait scintiller plus qu'aucune de ses lumières. Et Paris lui offrirait forcément un nouveau Ballon d'Or. Dans la salle du restaurant Tàola, domaine du club turinois, CR7 déclamait à haute voix sa vibrante lettre d'amour pour le PSG, sans crainte que ses paroles interpellent son voisin. À dix mètres de là, Andrea Agnelli, le big boss de la Juve, venait de convier ses hôtes à s'asseoir.

Le repas n'avait pas comblé sa gentille irascibilité quand je vins me positionner à ses côtés, l'estomac rempli. La fatigue se lisait sur ses traits émaciés. Il était las, et pas seulement parce que les footballeurs moscovites l'avaient muselé en « parquant le bus devant leur but », ainsi qu'il me le confia l'air passablement agacé. Le joueur ne se sentait pas à l'aise dans ce football trop restrictif en espaces pour lui, comme il l'avait été pour Thierry Henry une vingtaine d'années plus tôt. L'Italie a toujours privilégié les tacticiens serviteurs du collectif davantage que les buteurs ou les illusionnistes – à l'exception de Maradona – et la Juventus les caractères discrets et fédérateurs, Platini et Zidane inclus. Mais que diable venait faire CR7 dans cette galère ?

Derrière le frustré, demeurait cependant le compétiteur. En attendant de satisfaire sa tentation parisienne, Cristiano continuait donc à bosser sans relâche, ainsi que ce professionnel exemplaire le faisait depuis bientôt deux décennies, concentrant ses efforts sur cet aspect psychologique dont il m'avait, jusqu'alors, assez peu parlé. Son verre de vin à la main, il rouvrit le livre de la confession : « Je travaille de plus en plus en faisant du yoga et de la méditation. Ça me fait un bien fou. Je viens aussi de découvrir la neuroacoustique, une science qui étudie l'effet des sons en 3D sur notre cerveau. C'est passionnant. Il est prouvé que ça aide à gérer le stress, la concentration et à développer la créativité ! Tu travailles sur des sons primordiaux, universels, comme la respiration et le bruit du cœur… » Il s'interrompit, comme s'il en avait déjà trop dit. Je le regardai, bluffé. Jusqu'où ce garçon était-il prêt à aller pour transcender le cadre de ses performances, déjà exceptionnelles ? Ce n'était plus Cristiano Ronaldo que j'avais en face de moi, c'était Steve Austin, l'homme qui valait trois milliards. Un homme pas tout à fait bionique, mais dont la structure et la culture de l'accomplissement échappaient au commun des mortels. CR7 était une éponge, prêt à absorber tous les préceptes et les spiritualités les plus innovantes pour augmenter d'un segment la crête de ses exploits. Quelques heures plus tard, installé devant un micro, il me confierait qu'il voulait apprendre des meilleurs, y compris des prix Nobel, dans quelque domaine que ce soit. Et que cette soif de connaissance allait bien au-delà d'un simple aboutissement dans le domaine sportif. « Il y a quatre ou cinq ans, quand je suis devenu père, j'ai réalisé que j'avais fait une grosse erreur quand j'étais jeune : je n'aimais pas l'école et je n'ai pas appris ce que j'aurais dû apprendre. Aujourd'hui, j'ai envie d'être plus instruit, de m'éduquer, de lire des bouquins sur la médecine, sur le yoga. Je regarde beaucoup de documentaires sur les maîtres de cette discipline, et sur ceux qui enseignent la méditation, que je pratique presque quotidiennement, à raison de quinze à vingt minutes par jour. Ça me permet de me calmer, de domestiquer mon stress, d'être plus serein. Tout le monde a besoin de ça... »

Les minutes défilaient sur le cadran de ma montre. Bientôt 3 heures du matin. Le compte à rebours avait commencé à égrainer les précieux instants de confidences quand la conversation s'attarda sur le sujet du moment, en tout cas celui qui m'amenait à nouveau dans le Piémont : le Ballon d'Or 2019. Cristiano n'était pas du genre à me vanter ses mérites comme un camelot au marché, ni même à me convaincre formellement de sa stature. Il laissait ce soin à sa « *communication team* », parfaitement rodée. Le plus curieux était d'ailleurs que quiconque ait encore besoin de m'imposer ce genre de démarche commerciale rébarbative. Mais il y avait constamment chez CR7 et son entourage ce besoin d'expliquer, de démontrer, de persuader, qui ne reflétait au fond qu'une chose : leur doute. Ce doute insidieux et envahissant qui portait un nom propre : Lionel Messi. « L'autre mec », comme disait Mendes. Cristiano respectait ce que faisait Messi. Du fin fond de sa probité, je suis même certain qu'il l'admirait. Et c'est sans doute pour cela qu'il détestait non le joueur, mais l'homme. « C'est tellement facile de rester dans sa bulle quand on a du succès, me lança-t-il soudain, sans jamais nommer la personne qui animait son ressentiment. De ne pas sortir de sa zone de confort, comme je l'ai toujours fait. Regarde-moi, j'ai osé venir à Turin, changer de club, de championnat, de culture foot. Je me suis mis en danger. J'ai pris ce risque qui m'a, j'en suis certain, fait perdre le Ballon d'Or l'année dernière. Je ne regrette rien, mais... » La conjonction l'avait trahi. Ce « mais » signifiait évidemment que oui, bien sûr, il regrettait ! Cristiano aurait pu rester à Madrid, dans une équipe toute à son service, ou presque. Sauf qu'à la différence de Messi à Barcelone, lui ne se sentait plus à sa place au Real. Il ne s'y sentait plus légitime. L'Argentin était chez lui au Barça, établi et intégré dans cette Catalogne qui l'avait recueilli. Il y était arrivé à treize ans. Il y avait ses repères, ses amis, sa cour. Ses trois fils y étaient nés, ils y avaient grandi. Le club était à ses pieds et lui déroulait un tapis toujours plus rouge chaque année qui passait. Au Real Madrid, Ronaldo ne jouirait jamais de la même considération, du même amour. Quoi qu'il puisse faire.

Je décidai alors, sans doute pour aller le chercher dans ses ultimes retranchements, de lui raconter ma première rencontre avec Messi, et cette visite dans sa villa de Castelldefels. C'était un lundi soir venté et pluvieux de la fin du mois de novembre 2009. Avec quatre autres journalistes de la rédaction de *France Football*, nous étions venus annoncer au prodige argentin qu'il serait le prochain Ballon d'Or. Une grande première pour lui. L'attaquant du Barça avait été prévenu de notre visite. On ne débarque pas chez un joueur de ce calibre avec un pack de six à la main pour se taper l'incruste un soir de spleen. Son père et son agent de communication l'avaient donc mis au courant de l'arrivée de la délégation *FF*, aux alentours de 19 h 30. Dans la pénombre d'un hiver qui s'annonçait, nous avions franchi le portail de la vaste demeure, faiblement éclairée, dans un quartier ultra-protégé et sécurisé. Big Brother veillait, discrètement. Au loin, Barcelone éclairait un horizon noirci par la nuit. Messi nous attendait derrière la porte majestueuse, dans une tenue du dimanche matin. La télé, allumée, signifiait que le joueur venait de mettre en pause la partie de PlayStation qu'il s'imposait à ses heures de loisir. La paternité n'avait pas encore impacté l'aspect domestique de sa vie harmonieuse, et son addiction à la console reflétait plutôt bien le rythme de ses soirées et la psychologie de ses vingt-deux ans. Antonella, sa compagne de toujours, faisait bloc à ses côtés. À mon grand étonnement, Messi avait paru surpris de cette cérémonieuse visite. L'avait-il oubliée ? Quand, un an plus tôt, et pour le même motif, Cristiano Ronaldo avait reçu l'aréopage de *France Football* autour d'un fastueux dîner aux chandelles avec champagne au frais, l'Argentin nous regarda béatement. Il nous toisa. Vous êtes ? Ah oui, c'est ça, le Ballon d'Or !

Messi n'avait visiblement guère prévu de fêter dès ce soir un triomphe qui ne serait formellement validé que le dimanche suivant sur le plateau de l'émission *Téléfoot*. En tout cas, pas en notre compagnie. Presque paniqué, pour ne pas dire gêné, il s'enquit soudain de notre éventuel appétit. Fonçant vers son congélateur, il entreprit un inventaire rapide des bacs et nous proposa aimablement de faire réchauffer des pizzas surgelées, à la bonne franquette, comme on le fait entre potes. Avant de poser sur la vaste table du salon des canettes de Sprite et des cacahuètes, en attendant que lesdites pizzas les rejoignent au grand banquet du Ballon d'Or. Il était tard, mais la scène que je décrivais fit beaucoup sourire Cristiano. « Du Sprite et des pizzas ? Ah quand même ! » Sa bouche se farda d'une moue réprobatrice et muette, qui signifiait un truc du genre : « Aucune classe, le mec. » Au fond, c'est bien ce qui gênait CR7. Il pensait que Messi était un très grand joueur, mais que l'homme était à des années-lumière de sa prestance à lui, de sa distinction majestueuse, de sa superbe aura. L'Argentin était d'une autre race, un talent inné mais renfermé sur son propre génie. Le virtuose n'avait pas eu besoin de cultiver son image, ni de redonner au monde un peu de la gratitude dont celui-ci l'habillait généreusement. Pour réussir, Messi n'avait même pas eu besoin de travailler, même pas eu besoin de courir, même pas eu besoin de convaincre. Et c'est précisément cela qui énervait prodigieusement Cristiano Ronaldo. Pourquoi lui ? Et pourquoi pas moi ?

Je sentais la sève monter. Mais je fus quand même stupéfait quand il m'asséna cette impitoyable sentence, toute droite émanation de son atavique ressentiment : « Si Messi gagne le Ballon d'Or cette année, j'arrête le football ! » La charge était aussi surprenante que violente. Instinctivement, elle se voulait menace dissuasive et recelait toute l'aversion que lui inspire celui sans qui il aurait régné, sans partage et sans ambages, sur le royaume des manchots, ainsi que l'on surnomme le monde du football. Cette diatribe signifiait surtout qu'une victoire de l'Argentin lui était proprement insupportable. Elle mettrait fin à cet espoir, omniprésent chez lui, de le dépasser au palmarès du Ballon d'Or. De le surclasser. Et même de le rabaisser, ne fût-ce que l'espace d'une année. La toute-puissance de Messi le hérissait donc au point de jeter l'éponge. Plus jamais ça. Cristiano en avait assez de l'ombre tutélaire que lui infligeait, depuis tellement d'années, le 1,69 mètre de Messi. Assez de voir le phénix renaître de ses cendres. C'est bien cela que cette phrase, lourde de sens, révélait. Elle résonnait comme un témoignage d'impuissance. Non, il ne fallait pas la prendre au premier degré et annoncer dès le lendemain sa retraite prochaine. CR7 était lui-même un irréductible. Il ne déposerait jamais les armes. Il en avait simplement marre. Un ras-le-bol passager, mais un ras-le-bol quand même. C'était la première et dernière fois que je le verrais dans cet état d'impuissance. Quand je le quittai cette nuit-là, sur le coup de 3 h 30, je me dis que j'avais bien fait d'attendre une année de plus. Je lui rappelai d'un opportun « à tout à l'heure » notre rendez-vous du début d'après-midi, et pris un taxi en direction de mon hôtel, dans un Turin déserté de sa circulation. Lui me répondit « à tout à l'heure », et rejoignit en voiture son domicile pour s'infliger une séance de cryothérapie. On ne se refait pas.

Michael Jordan, le modèle

Gabriella Ravizzotti était la nouvelle responsable de presse de la Juventus. Elle avait remplacé Enrica, partie rejoindre le pool d'un autre célèbre agent de joueurs basé à Monaco. C'est donc Gabriella qui m'accueillit sur le coup de midi au centre d'entraînement de la Juve, lequel jouxtait l'hôtel où j'avais passé une bonne partie de la nuit à m'entretenir avec Cristiano. Celle-ci avait été très courte. Bien que je fusse écrasé de fatigue, j'avais toujours du mal à m'endormir avant une interview programmée le lendemain. Le fait d'être déjà dans la ville où elle se déroulerait n'y changeait rien. Aucun somnifère ne peut dompter le stress. Je me souviens ainsi avoir fait nuit blanche à l'hôtel Marriott de Liverpool avant de retrouver Luis Suárez aux aurores au centre d'entraînement des Reds, à Melwood. Quel que fût le joueur ou l'entraîneur, je ressassais à volonté les questions que j'allais lui poser. Leur pertinence, leur profondeur, l'écho qu'elles pourraient générer aux oreilles de personnages peu habitués aux contrariétés. Le fait de poser lesdites questions dans une langue étrangère et avec un accent forcément différent de celui de mon interlocuteur m'interpellait également sur la justesse parfaite ou la sonorité de mon propos. Une mauvaise question entraînerait une mauvaise réponse. Alors je m'exerçais à leur prononciation. Un entretien pouvait se jouer sur une phrase incomprise ou un mot mal entendu. Dans le cas présent, je remâchais dans ma tête ce qui m'avait été rapporté par Cristiano quelques heures plus tôt. De fait, j'avais l'impression d'avoir déjà accompli ma mission. D'avoir fait l'interview avant l'interview, comme un footballeur peut faire le match dans sa tête la nuit précédant une rencontre importante. Jamais bon signe. Qu'aurais-je à entendre de plus puissant en guise de *punchline* que ce « si Messi gagne le Ballon d'Or, j'arrête le football » ? Assurément rien. Il me fallait donc trouver un angle d'attaque différent pour l'aborder, sachant que jamais il ne me répéterait cette phrase concédée un soir d'agapes.

C'est d'ailleurs un tout autre animal que je retrouvai sur le coup de 13 heures. Le blues des petites heures s'était rapidement dissipé, laissant place à un Cristiano reconquérant, ce portrait qu'il veut afficher à visage découvert. J'appréciais encore plus d'avoir, quelques heures plus tôt, approché un homme blessé et chancelant dans son esprit tellement cartésien. Mais cette nuit-là avait vécu. En cette après-midi ensoleillée, le fantastique compétiteur, l'athlète, venait supplanter l'homme et ses meurtrissures. Il m'annonça aussitôt qu'il s'était réveillé à 10 heures. Qu'il avait pris son petit-déjeuner, puis passé du temps au gymnase avant de venir s'entretenir avec moi, cette fois de manière plus conventionnelle. Toujours cette même discipline que rien n'altérera jamais.

Au cours de la soirée, un thème nouveau de mon questionnaire m'était venu à l'esprit. Cristiano a ceci de fascinant qu'il est d'une intarissable curiosité et d'une prodigalité verbale qui ferait s'extasier un orateur du Speakers' Corner de Hyde Park. Encore faut-il que le sujet que vous abordez l'intéresse. À chaque rencontre, je me renseignais donc auprès de ses proches pour connaître ses tendances du moment, ses appétences, ses lubies, ses humeurs. Je savais ainsi, avant même d'en discuter longuement avec lui quelques heures auparavant, que Cristiano vouait une admiration sans bornes à Michael Jordan, le plus grand basketteur de tous les temps, que j'avais moi-même côtoyé très fréquemment tout au long des années 1990. Ma légitimité sur le sujet l'avait d'abord intrigué. Alors comme ça, je connaissais vraiment Jordan ? Je lui avouai que j'avais été correspondant du journal *L'Équipe* aux États-Unis entre 1992 et 1995, à l'époque de la Dream Team des Jeux olympiques de Barcelone et des intraitables Chicago Bulls. De retour à Paris, j'avais ensuite couvert la NBA pour le quotidien sportif jusqu'à la fin du siècle, et même le début du suivant. Le destin m'avait servi au-delà de toutes mes espérances. Sarasota, le petit paradis floridien où je résidais, servait de base au camp d'entraînement des Chicago White Sox, la franchise qui accueillit Jordan en son sein quand ce dernier décida, quelques mois après la mort dramatique de son père, d'arrêter le basket puis d'entreprendre une carrière dans le baseball professionnel. Pendant un mois que durait la préparation, j'eus Jordan sous les yeux quotidiennement, y compris en dehors des séances techniques matinales et des matchs du soir. Jordan résidait en effet dans une villa de cette petite cité balnéaire, et ses dégagements nocturnes étaient souvent le centre des discussions du lendemain avec mes confrères, notamment ceux de la presse locale. Par une superbe après-midi, le 4 mars 1994, je fus ainsi, parmi la centaine d'accrédités dans une tribune de presse étendue jusqu'aux gradins, le seul journaliste non américain à assister aux débuts de « Mike » dans son nouveau sport face aux Texas Rangers, un club dont le propriétaire était un certain George W. Bush.

À travers Cristiano Ronaldo, je revoyais souvent les attitudes et les aptitudes de Michael Jordan. Ceux-là étaient incontestablement jumeaux jusque dans le mimétisme de leurs trajectoires. Nés en février (l'Américain en 1963, le Portugais en 1985) à quelques jours d'intervalle, l'un et l'autre avaient perdu leur géniteur avant de passer le cap des trente ans. Pour le basketteur comme pour le footballeur, le modèle paternel allait dès lors revêtir la figure de l'homme le plus proche d'eux au quotidien, leur entraîneur : Phil Jackson serait le mentor de Jordan, Alex

Ferguson celui de Ronaldo. Deux humanités. Le décès du père avait constitué un indiscutable tremplin dans leur élévation. Jordan avait même quitté le monde du basket pendant près de deux ans pour se ressourcer spirituellement, afin de puiser dans cette pseudo-retraite l'élan d'un nouveau challenge.

Passé la trentaine, leur position sur le terrain et l'évolution technique de leur jeu s'étaient adaptées à un physique sinon déclinant, du moins pâtissant des années. Jordan avait troqué les dunks qui avaient fait sa gloire au petit matin de sa carrière pour un shoot à distance plus conventionnel, s'éloignant du panier pour éviter les chocs des mastodontes qui gardaient l'accès à l'arceau. Cristiano, lui, allait au contraire se recentrer, se rapprocher de l'axe du but afin de masquer son volume déclinant dans ses courses sur les ailes. En économisant leurs déplacements sur le terrain, ils apprendraient l'efficience. Il ne s'agissait plus désormais d'en mettre plein la vue et d'épater la galerie, mais de performer. En perdant en explosivité, MJ et CR7 allaient gagner une maturité intellectuelle qui devait leur permettre de rester au sommet. Ils devinrent ainsi des joueurs différents, plus agissants sur l'empreinte collective, tout en demeurant deux prolifiques machines à marquer. Psychologiquement comme tactiquement, ils avaient su se réinventer après avoir subi l'érosion du temps. Dotés d'une intelligence supérieure et d'une pugnacité hors du commun, ces deux-là me paraissaient immortels dans l'exercice de leur art. Il fallait absolument que j'en parle à Cristiano. « J'ai appris de lui comme de tous ceux qui sont dans l'excellence », me lança-t-il, en se posant d'emblée sur le même piédestal que « Sa Majesté des airs ». « Ce que j'admire chez Michael Jordan, c'est qu'il a su non seulement performer au plus haut niveau, mais aussi gagner des titres à un âge avancé pour un sportif, c'est-à-dire à trente-cinq ans. Ça, c'est très fort. Et respectable. »

Quelques années plus tôt, je l'avais déjà titillé sur ce registre de la mutation tactique, échappatoire nécessaire à la pérennité de son accomplissement. Le sujet me tenait à cœur. Comment pouvait-on, après toutes ces années de sommets, continuer à demeurer tout en haut et conserver la même ambition ? La nuit précédente, il m'avait seriné son mantra : « Une carrière n'est pas un sprint, c'est un marathon. Avec l'âge, il convient de davantage gérer les matchs, de s'entraîner de manière plus performante, de réaliser une préparation plus personnalisée. De penser à la fin de saison, pas seulement au début. De voir loin. » De plus en plus, Ronaldo faisait des choix. Lors de cet entretien, il me l'avouerait : « Si cela ne tenait qu'à moi, je ne jouerais que les rencontres de Ligue des champions et les matchs importants de championnat. » Ceux où l'adrénaline sublime le champion. Jordan n'était pas différent, qui allait chercher dans le vice des tables de jeu et les ambiances des casinos le carburant de ses propres défis. Cristiano ne le disait pas en ces termes, mais je sentais que Jordan l'inspirait, y compris dans ses excès. CR7 n'était pas un flambeur du calibre du génial basketteur. Lors de son premier passage à Manchester, tout juste misait-il quelques centaines de livres sterling, durant la phase de préparation estivale, sur le total de buts qu'il allait marquer durant la saison en championnat. Alex Ferguson relevait le pari. Mais il ressortait très rarement gagnant.

Le magnétisme ensorcelant qui se dégageait de ces deux-là quand vous les rencontriez recelait une forme d'envoûtement. L'un comme l'autre avaient depuis longtemps appris à gérer cet espace claustrophobe qu'on nomme la salle d'attente. Il avait fallu sept ans à Jordan pour glaner son premier titre NBA avec Chicago, cinq à Cristiano pour faire de Manchester United un vainqueur de la Ligue des champions. Pour des génies, cela frise le retard. En termes de potentiel athlétique, les champions avaient pourtant dépassé le stade de la chrysalide à l'âge de vingt ans. Mais il leur avait fallu domestiquer un talent reconnu, polir un ego irrationnel pour faire d'eux des vainqueurs. Et comprendre que si le fusil peut être une arme mortelle, le collet peut s'avérer tout aussi efficace. À la morgue du chasseur, il leur avait fallu ajouter la mentalité du braconnier. Apprendre à fédérer. À faire confiance. À déléguer. À se conformer aux exigences d'un groupe. Assimiler cette évidence qu'ils ne pouvaient pas tout faire seuls. Être la star d'un film ne veut pas dire en être l'unique acteur. Comme Jordan, Cristiano avait dû s'entourer. De lieutenants dévoués autant que de gardes du corps fidèles. La NBA des années 1980 et le football anglais avaient ceci en commun qu'ils induisaient une dimension physique qui dépasse le cadre de l'ADN de sports où les jeunes talents sont accueillis avec la même aversion que Patrick Bruel à l'inauguration d'un stade niçois. En Angleterre et aux États-Unis, il faut faire ses preuves pour mériter le respect. La réputation, surtout lorsqu'elle est précoce, n'est qu'un gage à prendre des coups. Il a fallu à Jordan et Ronaldo « muscler leur jeu », pour reprendre l'expression imagée d'Aimé Jacquet. Pour survivre dans cette jungle, ils se sont résolus à prendre du poids. Dans les salles de muscu bien sûr. Dans les fast-foods aussi, que fréquentait, pour de bonnes raisons, le jeune CR7 à ses débuts avec Manchester United. Autour d'eux, les cerbères de service ont veillé à leur intégrité physique : Charles Oakley à Chicago, Rio Ferdinand ou

Gary Neville à Manchester. Des vigiles. Des vigies. Des partisans dévoués qui ont enceint les deux stars de leur tutelle. Par admiration. Par respect. Par intérêt, également. Sir Alex Ferguson me le répétera à deux reprises quand je l'interrogerai : « Les anciens savent faire la part des choses. À Manchester, ils ont aidé Cristiano parce qu'ils ont reconnu en lui non seulement un grand joueur, mais aussi un vrai bon mec, avec une bonne mentalité. »

Jordan et Ronaldo auraient été Jordan et Ronaldo sans ces cerbères-là, sur le plan de la performance chiffrée. Des solistes majestueux, des virtuoses de la balle. C'est indiscutable. Mais aurait-il été des vainqueurs ? Des vainqueurs multiséquentiels ? Des *serial winners* ? Jordan et Ronaldo sont des exécuteurs de très hautes œuvres. Mais d'où tirent-ils leur inspiration, leurs ressources ? Si la notion de leadership inclut une domination qualitative de l'expression d'un individu, elle peut exclure son autorité ou son influence spirituelle. Lors de ma seconde entrevue avec lui, en janvier 2015, j'ai posé la question à Cristiano de savoir ce qu'était un leader. Et s'il se considérait comme tel. Sa réponse fut d'une lucidité dépourvue d'indulgence : « Le mot "leader" ne me semble pas définir vraiment ce que je suis. Je considère que tout joueur est un leader à sa manière, chacun dans un rôle différent de son voisin. Parler de leadership, c'est sous-entendre qu'il y a quelqu'un qui commande, et ce n'est pas le cas dans un collectif. Un leader, c'est quelqu'un qui prêche par l'exemple, qui cherche toujours à s'améliorer et à aider l'équipe. » C'est pour cela que le brassard de capitaine a été créé, qui n'échoit pas toujours à la star.

Durant le premier confinement qu'infligea à l'Europe la pandémie de coronavirus, en avril 2020, Cristiano regarda jusqu'à satiété *The Last Dance*, le documentaire sur MJ diffusé par Netflix. Il voulait tout savoir. Comprendre comment un surhomme s'était statufié dans l'immortalité, comment il avait su gérer les relations avec ses équipiers, les médias, l'aboutissement de son insatiabilité et les cicatrices de sa propre déchéance. Ronaldo cherche toujours à en savoir plus. À travers Jordan et *The Last Dance*, c'est un film d'anticipation qu'il a regardé. Celui de son futur, du monde d'après. Du temps des bilans, et parfois des regrets. Une œuvre testamentaire. Le copier-coller du comportementalisme n'existe pas. Mais toutes les leçons sont bonnes à retenir quand elles proviennent d'un Michael Jordan. Le basketteur est d'autant plus un modèle pour Ronaldo qu'il a su exister après sa « petite mort », comme on appelle opportunément l'arrêt d'une carrière. Jordan, c'est non seulement le triomphe de l'excellence matérialisée par six titres de champion NBA, deux de champion olympique et de multiples oscars personnels, mais c'est également la pérennisation du succès dans la deuxième partie de sa vie, celle où l'homme – d'affaires en l'occurrence – prend le pas sur le sportif. Jordan symbolise cette réincarnation. Il personnifie et perpétue le succès dans un univers où les dollars ont remplacé les titres comme unité de mesure. En novembre 2021, après une rencontre de Ligue des champions contre l'Atalanta Bergame, Ole Gunnar Solskjær, alors manager de Manchester United, avait judicieusement comparé les deux athlètes pour leur faculté à jouer les sauveurs dans le « *money time* », ces fins de match où se scelle le sort d'un match. Ce soir-là, CR7 avait marqué deux fois, dans le temps additionnel de chacune des mi-temps.

Le technicien norvégien soulignait ainsi cette inaltérable faculté de présence à tous les moments, cette compétitivité qui transgresse les décennies, ce fascinant pouvoir de ne jamais débrancher et de très souvent sortir son équipe des impasses dans lesquelles elle s'est fourvoyée. Il avait raison. Ces deux-là sont d'une stature universelle, au point qu'on n'a même plus besoin de les nommer pour les reconnaître : leurs prénoms suffisent, voire leurs simples initiales. Comme les paniers de MJ, les buts de CR7 dans les ultimes secondes ne sont pas de simples pansements pour l'honneur. Ils incarnent le décisif, l'impactant, le qualifiant. L'instant de délivrance n'est jamais anodin. Le cadre non plus. Ce sont les *playoffs*, les matchs couperets, les finales. Personne n'a oublié les shoots vertigineux de Jordan, ses « *buzzer beaters* » contre Cleveland, Detroit ou Utah. Vingt-huit fois dans sa carrière, l'arrière de Chicago a inscrit le dernier shoot, celui qui faisait basculer le destin des Bulls. CR7 est de la même trempe. À ce jour, l'attaquant portugais capitalise plus de cent buts dans les cinq dernières minutes et lors du temps additionnel d'une rencontre. « Ça veut dire que je ne lâche rien, que je vais au bout des quatre-vingt-dix minutes. Que j'ai non seulement le mental, mais aussi le physique pour marquer quand ça compte », me dira-t-il quand je lui poserai la question sur son insatiabilité. Pas besoin de YouTube pour se remémorer son coup franc égalisateur contre l'Espagne lors de la Coupe du monde 2018, son penalty de la qualification contre la Juventus en Ligue des champions quelques semaines plus tôt ou son doublé décisif contre l'Irlande lors des éliminatoires de la Coupe du monde au Qatar, en septembre 2021. Deux buts marqués aux 89e et 96e minutes, qui font de lui depuis ce soir-là le meilleur buteur de l'histoire de toutes les sélections nationales. Ceux-là sont pour toujours solidement ancrés dans la mémoire collective.

La capacité suprême de Ronaldo comme de Jordan, c'est celle qui consiste à s'approprier le match à l'instant T, à prendre le dernier tir, à crucifier l'adversaire ou à simplement s'incruster dans sa tête, à le faire déjouer, à le faire douter. À aimanter les défenseurs pour mieux libérer l'équipier démarqué, lequel va alors endosser l'habit du libérateur avec l'assentiment du patron. Les Américains appellent cela un « *clutch player* ». On traduira par joueur décisif, mais l'image de l'embrayage – la traduction de *clutch* – est encore plus représentative du pouvoir de ces sportifs d'exception à accélérer ou à changer de vitesse. Le *clutch player* est celui qui crée ses propres tirs, génère ses propres gestes. Figure emblématique de l'autonomie au sein d'un collectif, il est celui à qui on va donner la balle automatiquement dans une situation compliquée, une boussole.

De tout temps, l'image a forgé les réputations des athlètes. Aujourd'hui, elle façonne leurs retraites. Qu'importe si le sportif est actif ou pas. Il doit simplement toujours demeurer visible. En 2020, les revenus annuels de Michael Jordan dépassaient ceux de Cristiano Ronaldo de cinq millions d'euros : cent douze contre cent sept. Cette même année, la valeur nette du patrimoine de CR7 était estimée à quatre cent trente-cinq millions d'euros. Celle de la fortune de Jordan à près d'un milliard et demi. Les années n'ont eu aucune prise sur la stature du dieu basketteur, ni sur son rayon d'action. Comme Cristiano, il est lié à vie avec l'équipementier à la virgule qui l'a accompagné depuis ses débuts. Comme CR7, il possède une marque de vêtements à son nom. Jordan est un frère siamois, comme peut l'être Tom Brady, avec qui Cristiano a posé au début de l'année 2022 dans une vidéo entre GOAT – pour Greatest Of All Time –, le plus grand joueur de tous les temps dans sa catégorie. C'était au terme d'une rencontre échevelée contre Tottenham, où CR7 avait marqué trois fois. Fraîchement retraité, le quarterback de Tampa Bay était présent ce soir-là dans les tribunes d'Old Trafford. On ne sait rien de sa conversation avec Ronaldo quelques minutes après la fin de la rencontre. Sinon que trois jours plus tard, il annonçait son retour au jeu, à l'âge de quarante-quatre ans.

Défier le temps, Jordan a lui aussi tenté de le faire. Il s'est retiré des parquets à quarante ans, sans vraiment avoir admis que le toboggan des années l'avait contraint à cette décision. Comme David Beckham, il est devenu propriétaire d'une franchise de sport. Pour rester dans son domaine et taquiner encore les jeunes, le matin à l'entraînement. Leur prendre quelques centaines de dollars en pariant sur leur fiabilité à rentrer les shoots. Et se convaincre qu'il est toujours le plus fort, à soixante piges. Aucun GOAT n'est voué à devenir entraîneur. Cruyff n'est qu'une exception. Il n'est pas improbable de penser que Cristiano s'inspire de cette maquette-là pour bâtir son futur… Quand MJ et CR7 se sont rencontrés lors de vacances sur la Côte d'Azur, en juin 2019, ils ont longuement échangé sur leur destinée, cette gloire qui les auréole et ne se fanera jamais. Au bout de la soirée, l'attaquant portugais a posté une photo qui a recueilli plus de sept millions de « likes » et des millions d'autres interactions sur Instagram. Sous l'image, une petite phrase de trois mots : « *We made history* ». On a fait l'Histoire. Dans la dialectique du journalisme, on appelle cela une légende. Dans le langage sportif aussi…

Dernière rencontre, du troisième type

OU ÉPILOGUE

Il m'arrive encore aujourd'hui de réentendre le son de sa voix. Son rire tonitruant, ses intonations ascendantes, ses discours rhétoriques, ses questions sournoises et réprobatrices. « Alors comme ça, je ne suis pas dans le onze type des joueurs dont la cote est la plus élevée ? Tu peux m'expliquer ? » m'avait-il balancé à la figure un jour, avant même de me saluer, devant un Mendes hilare. Quelques semaines plus tôt, *France Football* avait eu l'audace de publier une infographie où ne figurait pas le Ballon d'Or en titre : celle des joueurs les plus chers sur le marché des transferts, poste par poste. Même si je n'en étais pas l'auteur, j'avais dû démontrer que son âge ne plaidait pas pour lui, en prenant l'image de l'argus d'une voiture… Que c'était le prix estimé d'un transfert, pas celui de la valeur du joueur. Que nous n'avions intégré que deux attaquants dans ce schéma tactique… Je m'étais heurté à un mur d'incompréhension. Quand il s'agissait de sa reconnaissance, il ne laissait rien passer. Pas même un banal graphique.

Je ne reverrai peut-être plus jamais Cristiano Ronaldo. Du moins pas dans sa parure de footballeur. Les temps ont tellement changé depuis notre dernière rencontre, pourtant pas si lointaine, que je ne suis plus certain que le ballon qui tourne soit encore un sujet que j'aie envie d'aborder avec lui. Un méchant virus et une guerre en Ukraine ont aiguillé les regards sur d'autres rails. Mais je dois l'avouer, Cristiano me manque. Nos rendez-vous, ses confidences, et cette conviction brute, frappée du sceau de sa sincérité, qu'il a toujours mis dans ses propos étaient le ciment d'une relation qui se voulait forcément éphémère… Nos vies se sont croisées, et il y a encore tellement de choses dont j'aurais souhaité m'entretenir avec lui, tant il est riche de ses actions, y compris en dehors du terrain. Surtout en dehors du terrain. J'ai failli le revoir, le 29 novembre 2021, à ce gala du Ballon d'Or auquel il était, comme moi, invité. Je ne faisais, depuis quelques semaines déjà, plus partie de l'organigramme de *France Football*. C'est donc en *guest*, comme quelques autres collègues, que je pénétrai dans l'enceinte du Théâtre du Châtelet en ce lundi, Pascal Ferré ayant tenu à récompenser ses grognards pour services rendus. J'espérais y voir CR7. Il avait été en effet question de lui pour remettre le trophée au vainqueur. Et même pour recevoir un oscar de « meilleur buteur de l'histoire des sélections nationales », un accessit dont Cristiano venait de se parer quelques semaines plus tôt. Le 1er septembre, son cent dixième but marqué – face à l'Irlande – sous les couleurs rouge et vert du Portugal avait effacé des compteurs l'attaquant iranien Ali Daei. À cet instant précis, il intégrait le cénacle des « vieux cercleux », pour reprendre une expression d'Antoine Blondin, et entrait par la grande porte dans l'Histoire comme un académicien à l'Institut de France. Mais Cristiano ne voulait pas d'une telle récompense. Quelque part, elle le déshonorait. Ce n'était plus un éclaireur que l'on voulait ici célébrer, mais un chanteur « âge tendre et tête de bois ». De ceux que l'on fait monter sur l'estrade pour se remémorer les tubes du passé. Il ne s'agissait plus alors de vénérer l'impact des buts de Cristiano, mais leur compilation. Les ego des grands hommes trouvent sans doute au travers de ces statuettes difformes une compresse à apposer sur leurs blessures d'amour-propre. Mais dans le cas présent, la pilule était trop grosse à avaler. Cet oscar du pauvre ne se voulait plus l'allocation de ses exploits, mais la sanction de leur agglomération. Il était indigne de lui, et il ne pouvait décemment l'accepter. Alors, il a préféré de pas venir…

Manchester, retour vers le futur

Cristiano était redevenu un joueur de Manchester United trois mois plus tôt. Le monde du football italien était décidément trop étroit pour son imposante carrure. Longtemps, on l'avait cru sur les rangs de Manchester City, le « bruyant voisin », ainsi que le surnommait Sir Alex. La proximité de Jorge Mendes et Txiki Beguiristain, le directeur sportif des Citizens, allait dans ce sens. Mais qu'aurait été faire Ronaldo dans le schéma tactique des bleu ciel de Pep Guardiola, absolument pas dessiné pour ses besoins, à part ternir sa légende en rouge ? Douze ans après l'avoir quitté, CR7 revenait donc à Old Trafford, dans cet antre en pâmoison où l'aventure avait débuté. Un coup de fil – soulagé – de Jorge Mendes m'apprit la nouvelle le 27 août. Le marché des transferts fermerait dans quatre jours, et il était temps de quitter Turin, même pour une quinzaine de millions d'euros. Six fois moins que la somme dont avait dû s'acquitter le Real Madrid en 2009. Les infographies mentent rarement…

Le come-back de Ronaldo à Manchester United avait tout d'une bonne idée. En apparence. Ole Gunnar Solskjær, le manager norvégien qui dirigeait l'équipe, avait été son équipier au début de ce siècle. Et dans l'ombre de ce dernier, Sir Alex Ferguson, désormais ambassadeur du club, veillerait à ce que la réintégration s'effectue sans vagues. Boucler la boucle résonnait comme un retour aux sources, un nouveau printemps, une odyssée éternellement recommencée. Ulysse était de retour dans son royaume après avoir succombé au chant des sirènes et vaincu le cyclope. Comme Johan Cruyff à l'Ajax, autrefois.

En 1981, ce dernier n'avait eu aucun mal à rendosser le numéro 14 qui le déifierait pour toujours. Ronaldo, lui, dut attendre quelques jours avant qu'Edinson Cavani ne lui rétrocède ce « *number seven* » qui était sa seconde peau. Dans les douze heures qui suivirent cet échange de bons procédés, plus de trois cent cinquante mille maillots « Ronaldo 7 » furent vendus sur la Toile pour un total légèrement inférieur à quarante millions d'euros. Un record absolu en Premier League. Adidas, l'équipementier qui habille Manchester United, annonça rapidement une rupture de stocks. Et un délai de livraison de cinq semaines. Le délire guettait le Théâtre des Rêves, où la première session de Cristiano avec les Red Devils était programmée pour le 11 septembre 2021, contre Newcastle United. Dix jours avant, la place au marché noir s'arrachait déjà à plus de trois mille euros, pour une simple rencontre de championnat sans enjeu, la saison venant tout juste de débuter. Le rapatriement de Ronaldo s'annonçait comme celui d'un enfant doublement prodigue. Une semaine à peine après l'annonce de son arrivée officielle, Manchester United avait déjà écoulé pour l'équivalent de deux cent vingt-cinq millions d'euros de « Ronaldo 7 », soit plus de deux millions de maillots. Aucun joueur n'avait engendré une telle déraison vestimentaire dans l'histoire de la Premier League. Pour le club du Lancashire, qui touche des royalties d'environ 7 % sur la vente de ses paletots – un véritable jack pot pour l'équipementier –, cela signifiait une recette équivalente à seize millions d'euros. Avant même que CR7 ait disputé une seule minute de jeu sous sa nouvelle tunique, le montant de son transfert était remboursé. Mais l'essentiel n'était pas là.

Dans le cœur des supporters, Cristiano était la réminiscence d'un temps jadis. Celui où leur équipe, drivée par Alex Ferguson, régnait sur l'Angleterre. Quatre mois plus tôt, en mai 2021, avant une rencontre contre Liverpool – finalement reportée –, ces derniers avaient forcé l'entrée du stade et envahi la pelouse avec des fumigènes pour protester contre la famille Glazer, propriétaire du club, accusée depuis toujours de piller les ressources d'une entité dont elle avait pris le contrôle en 2005, deux ans après le transfert de Ronaldo du Sporting. Le retour de CR7, c'était aussi cela : un pansement sur la douleur, un rappel à la mémoire et, forcément, le duplicata affiché de l'opulence, cette époque où Man United empilait naturellement les titres de champion. Qu'importent les bientôt trente-sept ans de l'attaquant portugais et le déséquilibre tactique du groupe. D'ailleurs, Cristiano lui-même ne jurait-il pas de ramener à Old Trafford ce sceptre qui fuyait les Red Devils depuis 2013, et le départ en retraite de Sir Alex ? Ses deux buts marqués dès sa première sortie contre Newcastle, au fond, c'étaient les cloches de Pâques, l'angélus d'une ère nouvelle.

Quand j'appelle Éric Djemba-Djemba au téléphone en cette matinée de mai, je veux confronter ma version de cette résurgence dans le Lancashire à celle de l'ancien milieu de terrain camerounais qui fut, presque vingt ans plus tôt, le « frère siamois » de CR7. À l'été 2003, l'ex-Nantais, qui gère aujourd'hui une académie à Douala, avait signé à Manchester United quelques jours avant Cristiano, dont il est l'aîné de quatre ans. Djemba-Djemba est un de ces hommes qui ont une mémoire fonctionnelle. Avec lui, la machine à remonter le temps s'enclenche en une seconde. « Je me souviens du premier jour où Cristiano a débarqué dans la salle à manger du centre d'entraînement. Mika Silvestre lui a dit : "Tu peux t'asseoir là." Là, c'était à côté de moi. On s'est regardés, comme des gamins qu'on était alors. Et on ne s'est plus quittés. » Pendant deux saisons – Djemba-Djemba sera transféré à Aston Villa en 2005 – ces deux-là vont développer une de ces amitiés inaltérables qui semblent n'exister que dans les romans à l'eau de rose. « Ce qui nous rapprochait, c'était le fait qu'on était arrivés en même temps au club, et aussi notre jeunesse. J'avais vingt-deux ans, lui dix-huit. Je venais d'Afrique, je pouvais comprendre son déracinement, le départ de son pays. Lui se voyait comme un Africain. Il me disait : "Éric, ce que tu as vécu au Cameroun, moi je l'ai vécu chez moi." Je lui donnais des conseils, je le rassurais. Je crois que je lui offrais du bonheur. Avec moi, il souriait. Van Nistelrooy disait toujours qu'on était des jumeaux et qu'on aurait dû habiter ensemble parce qu'il suffisait que je sois là pour qu'il soit heureux. C'était la vérité. »

Instantanément, Éric et Cristiano font cause commune, et même souvent chambre commune lors des déplacements. Ils emménagent dans la même campagne chic du sud de Manchester, entre Winslow et Alderley Edge, à deux cents mètres l'un de l'autre. On se demande pourquoi. Van Nistelrooy a raison, ils sont inséparables. « On était tout le temps l'un chez l'autre, pour regarder des matchs, rigoler ensemble, dîner ensemble. Il aimait beaucoup manger. À l'époque, il voulait prendre du poids et se muscler tellement il était maigre. Je me souviens d'un match de coupe en plein hiver. Il faisait froid. On était sur le banc, nos corps sous une seule et même couverture. Il prenait tellement peu de place... Il n'était pas du tout dans la diététique. Comme je sais très bien cuisiner, je lui faisais des spécialités camerounaises avec du piment très fort de mon pays. Une fois, j'ai forcé la dose, exprès. Il m'a dit : "Éric, c'est immangeable." Il a bu deux bouteilles d'eau, mais il a fini le plat. Il n'abandonnait jamais rien. » Djemba-Djemba découvre rapidement la vraie nature de son ami. « On partait à l'entraînement ensemble, mais il était très strict. Avec lui, il fallait toujours être en avance d'au moins une heure, pour qu'il fasse ses pompes, qu'il aille nager dans la piscine du centre d'entraînement ou courir sur la colline de Carrington. Hors terrain, il fallait être dans son intimité pour comprendre qui il était vraiment. En public, il était différent. Quand on sortait, il avait le visage serré. Il ne se lâchait pas et se méfiait de tout. Tout le monde cherchait à être avec lui, à profiter de lui. Il voulait savoir qui était de son côté et qui ne l'était pas. Mais en privé, il était très ouvert et généreux. Et qu'est-ce qu'on pouvait se marrer... »

Djemba-Djemba est intarissable sur celui qu'il a connu mieux que personne, cet adolescent qui véhiculait encore, à cette époque, l'insouciance et l'effronterie de sa précoce majorité. « Un jour, on décide d'aller faire des courses au Trafford Center – le plus grand centre commercial de Manchester. On rentre dans un magasin tenu par un Indien, qui était supporter de Manchester United. Moi, je faisais toujours attention quand on sortait. Je mettais une casquette pour ne pas me faire repérer. Cristiano, lui, ne voulait pas, parce que cela aurait bousillé l'effet du gel qu'il mettait sur ses cheveux, qu'il aimait toucher en permanence. Évidemment, le commerçant indien nous reconnaît. Et il sort de sa boutique pour prévenir ses potes, qui rappliquent à cinq ou six. Quand on les a vus, on s'est barrés en courant, comme si on était des voleurs. Les gars nous ont couru après jusqu'au parking. Quand on est arrivés à la voiture, Cristiano m'a regardé et m'a demandé : "Éric, pourquoi on a couru ?" Et on a éclaté de rire. »

Évoquer Ronaldo avec Djemba-Djemba, c'est revenir au prologue du livre pour mieux mesurer le chemin parcouru. C'est surtout rembobiner la pellicule, et confronter ses propres sensations avec celles d'un intime du héros. Je lui pose la question ultime. « Éric, si je te dis que Cristiano a besoin d'être aimé davantage que n'importe qui… » La réponse fuse : « Je suis totalement d'accord avec toi. Par rapport à son enfance, il a vraiment besoin de ça. Quand il se sent aimé quelque part, il va casser la baraque. J'irais même plus loin, il aime aller où il se sent aimé. C'est capital pour lui. S'entendre dire qu'il est le meilleur, voir qu'on lui donne les moyens d'être le meilleur… C'est pour cela qu'il est revenu à Manchester. Il savait qu'il y était chez lui. Que c'était sa maison. Qu'il y avait écrit l'histoire. Tu sais, Cristiano aime écrire les histoires… Il n'est pas resté par hasard sept années à Manchester et neuf à Madrid. »

Cette longue conversation d'une heure avec Djemba-Djemba a attisé ma curiosité. Quand je raccroche avec lui, j'allume mon ordinateur et me connecte à internet.

Je n'avais pas prévu pour écrire ce livre de revoir un match de CR7 – même si beaucoup sont visibles sur les plateformes de streaming –, seulement quelques extraits. Des *highlights*, comme on dit aux States. Mais l'ancien international camerounais a évoqué ce match contre Bolton, le tout premier du duo complice sous ses nouvelles couleurs. C'était le 16 août 2003, à Old Trafford, par une belle après-midi ensoleillée comme en réservent les ouvertures de saison estivales. Je le trouve sans problème sur Dailymotion, avec les commentaires du direct de MUTV, la chaîne de télé du club mancunien. Et je me laisse prendre. Cristiano est rentré sur le terrain à l'heure de jeu, cinq minutes avant Djemba-Djemba. Je réentends alors ce que ce dernier vient de me raconter, comme un sous-titre des images qui défilent sous mes yeux. « Juste avant que Cristiano pénètre sur la pelouse, je lui dis : "Tu te rends compte, on va commencer notre carrière à Manchester au même moment. Il ne faut plus qu'on lâche." Et lui me répond : "Éric, on ne lâchera jamais ! Mais c'est déjà fantastique qu'on soit là !" Je n'oublierai jamais ces paroles. »

La suite, c'est du Andersen, du Perrault et du Grimm réunis. Un règlement de comptes. Sur sa première action, Ronaldo ridiculise Nicky Hunt, le jeune latéral droit des Wanderers collé à ses basques comme une sangsue. Sur la deuxième, il fait se soulever un stade qui se pâme de bonheur. Sur la troisième, il provoque un penalty. Sur la quatrième, il initie le deuxième but des Red Devils. Ceux-ci menaient 1-0 quand il est entré en jeu. Ils s'imposent finalement 4-0. *A star is born.* Le binôme qui commente la rencontre parle de « *instant impact* ». Et s'extasie : « Il a fait des dégâts incroyables ! » Ou encore, pour conclure le reportage : « Il y a deux semaines, personne ne le connaissait. Aujourd'hui, le stade chante son nom. » Quelques instants auparavant, Djemba-Djemba m'avait confié, ému, ce que les images n'ont pas montré : « Quand on est rentrés dans le vestiaire, après le match, on a échangé tous les deux nos maillots. Pour graver ce moment dans nos mémoires. Ce maillot, je l'ai encore chez moi, au Cameroun. Il est dans un sac. Je n'ai pas voulu l'accrocher au mur, avec la centaine que j'ai déjà. J'attends que Cristiano termine sa carrière. Mais je ne veux jamais le perdre. » Silence bouleversé au bout du fil. « Tu sais, j'ai su rapidement qu'il deviendrait ce qu'il voulait être. Le meilleur joueur du monde. En le regardant jouer, j'avais les yeux qui brillaient comme un enfant. En 2005, après un match contre Liverpool ou Arsenal, je ne sais plus, je lui ai dit : "Cristiano, dans quelques années tu seras Ballon d'Or ?" Et lui m'a répondu : "Quelques années ? Éric, c'est loin !" »

La nostalgie affleure. Le temps a fait son œuvre, et séparé physiquement les deux acolytes. Le milieu camerounais est allé exercer ses talents dans des contrées plus ou moins exotiques, au Qatar, au Danemark, en Israël, en Écosse, en Serbie, en Inde, en Indonésie, en Suisse, dans des clubs plus ou moins prestigieux… Celui qu'Alex Ferguson avait recruté pour remplacer Roy Keane a emprunté les paisibles sentiers de grande randonnée et laissé CR7 sillonner à toute allure l'autoroute de la gloire. Ainsi qu'il le constate lui-même avec une légère pointe de mélancolie : « Cristiano a changé de monde, mais c'est normal. J'ai tenté d'aller le voir, mais il est tellement entouré, tellement protégé, tellement sollicité, que c'est difficile. J'aimerais venir discuter tranquillement avec lui, comme on le faisait avant. Je sais qu'il ne m'oublie pas. Quand j'ai perdu mon père, en mars 2019, il m'a réconforté. Il m'a dit : "Éric, si tu as besoin de moi, je suis là." Il a beau être d'une autre planète, il a gardé les pieds sur terre, et a su rester simple, la même personne qu'il était à dix-huit ans. Le mec qui, un jour, a préféré faire la queue en arrivant au restaurant plutôt que de passer devant tout le monde, comme le maître d'hôtel le lui suggérait. Je crois qu'il sera vraiment à nouveau lui-même quand il aura fini sa carrière. »

Cette ultime remarque me ramène à ce que Cristiano lui-même m'a laissé entendre lors de notre dernière entrevue. Ce « quand j'aurai fini ma carrière, je débrancherai tout, et goûterai au moment présent » qui laissait poindre le poids de cette érosion sacrificielle qui le lessive depuis vingt ans et s'échoue comme une vague permanente sur la digue de ses envies profondes. Quelques jours avant Djemba-Djemba, j'avais pris contact avec Louis Saha. Pour avoir souvent et longtemps couvert le football anglais, je connais Louis depuis plus de deux décennies. L'ancien attaquant international était arrivé à Manchester en 2004, un an après CR7, et est demeuré quatre saisons à ses côtés. En bavardant avec Saha, j'avais été choqué par une de ses observations sur Cristiano : « En le côtoyant, j'ai vite compris qu'il n'allait plus avoir de vie. » Je lui ai demandé de s'expliquer. « Une fois, je suis sorti avec Cristiano. Le lendemain, on était partout dans les journaux. En Angleterre, la presse tabloïd est très agressive. Dès qu'il changeait de chaussettes, on le savait. Et aujourd'hui, à trente-sept ans, c'est toujours le cas. C'est pour cela qu'il lui a vite fallu trouver un équilibre. Il a été costaud parce qu'il savait où il voulait aller. Mais je reste très impressionné. Ce type est surhumain par rapport aux sacrifices qu'une telle vie nécessite. Une carrière de footballeur est courte, paraît-il. Lui, ça fait vingt ans qu'il endure ça. Et qu'en plus, il soutient les autres. Je me souviens encore d'une période où j'allais mal. J'étais souvent blessé. Il est venu vers moi et il m'a dit : "Louis, je trouve que tu ne souris pas assez. Tu es trop nerveux, tu te mets trop la pression." Il trouvait qu'il fallait prendre du plaisir dans ce que tu faisais. Il n'avait que vingt et un ans, mais il avait un meilleur équilibre que moi dans sa vision des choses, une véritable stabilité, et une analyse exceptionnelle d'intelligence sur la vie, que rien n'est venu pervertir. Il savait ce qu'il était, ce qu'il voulait devenir, et comment se protéger, protéger sa famille. Et je vous assure que ce n'est pas toujours simple. Tous les joueurs qui ont croisé son chemin sont admiratifs. Plus rien ne m'étonne de lui. C'est un phénomène. Je ne lui vois pas de limites. »

Pour la première fois depuis qu'il a quitté le Portugal, en 2022, Cristiano n'a pas réussi à qualifier son équipe pour la Ligue des champions. Il n'était sûrement pas le problème de Manchester United, comme certains consultants aigris l'ont suggéré. Mais en était-il pour autant la solution ? Pouvait-il l'être, d'ailleurs ? En revenant, CR7 s'est fourvoyé dans un challenge dont il ne mesurait pas l'immensité. Le problème quand on quitte un logis, c'est qu'on ne voit pas la maison vieillir, les murs se lézarder, la tapisserie jaunir. Ronaldo a-t-il cru que Sir Alex dirigeait encore l'orchestre en sous-main et que Solskjær était son héritier à la baguette ? On peut incarner le passé prestigieux d'un club sans en être l'avenir. Ferguson est désormais un octogénaire affaibli et l'ancien supersub scandinave, qui faisait des miracles sur une pelouse, n'en a jamais tressé sur un banc. Solskjær a été viré au moment de pénétrer dans l'hiver et Ralf Rangnick est arrivé. Rangnick, un pionnier du contre-pressing et un chevalier de l'ordonnance collective. Tout ce que Ronaldo déteste. L'entraîneur allemand n'est pas homme de passe-droits. Et Cristiano ne tolérera jamais qu'un simple matricule le fasse sortir en cours de match, comme le fit l'audacieux technicien souabe contre Brentford. Zidane pouvait s'autoriser cette impertinence. Après tout, il était de la même race des Ballons d'Or. Mais Rangnick…

À Old Trafford, Ronaldo pourrait bien continuer à bâtir son château des records. Mais son faramineux triplé contre Tottenham, en mars, qui lui permit de s'établir comme le nouveau recordman de buts dans l'histoire du football, en constituerait-il un nouvel étage ou un de ces toits qu'on pose sur un ouvrage ? À deux reprises – en septembre 2021 et avril 2022 –, CR7 a été élu « joueur du mois » de Premier League lors de la saison passée. Il n'avait jamais fait mieux, même lorsque son jeune âge lui autorisait toutes les folies, au cours de la première décennie de ce siècle. Mais ses buts n'auront été que des orthèses de fortune qui ne pouvaient décemment sublimer un groupe bancal et claudicant. Ils auront simplement démontré une fois encore que, comme le disait Alex Ferguson, « le travail est un talent ».

Peu de gens connaissent réellement les émois qui ont animé Cristiano au cours de l'été dernier. Durant plus de deux mois, la saga de son éventuel transfert a tenu en haleine les gazettes, les sites Internet et les réseaux sociaux. Beaucoup de choses ont été exprimées. Fantasmées pour la plupart, parfois cohérentes et sourcées. Oui, CR7 voulait partir et des contacts ont existé avec plusieurs grands clubs européens. Comme le Bayern Munich, où certains membres du directoire souhaitaient sa venue. Mais l'opposition l'a emporté. L'Atletico de Madrid, où Diego Simeone, l'entraîneur, rêvait d'en faire sa tête de gondole. Seulement voilà, imaginer le meilleur buteur de l'histoire du Real dispenser ses derniers talents de l'autre côté de la capitale espagnole n'aurait eu aucune cohérence sur le plan de l'histoire et de la légende. Et Cristiano a le sens des valeurs. Naples, aussi, s'était rapprochée de Jorge Mendes, qui rêvait de s'offrir un nouveau Dieu. Mais pas Barcelone, avec qui des liens avaient été noués un an plus tôt après le départ de Messi au PSG, ni le Real, où les ricanements de Florentino Pérez sur la question (« Cristiano ? Il a 38 ans ! ») eurent valeur de dénigrement, et encore moins le Sporting Portugal, avec lequel aucune discussion n'a jamais été entreprise. On a, durant cette période de turbulences médiatiques, beaucoup évoqué son salaire, ces 600 000 euros hebdomadaires qu'il touche à Manchester et qu'il n'était pas question de brader. Comme si tout n'était qu'une affaire d'argent. Si cela avait été le cas, CR7 aurait bondi sur la mirobolante proposition du club saoudien de Al-Hilal, le plus titré du continent asiatique, qui lui proposa deux millions par semaine. Mais le problème n'était pas au niveau de la fiche de paye.

Quitter Manchester avait un sens pour Cristiano. Simplement pas celui que l'on croit. Bien sûr, il tenait à disputer la Ligue des champions et à préserver son record de buts historique. Aucune envie de voir Messi revenir, une fois de plus, sur ses talons, et de lui céder ce jalon. Oui, Messi le hante, mais pas autant que le récent décès de son nouveau-né. En avril 2022, Cristiano et sa compagne Georgina ont eu la douleur de perdre un fils à la naissance, deuxième enfant d'une paire de jumeaux dont la mère venait d'accoucher. Lui, et plus encore sa famille, a aujourd'hui beaucoup de mal à se remettre de ce drame. La petite chambre qui abrite aujourd'hui les nuits de Bella Esmeralda, le bébé rescapé, est un flashback permanent à la douleur. Il manque à cette pièce un corps et une âme, pour toujours. Les tragédies ont ceci de cruel qu'on croit les voir s'effacer avec le temps, alors que la violence de leur impact résonne encore d'un indicible désarroi. Cristiano a repris le jeu quelques jours après l'événement, comme si de rien n'était. *The show must go on*. Personne ne s'est posé de questions, ou n'a souhaité connaître ses états d'âme. Pourquoi l'aurait-on fait ? Après tout, CR7 continuait de marquer des buts et de performer, comme si l'homme pouvait être imperméable à cette nouvelle épreuve… Une de plus. La souffrance est comme un galet qu'on expédie à la surface d'une eau calme : elle n'en finit jamais de faire des ricochets dans les têtes de ceux qui la ressentent. On fait trop peu de cas des traumatismes psychologiques qu'engendre le deuil, dans ce monde où l'humain s'efface trop souvent devant le professionnel. La façade de CR7 la superstar et celle de sa compagne ne doivent montrer aucune fissure, sur une pelouse de Premier League ou à la Mostra de Venise, où Georgina s'est affichée début septembre. *Poker face*. Ne jamais rien laisser paraître, ne jamais communiquer sur l'indicible. Mais pourquoi la triste destinée d'une célébrité ne pourrait-elle pas ressembler de temps à autre à celle d'un quidam ? Cristiano, nous l'avons répété souvent à travers ces lignes, est très attaché à la famille, à la tribu. Elles sont sa raison de vivre, sa coquille, son refuge, une enveloppe protectrice en même temps qu'une indispensable compresse à son passé. Quitter Manchester, c'était dans son cas avant tout contenter les siens et l'expression de leur désarroi, vouloir plaquer le lieu d'un profond malheur, s'éloigner des fantômes qui le peuplent encore, fuir une maison, une ambiance, une prison, un cadre où tout rappelle à l'infini la personne qui vous manque et qui vous hante.

Pour ces raisons que le jargon diplomatique qualifie trivialement de « personnelles », CR7 n'a donc pas intégré la tournée de deux semaines et demie que les Red Devils ont entreprise en Thaïlande et en Australie au cours du mois de juillet 2022. Un voyage au long cours dont le but réel est autant de cachetonner que de préparer la saison qui s'annonce. Cristiano souhaitait rester auprès de sa compagne et de ses enfants. Les soutenir. Et inversement. Pour ce qui est de cultiver son physique, il y a longtemps qu'il n'a plus besoin de diapason. Erik ten Hag, le nouveau manager de Manchester United, en provenance de l'Ajax, avait été mis au courant de ces turpitudes psychiques dès son arrivée. Il en a tenu compte, jusqu'à un certain point. Le technicien néerlandais sait à quoi s'en tenir sur son joueur vedette. Il sait aussi qu'il a une mission à accomplir et que ses propres préceptes ne correspondent pas forcément au style dont Cristiano a besoin pour se mettre en valeur. Le Manchester United de ten Hag ne jouera pas pour CR7, mais avec CR7, comme l'Ajax de Michels ne jouait pas pour Cruyff mais avec lui. Le raccordement nécessite une ébauche de travail collectif, une mise en relation des deux caractères, ceux du coach et de la star, que la présaison n'a pas permis de construire. Et Cristiano a toujours eu du mal avec les changements de régime.

Ten Hag était prêt à des concessions. Mais pas à voir Ronaldo quitter le stade dix minutes avant la fin d'un match amical, comme il l'a fait face au Rayo Vallecano en août, sous prétexte qu'il était sorti à la mi-temps. « Inacceptable », a alors tonné le Néerlandais, qui voulait ériger lors de ses premières semaines de règne le socle d'une régence draconienne. Rien ne devait broncher ou être altéré, et surtout pas son autorité. Dans ce contexte de relance, la phase d'acclimatation était capitale. Elle devait poser les soubassements de son autorité. Personne, et surtout pas Cristiano, n'était autorisé à la contester. Ten Hag a appris cela de Guardiola, dont il fut l'un des bras droits au Bayern de 2013 à 2015. Il ne transigera pas, sur sa férule pas plus que sur sa philosophie de jeu, ce football total revisité et modernisé. Ten Hag veut une équipe imprévisible, mobile, travailleuse, disciplinée, organisée, une équipe qui presse en attaque comment en défense, qui limite les espaces de l'adversaire et défend les siens. Une équipe où la rotation est permanente, où personne n'est indispensable et où tout le monde l'est.

Ce contre-pressing à la mode dans beaucoup de grands clubs aujourd'hui, notamment en Angleterre et en Allemagne, n'est et ne sera jamais la tasse de thé d'un Ronaldo. Pas à cause de sa nature physiquement demandeuse (même si…), mais parce qu'il gomme la personnalité forte et l'obsession individuelle dans cet aboutissement qu'est le but. La star de ce genre de système, c'est l'équipe, qu'elle s'appelle Manchester City, Liverpool, et désormais Man United. Avec Guardiola ou Klopp, le mode d'emploi a fait ses preuves, y compris sur le plan du spectacle. Il y a dans cette philosophie une expression collective qui redimensionne l'exploit individuel à une plus juste valeur et un modernisme qui phagocyte sa réussite. Le but inscrit n'est pas celui d'un joueur, mais celui de l'équipe. Et pour CR7, tout cela s'accommode mal avec l'idée fixe que constitue la capitalisation de son compteur personnel.

Cristiano Ronaldo voulait partir de Manchester, même si la raison majeure n'était pas sportive. Il y reste parce que

United souhaitait quand même le garder – un peu – et parce que sa stature n'a pas trouvé un cadre suffisamment souple pour s'y adapter – beaucoup –, que ce soit en termes de jeu, d'ambitions, ou de pouvoir. Le problème quand on monte très haut, c'est qu'on n'est pas plus prêt à redescendre. À bientôt 38 ans, Cristiano épouvante, quel que soit le sens que l'on donne à ce mot. Il en impose toujours, mais il n'est plus l'avenir d'une équipe, tout juste son présent. C'est l'impitoyable vérité du temps qui passe, et non celle d'un talent qui reste très largement au-dessus de la moyenne. Contre Southampton, le 27 août 2022, trois des joueurs des Saints que Cristiano a affrontés n'avaient pas un an de vie quand celui-ci a effectué ses débuts professionnels. L'attaquant français Sékou Mara était né à peine deux mois plus tôt, le gardien irlandais Gavin Bazanu sept mois auparavant. Ronaldo joue désormais face à ceux qui pourraient être ses enfants...

Il est donc demeuré à Old Trafford, pour quelques mois encore. Sans la charge oppressante que représente la Ligue des champions, il allait dès lors pouvoir y préparer son dernier challenge : cette Coupe du monde qui demeurait la seule compétition qu'il n'avait encore jamais remportée. Et dont la conquête pouvait le distinguer, je n'ose dire le distancer, définitivement de Lionel Messi...

The last dance

Que deviendra CR7 lorsqu'il aura définitivement remisé les crampons ? Un Ronaldo Nazário ou un Michael Jordan, actionnaires et présidents de club ? Un Thierry Henry, ex-futur entraîneur ou futur ex-consultant ? Un David Beckham, homme d'affaires avisé à la frimousse enjôleuse ? Ou un Diego Maradona, qui s'accrocha à la gloire passée et au monde du football comme un marin transbordé à sa bouée de sauvetage ? À moins qu'il ne faille chercher le sillon de sa trajectoire nouvelle du côté de l'acteur Éric Cantona, qui reste aux yeux des supporters de Manchester United le plus grand joueur à avoir porté le fameux numéro 7 ? En 2017, Cristiano m'avait avoué, un peu troublé : « Je suis certain que je passerai des moments difficiles quand j'aurai raccroché les crampons. » Il avait pourtant évoqué sa volonté réfléchie de « prendre des cours » et de « faire du cinéma ».

À de nombreuses reprises durant nos dernières entrevues, j'ai abordé le sujet de la reconversion. Et lentement, je me suis fait une conviction. Le monde des affaires est trop opaque pour qu'un homme baigné par une ample lumière, comme il le fut durant deux décennies, ne s'accommode d'un simple halo. À trois reprises au moins, il a prononcé devant moi le mot « acteur ». Depuis longtemps, il rêve à visage ouvert d'une deuxième carrière sur pellicule. Loin des standards « cantonesques », le cinéma se dessine pour lui comme une prolongation logique à ce bronzage médiatique qui tanne sa peau. Hollywood est une excroissance naturelle, même s'il ne suffit pas d'avoir une belle gueule pour donner la réplique. Peu d'anciens sportifs professionnels, d'ailleurs, s'y sont aventurés avec bonheur : les footballeurs américains Merlin Olsen – M. Garvey dans le feuilleton *La Petite Maison dans la prairie* –, Jim Brown et le tristement célèbre O.J. Simpson sont de ceux-là. Le basketteur Kareem Abdul-Jabbar également, ou, plus près de nous, l'ex-footballeur *bad boy* Vinnie Jones, ainsi que l'ancien membre de l'équipe britannique de plongeon Jason Statham. Et bien entendu Dwayne Johnson, alias The Rock. Celui qui fut autrefois un catcheur à la musculature herculéenne, plus connu pour son rôle du Dr Smolder Bravestone dans les deux *Jumanji*, était en 2019 l'acteur le mieux payé au monde et une des personnalités les plus reconnues sur cette planète. À l'instar de Cristiano, tous ceux-là ont en commun un physique hors norme : un viatique non négligeable quand on arrive sur le tard dans le monde du cinéma.

Les caméras, Cristiano maîtrise leur pouvoir mieux que personne. Il sait s'en nourrir et en jouer en retour, comme on le fait d'un boomerang. Il a déjà appréhendé depuis longtemps tous les aspects de la notoriété, ses effets pervers, ses envers de décor et les images déformées que ses miroirs renvoient. Avoir été un des sportifs les plus performants et consacrés de son siècle n'est cependant pas un gage de réussite dans un univers aussi différent que celui du septième art. Cristiano en est conscient : il est, avant tout, un athlète. Son terrain d'action et de prédilection demeure, jusqu'à preuve du contraire, celui du football. Ce qui le distingue des acteurs du sport d'autrefois, c'est la médiatisation que suscitent ses exploits, dont l'écran a changé la nature et la dimension. Les images qui les relayent ne sont pourtant qu'un support objectivement accessoire de son métier, pas l'objectif final. Le jeu de CR7 n'est pas destiné à la noirceur des multiplex. Il ne suppose pas de mise en scène, aucune répétition de l'action, encore moins une coupe au montage. Il est produit en direct, sans filets – ou plutôt avec –, comme au théâtre. Pelé, Di Stéfano, Beckenbauer, Cruyff ou Maradona ont existé sans que le moindre écho de leurs performances, quelquefois bien lointaines, fasse naître l'idolâtrie. Ce sont des vedettes d'un autre temps, qui ont nourri de leur presque invisibilité les fantasmes de leurs admirateurs et dont l'imaginaire a sublimé la grandeur.

Contrairement à Cristiano, Messi ou désormais Mbappé et Haaland, ils n'étaient visibles que le temps d'une Coupe du monde ou d'une finale de Coupe d'Europe. Une lucarne dont ils profitaient pour asseoir une réputation relayée par les journaux et dont le mètre étalon n'était qu'une toise éphémère.

Si l'image façonne aujourd'hui la renommée d'un joueur, elle exacerbe aussi de manière outrancière son pouvoir. Elle le magnifie illusoirement et enfante un autre paradigme, possiblement utopique, des réels talents de l'homme, qui n'existent en l'occurrence qu'au travers de ceux de l'athlète. Passer à la télé ou vanter commercialement une marque de luxe ne veut pas dire forcément que l'on est acteur. Encore moins un bon acteur. La question se pose donc : Cristiano est-il capable de jouer un autre rôle que le sien ? De donner à ses actions scéniques une résonance différente que celle de sa propre dimension ? Au cinéma, aucun acteur ne célèbre sa performance en croisant les bras, jambes écartées, devant un public en liesse. L'adrénaline que génère une foule de cinéphiles en délire n'est palpable que sur les marches d'un festival cannois ou lors de la cérémonie des Oscars sur Hollywood Boulevard, lorsque sont décernés les Ballons d'Or de la profession. Autrement dit des mois après l'action proprement dite. Le seul film auquel a contribué CR7 jusqu'à ce jour s'intitulait *Ronaldo*. Un documentaire à sa gloire où il n'avait qu'à être lui-même devant ceux qui le filmaient. Les spots publicitaires qui le mettent en scène sont de la même veine. Chaque fois, il est Cristiano, et personne d'autre.

Son destin transcendera le monde des stades, c'est certain. Comme Pelé ou Beckham avant lui, il restera *a minima* cet homme d'affaires à succès qu'il est déjà. Ses buts alimenteront à satiété les archives des plateformes vidéo du futur et les mémoires de ceux qui diront qu'ils l'ont vu jouer. Lentement, le bateau s'éloignera du port, pour ne plus devenir qu'un point sur l'horizon. Lors de notre ultime rencontre, j'ai abordé le sujet de cet au-delà sportif, de l'après de cette vie de star, et mentionné les lézardes de l'incertitude qu'elle induit. CR7 n'a pas tardé à répondre, comme si l'éventualité avait déjà mûri dans son cerveau : « J'apprécierai ce que j'ai fait, et plus encore ce que je ferai. Je profiterai de mes amis, de ma famille, de voir mes enfants grandir. Je goûterai au moment présent. Et je transmettrai mon expérience de vie. » Une dernière phrase qui se voulait tout sauf anodine.

Le drame du printemps 2022 et le décès de son fils ont ravivé cette ultime exigence, jamais enfouie, en même temps qu'ils ont scellé pour toujours son destin avec le public anglais. La tragédie s'est déroulée à la veille d'une rencontre de Premier League entre Liverpool et Manchester United, en terre scouse. La rivalité entre les deux entités les plus titrées d'Angleterre est aussi légendaire que féroce. Ailleurs qu'ici, elle aurait pu engendrer les pires débordements verbaux des tribunes. Au lieu de cela, le public d'Anfield glorifia, telle une chorale d'église, le nom de Cristiano, hommage repris en écho par l'Emirates Stadium quelques jours plus tard quand MU se déplaça sur la pelouse d'Arsenal. L'enceinte, dans son intégralité, s'associa ainsi à la douleur de Ronaldo comme seules le font les foules qui ont souffert. Durant une minute de totale piété – la septième de la rencontre, forcément – elle l'a applaudi, lui a chanté son soutien en lui jurant – sur l'air du *You'll Never Walk Alone* – qu'il ne marcherait jamais seul. J'aimerai toujours les stades anglais pour leur capacité à oublier les antagonismes l'espace d'un hommage, d'une douleur, d'une souffrance. Pour l'affirmation de leur respect total, quoi qu'il en coûte, au héros du camp ennemi. Dans le cœur de Cristiano, ces soixante secondes d'une intense civilité, cet égard œcuménique et bouleversant, valaient mieux que toutes les pompeuses déférences, l'encensement de sa virtuosité ou évidemment, comme cela aurait pu être le cas, le pesant silence de l'indifférence. L'oubli est le mépris de ceux qui n'ont pas d'âme. Mais le public anglais en a une, et beaucoup de mémoire aussi.

D'amnésie, pas davantage que de retraite, il ne sera donc question pour tout de suite. Ces mots-là ramènent à une paisibilité incongrue, à une inactivité forcée qui ne pourra plus jamais se confondre avec son quotidien. Cristiano est un volcan en éruption qui ne s'éteindra jamais. Pour lui, davantage encore que pour n'importe qui, le dernier challenge sera forcément le plus difficile à accomplir. On n'a pas vécu toute sa vie de l'adrénaline des défis qui l'ont jalonnée pour se satisfaire au final du confort d'un rocking-chair. Son rêve secret – et son ultime tirade a achevé de m'en convaincre – est certainement de jouer avec son fils aîné, Cristiano Jr, de vingt-cinq ans son cadet, comme l'ont fait, à Seattle, les baseballeurs Ken Griffey Sr et Ken Griffey Jr, en 1990. De passer le témoin à celui qui porte votre nom, sûrement pas par hasard. De perpétuer, d'un acte digne de Faust, l'éternité et la postérité, pour les fixer à jamais dans le présent de sa propre modernité et l'immuabilité des consciences. Un délire psychédélique ou une extravagante utopie, direz-vous ? Mais comment ne pas se convaincre qu'avec Cristiano Ronaldo, l'illusion est le fondement de la réalité ?

Remerciements

La liste serait trop longue et fastidieuse de ceux qui ont contribué, sans forcément le savoir, à cet aboutissement. Ils m'ont aiguillé sur les chemins de l'écriture ou du sport, m'en ont donné le goût, la passion et les codes. Des profs, des athlètes, des parents, à commencer par Alcide, mon père, et Claude, mon oncle, les premiers à m'avoir fait découvrir le monde des stades et les exploits qu'on y produit.

Merci aussi à Catherine, ma compagne et première lectrice, et à Jeanne, ma fille, pour m'avoir procuré cette encre qui s'appelle l'amour.

Merci encore à Cristiano Ronaldo pour les heures, pleines de ferveur, passées en sa compagnie, et à Jorge Mendes, qui a toujours œuvré pour faciliter ces rencontres.

Merci bien sûr à Pascal Ferré, rédacteur en chef de *France Football*, pour sa confiance et son soutien permanent durant les cinq dernières années passées à *FF*.

Merci évidemment à Frédéric Hermel, guide, conseiller et ami précieux, qui a facilité la rencontre avec mon éditeur.

Merci plein de confiance à Christophe Absi et à Eva Bouts pour leur accompagnement dans l'écriture de ce livre.

Merci éternel à Francette, ma mère, Christophe, mon frère, et Marie-Pierre, ma sœur, pour avoir su m'entourer en toutes circonstances.

Merci forcément à tous ceux qui m'ont permis d'assouvir ma passion et d'exercer ce métier dont je rêvais étant enfant, et plus particulièrement, par ordre alphabétique et d'apparition, François Brassamin, Didier Le Corre et Jean-Luc Thomas, ainsi que Jean-Michel Rouet.

Merci grandement à Rémy Lacombe et Denis Chaumier, sans qui ma venue à *France Football* n'aurait pu se dessiner.

Merci reconnaissant à Mikael Silvestre, Louis Saha et surtout Éric Djemba-Djemba, les anciens Red Devils, pour le temps précieux qu'ils ont bien voulu m'accorder à me parler de celui qui fut un coéquipier dont ils furent si proches.

Merci du fond du cœur à Vincent Doucet et Jean-Pierre Leroux, les amis bretons, pour leurs conseils, leur prévenance et leur sincérité.

Merci enfin à François Verdenet et à Xavier Dequest, pour leur amitié et le petit coup de pouce qu'ils m'ont donné sur ce livre.

Table

Cet ouvrage a été mis en page par IGS-CP
à L'Isle-d'Espagnac (16)

Imprimé en France par CPI
en octobre 2022

Dépôt légal : novembre 2022
N° d'édition : 440804-0
N° d'impression : 171569